PREFACIO

La colección de guías de conversación para viajar "Todo irá bien" publicada por T&P Books está diseñada para personas que viajan al extranjero para turismo y negocios. Las guías contienen lo más importante - los elementos esenciales para una comunicación básica.Éste es un conjunto de frases imprescindibles para "sobrevivir" mientras está en el extranjero.

Esta guía de conversación le ayudará en la mayoría de los casos donde usted necesite pedir algo, conseguir direcciones, saber cuánto cuesta algo, etc. Puede también resolver situaciones difíciles de la comunicación donde los gestos no pueden ayudar.

Este libro contiene una gran cantidad de frases que han sido agrupadas según los temas más relevantes. Esta edición también incluye un pequeño vocabulario que contiene alrededor de 3.000 de las palabras más frecuentemente usadas.Otra sección de la guía proporciona un glosario gastronómico que le puede ayudar a pedir los alimentos en un restaurante o a comprar comestibles en la tienda.

Llévese la guía de conversación "Todo irá bien" en el camino y tendrá una insustituible compañera de viaje que le ayudará a salir de cualquier situación y le enseñará a no temer hablar con extranjeros.

TABLA DE CONTENIDOS

T&P Books Publishing

Colección de guías de conversación
"¡Todo irá bien!"

T&P Books Publishing

GUÍA DE CONVERSACIÓN
LITUANO

Andrey Taranov

LAS PALABRAS Y LAS FRASES MÁS ÚTILES

Esta Guía de Conversación contiene las frases y las preguntas más comunes necesitadas para una comunicación básica con extranjeros

T&P BOOKS

Guía de conversación + diccionario de 3000 palabras

Guía de conversación Español-Lituano y vocabulario temático de 3000 palabras

por Andrey Taranov

La colección de guías de conversación para viajar "Todo irá bien" publicada por T&P Books está diseñada para personas que viajan al extranjero para turismo y negocios. Las guías contienen lo más importante - los elementos esenciales para una comunicación básica. Éste es un conjunto de frases imprescindibles para "sobrevivir" mientras está en el extranjero.

Este libro también incluye un pequeño vocabulario temático que contiene alrededor de 3.000 de las palabras más frecuentemente usadas. Otra sección de la guía proporciona un glosario gastronómico que le puede ayudar a pedir los alimentos en un restaurante o a comprar comestibles en la tienda.

T&P Books Publishing
www.tpbooks.com

ISBN: 978-1-78716-310-2

Este libro está disponible en formato electrónico o de E-Book también.
Visite www.tpbooks.com o las librerías electrónicas más destacadas en la Red.

PRONUNCIACIÓN

La letra	Ejemplo lituano	T&P alfabeto fonético	Ejemplo español
Aa	adata	[a]	radio
Ąą	ąžuolas	[a:]	contraataque
Bb	badas	[b]	en barco
Cc	cukrus	[ts]	tsunami
Čč	česnakas	[tʃ]	mapache
Dd	dumblas	[d]	desierto
Ee	eglė	[æ]	vencer
Ęę	vedęs	[æ:]	desinencia
Ėė	ėdalas	[e:]	sexto
Ff	fleita	[f]	golf
Gg	gandras	[g]	jugada
Hh	husaras	[ɣ]	amigo, magnífico
I i	ižas	[i]	ilegal
Į į	mįslė	[i:]	destino
Yy	vynas	[i:]	destino
J j	juokas	[j]	asiento
Kk	kilpa	[k]	charco
L l	laisvė	[l]	lira
Mm	mama	[m]	nombre
Nn	nauda	[n]	número
Oo	ola	[o], [o:]	correa
Pp	pirtis	[p]	precio
Rr	ragana	[r]	era, alfombra
Ss	sostinė	[s]	salva
Šš	šūvis	[ʃ]	shopping
Tt	tėvynė	[t]	torre
Uu	upė	[u]	mundo
Ųų	siųsti	[u:]	jugador
Ūū	ūmėdė	[u:]	jugador
Vv	vabalas	[ʋ]	cerveza
Zz	zuikis	[z]	desde
Žž	žiurkė	[ʒ]	adyacente

Comentarios

· Un macrón sobre las vocales «a, e, i, u», que marca las vocales largas (ā, ē, ī, ū). Una coma bajo o sobre algunas consonantes marca una variedad 'palatal' (ģ, ķ, ļ, ņ). Los signos diacríticos - acento agudo (Áá Áą), acento grave (Àà), y virgulilla (Ãã Ãą) se utilizan para indicar acentos tonales. Los acentos tonales generalmente no escrito, excepto en los diccionarios, gramáticas, y donde sea necesario para mayor claridad, como para diferenciar homónimos y el uso dialectal.

LISTA DE ABREVIATURAS

Abreviatura en español

adj	-	adjetivo
adv	-	adverbio
anim.	-	animado
conj	-	conjunción
etc.	-	etcétera
f	-	sustantivo femenino
f pl	-	femenino plural
fam.	-	uso familiar
fem.	-	femenino
form.	-	uso formal
inanim.	-	inanimado
innum.	-	innumerable
m	-	sustantivo masculino
m pl	-	masculino plural
m, f	-	masculino, femenino
masc.	-	masculino
mat	-	matemáticas
mil.	-	militar
num.	-	numerable
p.ej.	-	por ejemplo
pl	-	plural
pron	-	pronombre
sg	-	singular
v aux	-	verbo auxiliar
vi	-	verbo intransitivo
vi, vt	-	verbo intransitivo, verbo transitivo
vr	-	verbo reflexivo
vt	-	verbo transitivo

Abreviatura en lituano

dgs	-	plural
m	-	sustantivo femenino
m dgs	-	femenino plural
v	-	sustantivo masculino
v dgs	-	masculino plural

T&P BOOKS

GUÍA DE
CONVERSACIÓN
LITUANO

Esta sección contiene frases
importantes que pueden
resultar útiles en varias
situaciones de la vida real.
La Guía le ayudará a pedir
direcciones, aclaración
sobre precio, comprar billetes,
y pedir alimentos en un
restaurante

T&P Books Publishing

CONTENIDO DE LA GUÍA DE CONVERSACIÓN

T&P Books Publishing

Perdone, …

Atsiprašaū, …
[ats⁼ɪpra'ʃɑʊ, …]

Hola.

Sveikì.
[sv⁼ɛɪ'k⁼ɪ.]

Gracias.

Ãčiū.
['aːts⁼uː.]

Sí.

Taĩp.
['tʌɪp.]

No.

Nè.
['n⁼ɛ.]

No lo sé.

Nežinaū.
[n⁼ɛʒ⁼ɪ'nɑʊ.]

¿Dónde? | ¿A dónde? | ¿Cuándo?

Kur̃? | Kur? | Kadà?
['kʊr? | 'kʊr? | ка'da?]

Necesito …

Mán reĩkia …
['man 'r⁼ɛɪk⁼ɛ …]

Quiero …

Nóriu …
['nor⁼ʊ …]

¿Tiene …?

Ar̃ tùrite …?
[ar 'tʊr⁼ɪt⁼ɛ …?]

¿Hay … por aquí?

Ar̃ čià yrà …?
[ar 'ts⁼æ iː'ra …?]

¿Puedo …?

Ar̃ galiù …?
[ar ga'l⁼ʊ …?]

…, por favor? (petición educada)

Prašaū …
[pra'ʃɑʊ …]

Busco …

Íeškau …
['ɪ⁼ɛʃkɑʊ …]

el servicio

tualèto
[tʊa'l⁼ɛtɔ]

un cajero automático

bankomãto
[baŋko'maːtɔ]

una farmacia

váistinės
['vʌɪst⁼ɪn⁼eːs]

el hospital

ligóninės
[l⁼ɪ'gon⁼ɪn⁼eːs]

---

la comisaría

polìcijos sky̌riaus
[po'l⁼ɪts̪ɪjɔs 'sk⁼iːr⁼ɛʊs]

el metro

metrò
[m⁼ɛ'trɔ]

un taxi	**taksi** [tak'sʲɪ]
la estación de tren	**traukinių stotiės** [trɑʊkʲɪ'nʲu: sto'tʲɛs]

Me llamo …	**Māno vaŕdas …** ['ma:nɔ 'vardas …]
¿Cómo se llama?	**Kuõ jũs vardù?** ['kʊɑ 'ju:s var'dʊ?]
¿Puede ayudarme, por favor?	**Atsiprašaũ, aŕ gãlite padéti?** [atsʲɪpra'ʃɑʊ, ar 'ga:lʲɪte pa'dʲe:tʲɪ?]
Tengo un problema.	**Atsitìko problemà.** [atsʲɪ'tʲɪkɔ problʲɛ'ma.]
Me encuentro mal.	**Mán blogà.** ['man blʲo'ga.]
¡Llame a una ambulancia!	**Kviẽskite greĩtają!** ['kvʲɛskʲɪtʲɛ 'grʲɛɪta:ja:!]
¿Puedo llamar, por favor?	**Aŕ galiù paskaṁbinti?** [ar ga'lʲʊ pas'kambʲɪntʲɪ?]

Lo siento.	**Atsiprašaũ.** [atsʲɪpra'ʃɑʊ.]
De nada.	**Nėrà ùž ką̃.** [nʲe:'ra 'ʊʒ ka:.]

Yo	**àš** ['aʃ]
tú	**tù** ['tʊ]
él	**jìs** [jɪs]
ella	**jì** [jɪ]
ellos	**jiẽ** ['jiɛ]
ellas	**jõs** ['jɔ:s]
nosotros /nosotras/	**mẽs** ['mʲæs]
ustedes, vosotros	**jũs** ['ju:s]
usted	**Jũs** ['ju:s]

ENTRADA	**ĮÉJÌMAS** [i:ʲɛ:'jɪmas]
SALIDA	**IŠÉJÌMAS** [ɪʃʲe:'jɪmas]
FUERA DE SERVICIO	**NEVEĨKIA** [nʲɛ'vʲɛɪkʲɛ]
CERRADO	**UŽDARÝTA** [ʊʒda'rʲi:ta]

ABIERTO	**ATIDARÝTA**
	[atˡɪda'rˡiːta]
PARA SEÑORAS	**MÓTERŲ**
	['motˡɛruː]
PARA CABALLEROS	**VÝRŲ**
	['vˡiːruː]

Preguntas

¿Dónde?	**Kur̃?** ['kʊr?]
¿A dónde?	**Į kur̃?** [i: 'kʊr?]
¿De dónde?	**Ìš kur̃?** [ɪʃ 'kʊr?]
¿Por qué?	**Kodė̃l?** [kɔ'dʲe:lʲ?]
¿Con que razón?	**Kodė̃l?** [kɔ'dʲe:lʲ?]
¿Cuándo?	**Kadà?** [ka'da?]

¿Cuánto tiempo?	**Kíek laĩko?** ['kʲiɛk 'lʲʌɪko?]
¿A qué hora?	**Kadà?** [ka'da?]
¿Cuánto?	**Kíek?** ['kʲiɛk?]
¿Tiene ...?	**Ar̃ tùrite ...?** [ar 'tʊrʲɪtʲɛ ...?]
¿Dónde está ...?	**Kur̃ yrà ...?** ['kʊr i:'ra ...?]

¿Qué hora es?	**Kíek dabar̃ valandų̃?** ['kʲiɛk da'bar valʲan'du:?]
¿Puedo llamar, por favor?	**Ar̃ galiù paskam̃binti?** [ar ga'lʲʊ pas'kambʲɪntʲɪ?]
¿Quién es?	**Kàs teñ?** ['kas tʲɛn?]
¿Se puede fumar aquí?	**Ar̃ čià galimà rūkýti?** [ar 'tʂʲæ galʲɪ'ma ru:'kʲi:tʲɪ?]
¿Puedo ...?	**Ar̃ galiù ...?** [ar ga'lʲʊ ...?]

Necesidades

Quisiera ...	**Noréčiau ...** [no'rʲeːtʂʲɛʊ ...]
No quiero ...	**Nenóriu ...** [nʲɛ'norʲʊ ...]
Tengo sed.	**Nóriu atsigérti.** ['norʲʊ atsʲɪ'gʲɛrtʲɪ.]
Tengo sueño.	**Nóriu miẽgo.** ['norʲʊ 'mʲɛɡɔ.]

Quiero ...	**Nóriu ...** ['norʲʊ ...]
lavarme	**nusipraũsti** [nʊsʲɪ'prɑʊstʲɪ]
cepillarme los dientes	**išsivalýti dantìs** [ɪʃsʲɪva'lʲiːtʲɪ dan'tʲɪs]
descansar un momento	**trupùtį pailséti** [trʊ'pʊtʲɪ: pʌɪlʲ'sʲeːtʲɪ]
cambiarme de ropa	**pérsirengti** ['pʲɛrsʲɪrʲɛŋktʲɪ]

volver al hotel	**gr̃įžti i viẽšbutį** ['ɡrʲiːʒtʲɪ ɪ 'vʲɛʃbʊtʲi:]
comprar ...	**nusipírkti ...** [nʊsʲɪ'pʲɪrktʲɪ ...]
ir a ...	**eĩti į̃ ...** ['ɛɪtʲɪ iː ...]
visitar ...	**aplankýti ...** [apʲlaŋ'kʲiːtʲɪ ...]
quedar con ...	**susitìkti sù ...** [sʊsʲɪ'tʲɪktʲɪ 'sʊ ...]
hacer una llamada	**paskam̃binti** [pas'kambʲɪntʲɪ]

Estoy cansado /cansada/.	**Àš pavar̃gęs /pavar̃gusi/.** ['aʃ pa'varɡʲɛ:s /pa'varɡʊsʲɪ/.]
Estamos cansados /cansadas/.	**Mẽs pavar̃gome.** ['mʲæs pa'varɡomʲɛ.]
Tengo frío.	**Mán šálta.** ['man 'ʃalʲta.]
Tengo calor.	**Mán karštà.** ['man karʃ'ta.]
Estoy bien.	**Mán vìskas geraĩ.** ['man 'vʲɪskas ɡʲɛ'rʌɪ.]

Tengo que hacer una llamada.

Mán reikia paskambinti.
['man 'rʲɛɪkʲɛ pas'kambʲɪntʲɪ.]

Necesito ir al servicio.

Mán reikia į tualetą.
['man rʲɛɪkʲɛ iː tʊa'lʲɛtaː.]

Me tengo que ir.

Mán reikia eiti.
['man 'rʲɛɪkʲɛ 'ɛɪtʲɪ.]

Me tengo que ir ahora.

Mán jaũ reikia eiti.
['man jɛʊ 'rʲɛɪkʲɛ 'ɛɪtʲɪ.]

Preguntar por direcciones

Perdone, ...

Atsiprašaŭ, ...
[atsʲɪpra'ʃɑʊ, ...]

¿Dónde está ...?

Kur̃ yrà ...?
['kʊr iː'ra ...?]

¿Por dónde está ...?

Į̃ kurią̃ pùsę yrà ...?
[i: kʊ'rʲæː 'pʊsʲɛː iː'ra ...?]

¿Puede ayudarme, por favor?

Atsiprašaŭ, ar̃ gãlite padéti?
[atsʲɪpra'ʃɑʊ, ar 'gaːlʲɪte pa'dʲeːtʲɪ?]

Busco ...

Àš íeškau ...
['aʃ 'ɪɛʃkɑʊ ...]

Busco la salida.

Àš íeškau išèjimo.
['aʃ 'ɪɛʃkɑʊ iʃʲeː'jɪmɔ.]

Voy a ...

Àš einù į̃ ...
['aʃ ɛɪ'nʊ iː ...]

¿Voy bien por aquí para ...?

Ar̃ àš teisìngai einù į̃ ...?
[ar 'aʃ tʲɛɪ'sʲiːngʌɪ ɛɪ'nʊ iː ...?]

¿Está lejos?

Ar̃ tolì?
[ar to'lʲɪ?]

¿Puedo llegar a pie?

Ar̃ galiù nueĩti teñ pésčiomìs?
[ar ga'lʲʊ 'nʊʲɛɪtʲɪ ten pʲe:stʂʲɔ'mʲɪs?]

¿Puede mostrarme en el mapa?

Ar̃ gãlite paródyti žemélapyje?
[ar 'gaːlʲɪte pa'rodʲiːtʲɪ ʒe'mʲeːlapʲiːje?]

Por favor muestreme dónde estamos.

Paródykite, kur̃ dabar̃ ésame.
[pa'rodʲiːkʲɪtʲɛ, kʊr da'bar 'ɛsamʲɛ.]

Aquí

Čià
['tʂʲæ]

Allí

Teñ
['tʲɛn]

Por aquí

Eĩmė čià
[ɛɪ'mʲɛ tʂʲæ]

Gire a la derecha.

Sùkite dešinẽn.
['sʊkʲɪte deʃʲɪ'nʲeːn.]

Gire a la izquierda.

Sùkite kairẽn.
['sʊkʲɪte kʌɪ'rʲeːn.]

la primera (segunda, tercera) calle

pìrmas (añtras, trẽčias) pósūkis
['pʲɪrmas ('antras, 'trʲeːčiɛs) 'posuːkʲɪs]

a la derecha

į̃ dẽšinę
[iː 'dʲæʃʲɪnʲɛ:]

a la izquierda	**Į kaire̜** [i: 'kʌɪrɛ:]
Siga recto.	**Eĩkite tiẽsiai.** ['ɛɪkʲɪtʲɛ 'tʲɛsʲɛɪ.]

Carteles

¡BIENVENIDO!	**SVEIKÌ ATVŸKĘ!** [svʲɛɪ'kʲɪ at'vʲiːkʲɛːl̩]
ENTRADA	**ĮĖJÌMAS** [iːˈɛːˈjɪmas]
SALIDA	**IŠĖJÌMAS** [ɪʃe:ˈjɪmas]

EMPUJAR	**STÙMTI** ['stʊmtʲɪ]
TIRAR	**TRÁUKTI** ['trɑʊktʲɪ]
ABIERTO	**ATIDARŸTA** [atʲɪda'rʲiːta]
CERRADO	**UŽDARŸTA** [ʊʒda'rʲiːta]

PARA SEÑORAS	**MÓTERŲ** ['motʲɛru:]
PARA CABALLEROS	**VŸRŲ** ['vʲiːru:]
CABALLEROS	**VŸRŲ** ['vʲiːru:]
SEÑORAS	**MÓTERŲ** ['motʲɛru:]

REBAJAS	**NÚOLAIDOS** ['nʊolʲʌɪdos]
VENTA	**IŠPARDAVÌMAS** [ɪʃparda'vʲɪmas]
GRATIS	**NEMÓKAMAI** [nʲɛ'mokamʌɪ]
¡NUEVO!	**NAUJÍENA!** [nɑʊ'jiɛna!]
ATENCIÓN	**DĚMESIO!** ['dʲeːmesʲo!]

COMPLETO	**LAISVŲ VIĚTŲ NĚRÀ** [lʲʌɪs'vu: 'vʲɛtu: nʲeːˈra]
RESERVADO	**REZERVÚOTA** [rʲɛzʲɛr'vʊota]
ADMINISTRACIÓN	**ADMINISTRÃCIJA** [admʲɪnʲɪs'tra:tsʲɪja]
SÓLO PERSONAL AUTORIZADO	**TÌK PERSONÁLUI** ['tʲɪk pʲɛrso'nalʲʊi]

CUIDADO CON EL PERRO	**ATSARGIAĨ, ŠUŐ!** [atsar'gⁱɛɪ, 'ʃuɑ!]
NO FUMAR	**NERŪKÝTI!** [nⁱɛru:'kⁱi:tⁱɪ!]
NO TOCAR	**NELIÉSTI!** [nⁱɛ'lⁱɛstⁱɪ!]

PELIGROSO	**PAVOJÌNGA** [pavo'jɪnga]
PELIGRO	**PAVŐJUS** [pa'vo:jʊs]
ALTA TENSIÓN	**AUKŠTA ĮTAMPA** [aʊkʃ'ta 'i:tàmpa]
PROHIBIDO BAÑARSE	**NESIMÁUDYTI!** [nⁱɛsⁱɪ'maʊdⁱi:tⁱɪ!]

FUERA DE SERVICIO	**NEVEĨKIA** [nⁱɛ'vⁱɛɪkⁱæ]
INFLAMABLE	**DEGÙ** [dⁱɛ'gʊ]
PROHIBIDO	**UŽDRAUSTA** [ʊʒdraʊs'ta]
PROHIBIDO EL PASO	**PRAÉJIMO NĖRÀ!** [praⁱe:'jɪmɔ nⁱe:'ra!]
RECIÉN PINTADO	**DAŽÝTA** [da'ʒⁱi:ta]

CERRADO POR RENOVACIÓN	**UŽDARÝTA REMÒNTUI** [ʊʒda'rⁱi:ta rⁱɛ'montʊi]
EN OBRAS	**KĖLIO DARBAĨ** ['kⁱælⁱɔ dar'bʌɪ]
DESVÍO	**APÝLANKA** [a'pⁱi:lⁱaŋka]

Transporte. Frases generales

el avión	**lėktuvas** [lʲeːkˈtʊvas]
el tren	**traukinỹs** [trɑʊkʲɪˈnʲiːs]
el bus	**autobùsas** [ɑʊtoˈbʊsas]
el ferry	**kéltas** [ˈkʲɛlʲtas]
el taxi	**taksì** [takˈsʲɪ]
el coche	**automobìlis** [ɑʊtomoˈbʲɪlʲɪs]
el horario	**tvarkãraštis** [tvarˈkaːraʃtʲɪs]
¿Dónde puedo ver el horario?	**Kuȓ galiù ràsti tvarkãraštį?** [ˈkʊr gaˈlʲʊ ˈrastʲɪ tvarˈkaːraʃtʲɪː?]
días laborables	**dárbo dienomìs** [ˈdarbɔ dʲiɛnoˈmʲɪs]
fines de semana	**saváitgaliais** [saˈvʌɪtgalʲɛɪs]
días festivos	**šveñtinėmis dienomìs** [ˈʃvɛntʲɪnʲeːmʲɪs dʲiɛnoˈmʲɪs]
SALIDA	**IŠVYKÌMAS** [ɪʃvʲiːˈkʲɪmas]
LLEGADA	**ATVYKÌMAS** [atvʲiːˈkʲɪmas]
RETRASADO	**ATIDĖTAS** [atʲɪˈdʲeːtas]
CANCELADO	**ÁTŠAUKTAS** [ˈatʃɑʊktas]
siguiente (tren, etc.)	**kìtas** [ˈkʲɪtas]
primero	**pìrmas** [ˈpʲɪrmas]
último	**paskutìnis** [paskʊˈtʲɪnʲɪs]
¿Cuándo pasa el siguiente …?	**Kadà kìtas …?** [kaˈda ˈkʲɪtas …?]
¿Cuándo pasa el primer …?	**Kadà pìrmas …?** [kaˈda ˈpʲɪrmas …?]

¿Cuándo pasa el último …?

Kadà paskutìnis …?
[ka'da paskʊ'tʲɪnʲɪs …?]

el trasbordo (cambio de trenes, etc.)

pérsėdimas
['pʲɛrsʲeːdʲɪmas]

hacer un trasbordo

pérsėsti
['pʲɛrsʲeːstʲɪ]

¿Tengo que hacer un trasbordo?

Ar̃ mán reìkia pérsėsti?
[ar 'man 'rʲɛɪkʲɛ 'pʲærsʲeːstʲɪ?]

Comprar billetes

¿Dónde puedo comprar un billete?	**Kur̃ galiù nusipìŕkti bìlietą?** ['kʊr ga'lʲʊ nʊsʲɪ'pʲɪrktʲɪ 'bʲɪlʲiɛta:?]
el billete	**bìlietas** ['bʲɪlʲiɛtas]
comprar un billete	**nusipìŕkti bìlietą** [nʊsʲɪ'pʲɪrktʲɪ 'bʲɪlʲiɛta:]
precio del billete	**bìlieto káina** ['bʲɪlʲiɛtɔ 'kʌɪna]

¿Para dónde?	**Į̃ kur̃?** [i: 'kʊr?]
¿A qué estación?	**Į̃ kurią̃ stótį?** [i: kʊ'rʲæ: 'stoːtʲɪ:?]
Necesito ...	**Mán reĩkia ...** ['man 'rʲɛɪkʲɛ ...]
un billete	**víeno bìlieto** ['vʲiɛnɔ 'bʲɪlʲiɛtɔ]
dos billetes	**dviejų̃ bìlietų** [dvʲiɛ'ju: 'bʲɪlʲiɛtu:]
tres billetes	**trijų̃ bìlietų** [trʲɪ'ju: 'bʲɪlʲiɛtu:]

sólo ida	**į̃ víeną pùsę** [i: 'vʲiɛna: 'pʊsʲɛ:]
ida y vuelta	**pirmỹn - atgal̃** [pʲɪr'mʲi:n - at'galʲ]
en primera (primera clase)	**pirmája klasè** [pʲɪr'maːja klʲa'sʲɛ]
en segunda (segunda clase)	**antrája klasè** [ant'raːja klʲa'sʲɛ]

hoy	**šiañdien** ['ʃændʲiɛn]
mañana	**rytój** [rʲiː'toj]
pasado mañana	**porýt** [po'rʲiːt]
por la mañana	**rytè** [rʲiː'tʲɛ]
por la tarde	**põ pietų̃** ['poː pʲiɛ'tuː]
por la noche	**vakarè** [vaka'rʲɛ]

asiento de pasillo

vietà priẽ praėjìmo
[vʲiɛˈta prʲɛ praʲeːˈjɪmɔ]

asiento de ventanilla

vietà priẽ lángo
[vʲiɛˈta prʲɛ ˈlʲangɔ]

¿Cuánto cuesta?

Kíek?
[ˈkʲiɛk?]

¿Puedo pagar con tarjeta?

Ař galiù mokéti kredìto kortelè?
[ar gaˈlʲʊ moˈkʲeːtʲɪ kreˈdʲɪtɔ korteˈlʲɛ?]

Autobús

el autobús	**autobùsas** [ɑuto'bʊsas]
el autobús interurbano	**tarpmiestìnis autobùsas** [tarpmʲiɛs'tʲɪnʲɪs ɑuto'bʊsas]
la parada de autobús	**autobùsų stotẽlė** [ɑuto'bʊsu: sto'tʲælʲe:]
¿Dónde está la parada de autobuses más cercana?	**Kur̃ yrà arčiáusia autobùsų stotẽlė?** ['kʊr iː'ra ar'tʂʲæʊsʲɛ ɑuto'bʊsu: sto'tʲælʲe:?]
número	**nùmeris** ['nʊmʲɛrʲɪs]
¿Qué autobús tengo que tomar para ...?	**Kuriuõ ąutobusù galimà nuvažiuoti į̃ ...?** [kʊ'rʲʊo: ɑutobʊ'su gal'ɪ'ma nʊva'ʒʲʊotʲi iː: ...?]
¿Este autobús va a ...?	**Ar̃ šìs autobùsas važiúoja į̃ ...?** [ar ʃɪːs ɑuto'bʊsas va'ʒʲʊo:ja iː: ...?]
¿Cada cuanto pasa el autobús?	**Kàs kíek laĩko važiúoja autobùsai?** ['kas 'kʲiɛk 'lʲʌɪko va'ʒʲʊɑ:jɛ ɑuto'bʊsʌɪ?]
cada 15 minutos	**kàs penkiólika minùčių** ['kas pʲɛŋ'kʲolʲɪka mʲɪ'nʊtʂʲu:]
cada media hora	**kàs pùsvalandį** ['kas 'pʊsvalʲandʲɪ:]
cada hora	**kàs vãlandą** ['kas 'va:lʲanda:]
varias veces al día	**Kelìs kartùs per̃ diẽną** [kʲɛ'lʲɪs kar'tʊs pʲɛr 'dʲɛna:]
... veces al día	**... kartùs per̃ diẽną** [... kar'tʊs pʲɛr 'dʲɛna:]
el horario	**tvarkãraštis** [tvar'ka:raʃtʲɪs]
¿Dónde puedo ver el horario?	**Kur̃ galiù ràsti tvarkãraštį?** ['kʊr ga'lʲʊ 'rastʲɪ tvar'ka:raʃtʲɪ:?]
¿Cuándo pasa el siguiente autobús?	**Kadà kìtas autobùsas?** [ka'da 'kʲɪtas ɑuto'bʊsas?]
¿Cuándo pasa el primer autobús?	**Kadà pìrmas autobùsas?** [ka'da 'pʲɪrmas ɑuto'bʊsas?]
¿Cuándo pasa el último autobús?	**Kadà paskutìnis autobùsas?** [ka'da paskʊ'tʲɪnʲɪs ɑuto'bʊsas?]

la parada
    stotelė
    [sto'tʲælʲe:]

la siguiente parada
    kità stotelė
    [kʲɪ'ta sto'tʲælʲe:]

la última parada
    paskutìnė maršrùto stotelė
    [pasku'tʲɪnʲe: marʃrʊtɔ sto'tʲælʲe:]

Pare aquí, por favor.
    Prašaũ, sustókite čià.
    [pra'ʃɑʊ, sʊs'tokʲɪtʲɛ tʂʲæ.]

Perdone, esta es mi parada.
    Atsiprašaũ, taĩ māno stotelė.
    [atsʲɪpra'ʃɑʊ, tʌɪ 'maːnɔ sto'tʲælʲe:.]

Tren

el tren	**traukinỹs** [trɑʊkʲɪ'nʲiːs]
el tren de cercanías	**priemiestìnis traukinỹs** [prʲɛmʲiɛsʲtʲɪnʲɪs trɑʊkʲɪ'nʲiːs]
el tren de larga distancia	**tarpmiestìnis traukinỹs** [tarpmʲiɛsʲtʲɪnʲɪs trɑʊkʲɪ'nʲiːs]
la estación de tren	**traukinių̃ stotìs** [trɑʊkʲɪnʲuː stoˈtʲɪs]
Perdone, ¿dónde está la salida al anden?	**Atsiprašaũ, kur̃ yrà išėjìmas į̃ peroną?** [atsʲɪpra'ʃɑʊ, kʊr iːˈra iʃeːˈjɪmas iː pe'rona:?]

¿Este tren va a ...?	**Ar̃ šìs traukinỹs važiúoja į̃ ...?** [ar ʃɪːs trɑʊkʲɪ'nʲiːs vaˈʒʲuoːjɛ iː ...?]
el siguiente tren	**kìtas traukinỹs** ['kʲɪtas trɑʊkʲɪ'nʲiːs]
¿Cuándo pasa el siguiente tren?	**Kadà kìtas traukinỹs?** [ka'da kʲɪtas trɑʊkʲɪ'nʲiːs?]
¿Dónde puedo ver el horario?	**Kur̃ galiù ràsti tvarkãraštį?** ['kʊr ga'lʲʊ 'rastʲɪ tvar'ka:raʃtʲɪ:?]
¿De qué andén?	**Ìš kuriõ peronò?** [ɪʃ kʊ'rʲo: pʲɛ'rono?]
¿Cuándo llega el tren a ...?	**Kadà traukinỹs atvažiuõs į̃ ...?** [ka'da trɑʊkʲɪ'nʲiːs atva'ʒʲuo:s iː ...?]

Ayudeme, por favor.	**Prašaũ, padékite mán.** [pra'ʃɑʊ, pa'dʲe:kʲɪte 'man.]
Busco mi asiento.	**Íeškau sàvo viẽtos.** ['ɪ'ɛʃkɑʊ 'savo 'vʲɛtos.]
Buscamos nuestros asientos.	**Íeškome sàvo viẽtų.** ['ɪ'ɛʃkomʲɛ 'savo 'vʲɛtu:.]
Mi asiento está ocupado.	**Màno vietà užimtà.** ['manɔ vʲiɛ'ta ʊʒʲɪm'ta.]
Nuestros asientos están ocupados.	**Mū̃sų viẽtos ùžimtos.** ['muːsu: 'vʲɛtos 'ʊʒʲɪmtos.]

Perdone, pero ese es mi asiento.	**Atsiprašaũ, bèt taĩ màno vietà.** [atsʲɪpra'ʃɑʊ, bʲɛt tʌɪ 'ma:nɔ vʲiɛ'ta.]
¿Está libre?	**Ar̃ šì vietà užimtà?** [ar ʃɪ vʲiɛ'ta ʊʒʲɪm'ta?]
¿Puedo sentarme aquí?	**Ar̃ galiù čià atsisésti?** [ar ga'lʲʊ 'tʂʲæ atsʲɪ'sʲe:stʲɪ?]

En el tren. Diálogo (Sin billete)

Su billete, por favor.	**Prašaū paródyti bìlietą.** [pra'ʃɑʊ pa'rodʲiːtʲɪ bʲɪlʲiɛta:.]
No tengo billete.	**Àš neturiù bìlieto.** ['aʃ nʲɛtʊ'rʲʊ 'bʲɪlʲiɛto.]
He perdido mi billete.	**Pàmečiau sàvo bìlietą.** ['pamʲɛtʂʲɛʊ 'savo 'bʲɪlʲiɛta:.]
He olvidado mi billete en casa.	**Pamiršaū sàvo bìlietą namuosè.** [pamʲɪr'ʃɑʊ 'savo 'bʲɪlʲiɛta: namʊɑ'sʲɛ.]

Le puedo vender un billete.	**Gãlite nusipĩrkti bìlietą ìš manę̃s.** ['ga:lʲɪtʲɛ nʊsʲɪ'pʲɪrktʲɪ 'bʲɪlʲiɛta: ɪʃ ma'nʲɛ:s.]
También deberá pagar una multa.	**Taĩp pàt turésite sumokéti baūdą.** ['tʌɪp 'pat tʊ'rʲeːsʲɪtɛ sʊmo'kʲeːtʲɪ 'bɑʊda:.]
Vale.	**Geraĩ.** [gʲɛ'rʌɪ.]
¿A dónde va usted?	**Kur̃ važiúojate?** ['kʊr va'ʒʲʊoːjɛtʲɛ?]
Voy a …	**Važiúoju į̃ …** [va'ʒʲʊoːjʊ iː …]

¿Cuánto es? No lo entiendo.	**Kíek? Àš nesuprantù.** ['kʲiɛk? aʃ nʲɛsʊpran'tʊ.]
Escríbalo, por favor.	**Ar̃ gãlite užrašýti?** [ar 'ga:lʲɪtʲɛ ʊʒra'ʃʲɪːtʲɪ?]
Vale. ¿Puedo pagar con tarjeta?	**Geraĩ. Ar̃ galiù mokéti kredìto kortele?** [gʲɛ'rʌɪ. ar ga'lʲʊ mo'kʲeːtʲɪ kre'dʲɪto korte'lʲɛ?]
Sí, puede.	**Taĩp, gãlite.** ['tʌɪp, 'ga:lʲɪtʲɛ.]

Aquí está su recibo.	**Štaĩ jū́sų čèkis.** ['ʃtʌɪ 'juːsu: 'tʂʲɛkʲɪs.]
Disculpe por la multa.	**Atsiprašaū dėl baudõs.** [atsʲɪpra'ʃɑʊ dʲeːlʲ bɑʊ'doːs.]
No pasa nada. Fue culpa mía.	**Niẽko, taĩ māno kaltė̃.** ['nʲɛko, 'tʌɪ 'maːnɔ kalʲ'tʲeː.]
Disfrute su viaje.	**Gẽros keliõnės.** ['gʲɛroːs kʲɛ'lʲoɲʲɛs.]

Taxi

taxi	**taksì** [tak's^jɪ]
taxista	**taksì vairúotojas** [tak's^jɪ vaɪ'rʊoto:jɛs]
coger un taxi	**susistabdýti taksì** [sʊs^jɪstab'd^ji:t^jɪ tak's^jɪ]
parada de taxis	**taksì stotělė** [tak's^jɪ sto't^jæl^je:]
¿Dónde puedo coger un taxi?	**Kur̃ galiù išsikviẽsti taksì?** ['kʊr ga'l^jʊ ɪʃs^jɪk'v^jɛst^jɪ tak's^jɪ?]
llamar a un taxi	**išsikviẽsti taksì** [ɪʃs^jɪ'kv^jɛst^jɪ tak's^jɪ]
Necesito un taxi.	**Mán reĩkia taksì.** ['man 'r^jɛɪk^jɛ tak's^jɪ.]
Ahora mismo.	**Dabar̃.** [da'bar.]
¿Cuál es su dirección?	**Kóks jū̃sų ãdresas?** ['koks 'ju:su: 'a:dr^jɛsas?]
Mi dirección es …	**Màno ãdresas yrà…** ['manɔ 'a:dr^jɛsas i:'ra…]
¿Cuál es el destino?	**Kur̃ važiúosite?** ['kʊr va'ʒ^jʊos^jɪt^jɛ?]

Perdone, …	**Atsiprašaũ, …** [ats^jɪpra'ʃɑʊ, …]
¿Está libre?	**Ar̃ Jū̃s neùžimtas?** [ar 'ju:s 'n^jɛʊ ʒ^jɪmtas?]
¿Cuánto cuesta ir a …?	**Kíek kainúotų nuvažiúoti į̃ …?** ['k^jiɛk kʌɪ'nʊotu: nʊva'ʒ^jʊot^jɪ i: …?]
¿Sabe usted dónde está?	**Ar̃ žìnote, kur̃ taĩ yrà?** [ar 'ʒ^jɪnot^jɛ, kʊr tʌɪ i:'ra?]

Al aeropuerto, por favor.	**Į̃ óro úostą.** [i: 'orɔ 'ʊosta:.]
Pare aquí, por favor.	**Sustókite čià, prašaũ.** [sʊs'tok^jɪt^jɛ tʂ^jæ, pra'ʃɑʊ.]
No es aquí.	**Taĩ nè čià.** ['tʌɪ n^jɛ 'tʂ^jæ.]
La dirección no es correcta.	**Čià nè tàs ãdresas.** ['tʂ^jæ n^jɛ 'tas 'a:dr^jɛsas.]
Gire a la izquierda.	**Sùkite kair̃ěn.** ['sʊk^jɪte kʌɪ'r^je:n.]
Gire a la derecha.	**Sùkite dešiněn.** ['sʊk^jɪte deʃ^jɪ'n^je:n.]

¿Cuánto le debo?

¿Me da un recibo, por favor?

Quédese con el cambio.

Kíek aš skolìngas/skolìnga?
['kⁱiɛk aʃ sko'lⁱɪngas /sko'lⁱɪnga?/]
Noréčiau čėkio.
[no'rⁱe:tṣⁱɛʊ 'tṣⁱɛkⁱɔ.]
Grąžą pasilìkite.
[gra:'ʒa: pasⁱɪ'lⁱɪkⁱɪtⁱɛ.]

Espéreme, por favor.

cinco minutos

diez minutos

quince minutos

veinte minutos

media hora

Prašaũ mãnęs palaúkti.
[pra'ʃɑʊ 'ma:nⁱɛ:s pa'lⁱɑʊktⁱɪ.]
penkiàs minutès
[pⁱɛŋ'kⁱæs mⁱɪnʊ'tⁱɛs]
dẽšimt minùčių
['dⁱæʃɪmt mⁱɪ'nʊtṣⁱu:]
penkiólika minùčių
[pⁱɛŋ'kⁱolⁱɪka mⁱɪ'nʊtṣⁱu:]
dvìdešimt minùčių
['dvⁱɪdⁱɛʃɪmt mⁱɪ'nʊtṣⁱu:]
pùsvalandį
['pʊsvalⁱandⁱɪ:]

31

Hotel

Hola.	**Sveikì.** [svʲɛɪ'kʲɪ.]
Me llamo ...	**Mãno vaȓdas ...** ['maːnɔ 'vardas ...]
Tengo una reserva.	**Àš rezervavaũ kaȓbarį.** ['aʃ rʲɛzʲɛrva'vɑʊ 'kambarʲɪ:.]

Necesito ...	**Màn reìkia ...** ['man 'rʲɛɪkʲɛ ...]
una habitación individual	**kaȓbario vienám žmógui** ['kambarʲɔ vʲiɛ'nam 'ʒmoguɪ]
una habitación doble	**kaȓbario dviems žmonéms** ['kambarʲɔ 'dvʲiɛms ʒmo'nʲeːms]
¿Cuánto cuesta?	**Kíek taì kainuõs?** ['kʲiɛk 'tʌɪ kʌɪ'nuɑs?]
Es un poco caro.	**Trupùtį brangù.** [trʊ'pʊti: bran'gʊ.]

¿Tiene alguna más?	**Aȓ tùrite kažką̃ kìto?** [ar 'tʊrʲɪtʲɛ kaʒ'ka: 'kʲɪto?]
Me quedo.	**Paiȓsiu.** ['pʌɪmsʲʊ.]
Pagaré en efectivo.	**Mokésiu grynaìs.** [mo'kʲeːsʲʊ grʲi:'nʌɪs.]

Tengo un problema.	**Turiù problèmą.** [tʊ'rʲʊ prob'lʲema:.]
Mi ... no funciona.	**Sulū́žo màno ... .** [sʊ'lʲuːʒɔ 'manɔ ...]
Mi ... está fuera de servicio.	**Neveìkia màno ... .** [nʲɛ'vʲɛɪkʲɛ 'manɔ ...]
televisión	**televìzorius** [tʲɛlʲɛ'vʲɪzorʲʊs]
aire acondicionado	**óro kondicioniẽrius** ['orɔ kondʲɪtsʲɪjo'nʲɛrʲʊs]
grifo	**čiáupas** ['tʂʲæʊpas]

ducha	**dùšas** ['dʊʃas]
lavabo	**praustùvė** [prɑʊs'tʊvʲeː]
caja fuerte	**seìfas** ['sʲɛɪfas]

cerradura	**durų spyna** [dʊ'ru: spʲiˑ'na]
enchufe	**elektros lizdas** [ɛ'lʲɛktros 'lʲɪzdas]
secador de pelo	**plaukų džiovintuvas** [plʲɑʊ'ku: dʒʲovʲɪn'tʊvas]

No tengo …	**Aš neturiu …** ['aʃ nʲɛtʊ'rʲʊ …]
agua	**vandeñs** [van'dʲɛns]
luz	**šviesõs** [ʃvʲiɛ'soːs]
electricidad	**elektros** [ɛ'lʲɛktros]

¿Me puede dar …?	**Ar galite duoti …?** [ar 'gaːlʲɪtʲɛ 'dʊotʲɪ …?]
una toalla	**rankšluostį** ['raŋkʃlʲʊɑsti:]
una sábana	**antklodę** ['antklʲodʲɛ:]
unas chanclas	**šlepetès** [ʃlʲɛpʲɛ'tʲɛs]
un albornoz	**chalãtą** [xa'lʲaːtaː]
un champú	**šampūno** [ʃam'puːno]
jabón	**muilo** ['mʊɪlʲɔ]

Quisiera cambiar de habitación.	**Noréčiau pakeisti kambarį.** [no'rʲeːtʃʲɛʊ pa'kʲɛɪstʲɪ 'kambarʲɪː.]
No puedo encontrar mi llave.	**Nerandu savo rãkto.** [nʲɛran'dʊ 'savo 'raːktɔ.]
Por favor abra mi habitación.	**Ar galite atrakinti mano kambarį?** [ar 'gaːlʲɪtʲɛ atrakʲɪːntʲɪ 'manɔ 'kambarʲɪ:?]
¿Quién es?	**Kas teñ?** ['kas tʲɛn?]
¡Entre!	**Užeikite!** [ʊ'ʒʲɛɪkʲɪtʲɛ!]
¡Un momento!	**Palaukite minutę!** [pa'lʲɑʊkʲɪtʲɛ mʲɪ'nʊtʲɛ:!]
Ahora no, por favor.	**Ne dabar, prašau.** ['nʲɛ da'bar, pra'ʃɑʊ.]

Venga a mi habitación, por favor.	**Prašau, užeikite į mano kambarį.** [pra'ʃɑʊ, ʊ'ʒʲɛɪkʲɪtʲɛ iː 'manɔ 'kambarʲɪː.]
Quisiera hacer un pedido.	**Noréčiau užsisakyti maisto.** [no'rʲeːtʃʲɛʊ ʊʒsʲɪsa'kʲiː:tʲɪ 'mʌɪstɔ.]
Mi número de habitación es …	**Mãno kambario numeris …** ['maːnɔ 'kambarʲɔ 'nʊmʲɛrʲɪs …]

Me voy …	**Aš išvykstu …** ['aʃ iʃvʲiːksˈtʊ …]
Nos vamos …	**Mẽs išvỹkstame …** ['mʲæs iʃˈvʲiːkstamʲɛ …]
Ahora mismo	**dabar̃** [daˈbar]
esta tarde	**põ pietų̃** ['poː pʲiɛˈtuː]
esta noche	**šią̃nakt** ['ʃæːnakt]
mañana	**rytój** [rʲiːˈtoj]
mañana por la mañana	**rýt rytè** ['rʲiːt rʲiːˈtʲɛ]
mañana por la noche	**rýt vakarè** ['rʲiːt vakaˈrʲɛ]
pasado mañana	**porýt** [poˈrʲiːt]

Quisiera pagar la cuenta.	**Norė́čiau sumokė́ti.** [noˈrʲeːtʂʲɛʊ sʊmoˈkʲeːtʲɪ.]
Todo ha estado estupendo.	**Vìskas bùvo nuostabù.** ['vʲɪskas 'bʊvɔ nʊɑstaˈbʊ.]
¿Dónde puedo coger un taxi?	**Kur̃ galiù išsikviẽsti taksì?** ['kʊr ɡaˈlʲʊ ɪʃʲɪkˈvʲɛstʲɪ takˈsʲɪ?]
¿Puede llamarme un taxi, por favor?	**Ar̃ galė́tumėte mán iškviẽsti taksì?** [ar ɡaˈlʲeːtʊmʲeːte 'man iʃkˈvʲɛstʲɪ takˈsʲɪ?]

Restaurante

¿Puedo ver el menú, por favor?

Ar galiù gáuti meniù?
[ar ga'lʲʊ 'gɑʊtʲɪ mʲɛ'nʲʊ?]

Mesa para uno.

Stálą vienám.
['sta:lʲa: vʲiɛ'nam.]

Somos dos (tres, cuatro).

Mūsų dù (trŷs, keturì).
['mu:su: 'dʊ ('tryi:s, ketʊ'rʲɪ).]

Para fumadores

Rūkantiems
['ru:kantʲiɛms]

Para no fumadores

Nerūkantiems
[nʲɛ'ru:kantʲiɛms]

¡Por favor! (llamar al camarero)

Atsiprašaũ!
[atsʲɪpra'ʃɑʊ!]

la carta

meniù
[mʲɛ'nʲʊ]

la carta de vinos

vŷno meniù
['vʲi:nɔ mʲɛ'nʲʊ]

La carta, por favor.

Meniù, prašaũ.
[mʲɛ'nʲʊ, pra'ʃɑʊ.]

¿Está listo para pedir?

Ar jaũ norésite užsisakýti?
[ar jɛʊ no'rʲe:sʲɪte ʊʒsʲɪsa'kʲi:tʲɪ?]

¿Qué quieren pedir?

Ką užsisakýsite?
[ka: ʊʒsʲɪsa'kʲi:tʲɛ?]

Yo quiero …

Àš paim̃siu …
['aʃ 'pʌɪmsʲʊ …]

Soy vegetariano.

Àš vegetāras /vegetārė/.
['aʃ vege'ta:ras /vege'ta:rʲe:/.]

carne

mėsõs
[mʲe:'so:s]

pescado

žuviės
[ʒʊ'vʲɛs]

verduras

daržóvės
[dar'ʒovʲe:s]

¿Tiene platos para vegetarianos?

Ar tùrite vegetāriškų patiekalų̃?
[ar 'tʊrʲɪtʲɛ vʲɛgʲɛ'ta:rʲɪʃku: patʲiɛka'lʲu:?]

No como cerdo.

Àš neválgau kiaulíenos.
['aʃ nʲɛ'valʲgaʊ kʲɛʊ'lʲiɛnos.]

Él /Ella/ no come carne.

Jìs /jì/ neválgo mėsõs.
[jɪs /jɪ/ nʲɛ'valʲgɔ mʲe:'so:s.]

Soy alérgico a …

Àš alèrgiškas /alèrgiška/ …
['aʃ a'lʲɛrgʲɪʃkas /a'lʲɛrgʲɪʃka/ …]

¿Me puede traer …, por favor?	Prašaū atnèšti mán …
	[pra'ʃɑʊ at'nʲɛʃʲtʲɪ 'man …]
sal | pimienta | azúcar	drùskos | pipìrų | cùkraus
	['drʊskos | pʲɪ'pʲɪru: | 'tsʊkrɑʊs]
café | té | postre	kavõs | arbãtos | desèrtą
	[ka'vo:s | ar'ba:tos | dʲɛ'sʲɛrta:]
agua | con gas | sin gas	vandeñs | gazúoto | negazúoto
	[van'dʲɛns | ga'zʊotɔ | nʲɛga'zʊotɔ]
una cuchara | un tenedor | un cuchillo	šáukštą | šakùtę | peĩlį
	['ʃɑʊkʃta: | ʃa'kʊtʲɛ: | 'pʲɛɪlʲɪ:]
un plato | una servilleta	lėkštę | servetėlę
	[lʲe:kʃʲtʲɛ: | serve'tʲe:lʲɛ:]

¡Buen provecho!	Skanaūs!
	[ska'nɑʊs!]
Uno más, por favor.	Prašaū dár víeną.
	[pra'ʃɑʊ 'dar 'vʲiɛna:.]
Estaba delicioso.	Bùvo lãbai skanù.
	['bʊvɔ 'lʲa:bʌɪ ska'nʊ.]

la cuenta | el cambio | la propina	sąskaita | grąžà | arbãtpinigiai
	['sa:skʌɪta | gra:'ʒa | ar'ba:tpʲɪnʲɪgʲɛɪ]
La cuenta, por favor.	Sąskaitą, prašaū.
	['sa:skʌɪta:, pra'ʃɑʊ.]
¿Puedo pagar con tarjeta?	Ar galiù mokéti kredìto kortelè?
	[ar ga'lʲʊ mo'kʲe:tʲɪ kre'dʲɪtɔ korte'lʲɛ?]
Perdone, aquí hay un error.	Atsiprašaū, bèt jũs suklýdote.
	[atsʲɪpra'ʃɑʊ, bʲɛt 'ju:s sʊk'lʲi:dotʲɛ.]

De Compras

¿Puedo ayudarle?

Kuõ galiù padéti?
['kʋɑ ga'lʲʋ pa'dʲeːtʲɪ?]

¿Tiene ...?

Aȓ tùrite ...?
[ar 'tʋrʲɪtʲɛ ...?]

Busco ...

Íeškau ...
['ɪʲɛʃkɑʋ ...]

Necesito ...

Mán reìkia ...
['man 'rʲɛɪkʲɛ ...]

Sólo estoy mirando.

Àš tìk apžiūrinéju.
['aʃ tʲɪk apʒʲuːrʲɪ'nʲeːjʋ.]

Sólo estamos mirando.

Mẽs tìk apžiūrinéjame.
['mʲæs 'tʲɪk apʒʲuːrʲɪ'nʲeːjame.]

Volveré más tarde.

Sugȓìšiu véliaũ.
[sʋg'rʲɪːʃʋ vʲeː'lʲɛʋ.]

Volveremos más tarde.

Sugȓìšime véliaũ.
[sʋg'rʲɪːʃɪme vʲeː'lʲɛʋ.]

descuentos | oferta

núolaidos | išpardavìmas
['nʋolʲʌɪdos | iʃparda'vʲɪmas]

Por favor, enséñeme ...

Paródykite mán, prašaũ, ...
[pa'rodʲiːkʲɪtʲɛ 'man, pra'ʃɑʋ, ...]

¿Me puede dar ..., por favor?

Dúokite mán, prašaũ, ...
['dʋokʲɪtʲɛ 'man, pra'ʃɑʋ, ...]

¿Puedo probarmelo?

Aȓ galiù pasimatúoti?
[ar ga'lʲʋ pasʲɪma'tʋotʲɪ?]

Perdone, ¿dónde están los probadores?

Atsiprašaũ, kuȓ yrà matãvimosi kabìnos?
[atsʲɪpra'ʃɑʋ, kʋr iː'ra ma'ta:vʲɪmosʲɪ ka'bʲɪnos?]

¿Qué color le gustaría?

Kokiõs spalvõs norétumète?
[kɔ'kʲoːs spalʲʲʋoːs no'rʲeːtʋmʲeːtɛ?]

la talla | el largo

dȳdis | ìlgis
['dʲiːdʲɪs | 'iʲlʲgʲɪs]

¿Cómo le queda? (¿Está bien?)

Aȓ tìnka?
[ar 'tʲɪŋka?]

¿Cuánto cuesta esto?

Kíek taĩ kainúoja?
['kʲiɛk 'tʌɪ kʌɪ'nʋoːjɛ?]

Es muy caro.

Peȓ brangù.
['pʲɛr bran'gʋ.]

Me lo llevo.

Paimsiu.
['pʌɪmsʲʋ.]

Perdone, ¿dónde está la caja?	**Atsiprašaũ, kur̃ galiù sumokéti?** [atsʲɪpraˈʃɑʊ, kʊr gaˈlʲʲʊ sʊmoˈkʲeːtʲɪ?]
¿Pagará en efectivo o con tarjeta?	**Mokésite grynaĩs ar̃ kredìto** **kortelè?** [moˈkʲeːsʲɪte grʲiːˈnʌɪs ar krʲɛˈdʲɪtɔ korteˈlʲʲɛ?]
en efectivo | con tarjeta	**grynaĩs | kredìto kortelè** [grʲiːˈnʌɪs | krʲɛˈdʲɪtɔ kortʲɛˈlʲʲɛ]

¿Quiere el recibo?	**Ar̃ reĩkia čèkio?** [ar ˈrʲɛɪkʲʲɛ ˈt͡ʂʲɛkʲʲo?]
Sí, por favor.	**Taĩp.** [ˈtʌɪp.]
No, gracias.	**Nè, nereĩkia.** [ˈnʲɛ, nʲɛˈrʲɛɪkʲʲæ.]
Gracias. ¡Que tenga un buen día!	**Ãčiū. Vìso gẽro.** [ˈaːt͡ʂʲuː. ˈvʲɪsɔ ˈgʲæerɔ.]

En la ciudad

Perdone, por favor.	**Atsiprašaũ, ...** [atsʲɪpraˈʃɑʊ.]
Busco ...	**Ieškau ...** [ˈɪɛʃkɑʊ ...]
el metro	**metrò** [mʲɛ'tro]
mi hotel	**sàvo viẽšbučio** ['savɔ 'vʲɛʃbʊtʂʲɔ]

el cine	**kìno teãtro** ['kʲɪnɔ tʲɛ'a:trɔ]
una parada de taxis	**taksì stotẽlę** [tak'sʲɪ sto'tʲælʲɛ:]
un cajero automático	**bankomãto** [baŋko'ma:tɔ]
una oficina de cambio	**valiùtos keitỹklos** [va'lʲʊtos kʲɛɪ'tʲi:klos]

un cibercafé	**internèto kavìnės** [ɪnter'nʲɛtɔ kavʲɪ'nʲe:s]
la calle ...	**... gãtvės** [... ga:t'vʲe:s]
este lugar	**šiõs viẽtos** ['ʃʲo:s 'vʲɛtos]

¿Sabe usted dónde está ...?	**Ar̃ žìnote, kur̃ yrà ...?** [ar 'ʒʲɪnotʲɛ, kʊr i:'ra ...?]
¿Cómo se llama esta calle?	**Kokià čià gãtvė?** [kɔ'kʲæ tʂʲæ 'ga:tvʲe:?]
Muestreme dónde estamos ahora.	**Paródykite, kur̃ dabar̃ ēsame.** [pa'rodʲi:kʲɪtʲɛ, kʊr da'bar 'ɛsamʲɛ.]
¿Puedo llegar a pie?	**Ar̃ galiù nuèiti teñ pėsčiomìs?** [ar ga'lʲʊ 'nʊʲɛɪtʲɪ ten pʲe:stʂʲo'mʲɪs?]
¿Tiene un mapa de la ciudad?	**Ar̃ tùrite miẽsto žemélapį?** [ar 'tʊrʲɪtɛ 'mʲɪ:ɛstɔ ʒe'mʲe:lʲapʲɪ:?]

¿Cuánto cuesta la entrada?	**Kíek kainúoja įėjìmo bìlietas?** ['kʲɪɛk kʌɪ'nʊɑ:jɛ i:ɛ'jɪmɔ 'bʲɪlʲiɛtas?]
¿Se pueden hacer fotos aquí?	**Ar̃ čià galimà fotografúoti?** [ar 'tʂʲæ galʲɪ'ma fotogra'fʊotʲɪ?]
¿Está abierto?	**Ar̃ jũs veĩkiate?** [ar 'ju:s 'vʲɛɪkʲætʲɛ?]

¿A qué hora abren?

Kadà atsidãrote?
[ka'da atsʲɪ'da:rotʲɛ?]

¿A qué hora cierran?

Kadà užsidãrote?
[ka'da ʊʒsʲɪ'da:rotʲɛ?]

Dinero

dinero	**pinigaĩ** [pʲɪnʲɪˈɡʌɪ]
efectivo	**gryníeji** [ɡrʲiːˈnʲiɛjɪ]
billetes	**banknòtai** [baŋkˈnotʌɪ]
monedas	**monètos** [moˈnʲɛtos]
la cuenta | el cambio | la propina	**sáskaita | grąžà | arbãtpinigiai** [ˈsaːskʌɪta | ɡraːˈʒa | arˈbaːtpʲɪnʲɪɡʲɛɪ]

la tarjeta de crédito	**kredìto kortẽlė** [krʲɛˈdʲɪtɔ korˈtʲælʲeː]
la cartera	**pinigìnė** [pʲɪnʲɪˈɡʲɪnʲeː]
comprar	**pìrkti** [ˈpʲɪrktʲɪ]
pagar	**mokéti** [moˈkʲeːtʲɪ]
la multa	**baudà** [bɑʊˈda]
gratis	**nemókamai** [nʲɛˈmokamʌɪ]

¿Dónde puedo comprar …?	**Kur̃ galiù nusipìrkti …?** [ˈkʊr ɡaˈlʲʊ nʊsʲɪˈpʲɪrktʲɪ …?]
¿Está el banco abierto ahora?	**Ar̃ bánkas jaũ dìrba?** [ar ˈbaŋkas ˈjɛʊ ˈdʲɪrba?]
¿A qué hora abre?	**Kadà atsidãro?** [kaˈda atsʲɪˈdaːro?]
¿A qué hora cierra?	**Kadà užsidãro?** [kaˈda ʊʒsʲɪˈdaːro?]

¿Cuánto cuesta?	**Kíek?** [ˈkʲiɛk?]
¿Cuánto cuesta esto?	**Kíek taĩ kainúoja?** [ˈkʲiɛk ˈtʌɪ kʌɪˈnʊoːjɛ?]
Es muy caro.	**Per̃ brangù.** [ˈpʲɛr branˈɡʊ.]

Perdone, ¿dónde está la caja?	**Atsiprašaũ, kur̃ galiù sumokéti?** [atsʲɪpraˈʃɑʊ, kʊr ɡaˈlʲʊ sʊmoˈkʲeːtʲɪ?]
La cuenta, por favor.	**Čèkį, prašaũ.** [ˈtʂʲɛkʲɪː, praˈʃɑʊ.]

¿Puedo pagar con tarjeta?

Ar̃ galiù mokéti kredìto kortelè?
[ar gaˈlʲʊ moˈkʲeːtʲɪ kreˈdʲɪtɔ korteˈlʲɛ?]

¿Hay un cajero por aquí?

Ar̃ čià yrà bankomãtas?
[ar ˈtʂʲæ iːˈra baŋkoˈmaːtas?]

Busco un cajero automático.

Íeškau bankomãto.
[ˈɪʲɛʃkɑʊ baŋkoˈmaːtɔ.]

Busco una oficina de cambio.

Íeškau valiùtos keitỹklos.
[ˈɪʲɛʃkɑʊ vaˈlʲʊtos kʲɛɪˈtʲiːklos.]

Quisiera cambiar ...

Nóriu pasikeìsti ...
[ˈnorʲʊ pasʲɪˈkʲɛɪstʲɪ ...]

¿Cuál es el tipo de cambio?

Kóks valiùtos kùrsas?
[ˈkoks vaˈlʲʊtos ˈkʊrsas?]

¿Necesita mi pasaporte?

Ar̃ reĩkia màno pãso?
[ar ˈrʲɛɪkʲɛ ˈmanɔ ˈpaːso?]

Tiempo

¿Qué hora es?	**Kíek dabař valandų?** ['kʲiɛk da'bar valʲan'du:?]
¿Cuándo?	**Kadà?** [ka'da?]
¿A qué hora?	**Kadà?** [ka'da?]
ahora | luego | después de ...	**dabař | vėliaũ | põ ...** [da'bar | vʲeː'lʲɛʊ | 'po: ...]

la una	**pìrmą vãlandą** ['pʲɪrma: 'va:lʲanda:]
la una y cuarto	**põ pirmõs penkiólika** ['po: pʲɪr'mo:s pʲɛŋ'kʲolʲɪka]
la una y medio	**pùsė dviejų̃** ['pʊsʲeː dvʲɛ'ju:]
las dos menos cuarto	**bè penkiólikos dvì** ['bʲɛ pʲɛŋ'kʲolʲɪkos dvʲɪ]

una | dos | tres	**pirmà | antrà | trečià** [pʲɪr'ma | an'tra | trʲɛ'tsʲæ]
cuatro | cinco | seis	**ketvirtà | penktà | šeštà** [kʲɛtvʲɪr'ta | pʲɛŋk'ta | ʃɛʃ'ta]
siete | ocho | nueve	**septintà | aštuntà | devintà** [sʲɛptʲɪn'ta | aʃtʊn'ta | dʲɛvʲɪn'ta]
diez | once | doce	**dešimtà | vienúolikta | dvýlikta** [dʲɛʃɪm'ta | vʲiɛ'nʊolʲɪkta | 'dvʲiːlʲɪkta]

en ...	**ùž ...** ['ʊʒ ...]
cinco minutos	**penkių̃ minùčių** [pʲɛŋ'kʲu: mʲɪ'nʊtsʲu:]
diez minutos	**dẽšimt minùčių** ['dʲæʃɪmt mʲɪ'nʊtsʲu:]
quince minutos	**penkiólikos minùčių** [pʲɛŋ'kʲolʲɪkos mʲɪ'nʊtsʲu:]
veinte minutos	**dvìdešimt minùčių** ['dvʲɪdʲɛʃɪmt mʲɪ'nʊtsʲu:]

media hora	**pùsvalandžio** ['pʊsvalʲandʒʲɔ]
una hora	**valandõs** [valʲan'do:s]
por la mañana	**rytè** [rʲiː'tʲɛ]

por la mañana temprano	**anksti rytè** [aŋk'stʲɪ rʲiː'tʲɛ]
esta mañana	**šįryt** [ˈʃɪːrʲɪːt]
mañana por la mañana	**rýt rytè** [ˈrʲiːt rʲiː'tʲɛ]

al mediodía	**per pietùs** [ˈpʲer pʲiɛ'tʊs]
por la tarde	**põ pietų** [ˈpoː pʲiɛ'tuː]
por la noche	**vakarè** [vaka'rʲɛ]
esta noche	**šią̃nakt** [ˈʃæːnakt]

por la noche	**nãktį** [ˈnaːktiː]
ayer	**vãkar** [ˈvaːkar]
hoy	**šiañdien** [ˈʃændʲiɛn]
mañana	**rytój** [rʲiː'toj]
pasado mañana	**porýt** [po'rʲiːt]

¿Qué día es hoy?	**Kokià šiañdien dienà?** [kɔ'kʲæ 'ʃændʲiɛn dʲiɛ'na?]
Es ...	**Šiañdien yrà ...** [ˈʃændʲiɛn iː'ra ...]
lunes	**pirmãdienis** [pʲɪr'ma:dʲiɛnʲɪs]
martes	**antrãdienis** [an'tra:dʲiɛnʲɪs]
miércoles	**trečiãdienis** [trʲɛ'tʂʲædʲiɛnʲɪs]

jueves	**ketvirtãdienis** [kʲɛtvʲɪr'ta:dʲiɛnʲɪs]
viernes	**penktãdienis** [pʲɛŋk'ta:dʲiɛnʲɪs]
sábado	**šeštãdienis** [ʃɛʃ'ta:dʲiɛnʲɪs]
domingo	**sekmãdienis** [sʲɛk'ma:dʲiɛnʲɪs]

Saludos. Presentaciones.

Hola.	**Sveikì.** [sv⁼ɛɪˈkʲɪ.]
Encantado /Encantada/ de conocerle.	**Malonù susipažìnti.** [malʲoˈnʊ sʊsʲɪpaˈʒʲɪntʲɪ.]
Yo también.	**Mán ĩrgi.** [ˈman ˈirgʲɪ.]
Le presento a …	**Nóriu, kàd susipažìntum sù …** [ˈnorʲʊ, ˈkad sʊsʲɪpaˈʒʲɪntʊm ˈsʊ …]
Encantado.	**Malonù susipažìnti.** [malʲoˈnʊ sʊsʲɪpaˈʒʲɪntʲɪ.]
¿Cómo está?	**Kaĩp laĩkotės?** [ˈkʌɪp ˈlʲʌɪkotʲeːs?]
Me llamo …	**Mãno var̃das …** [ˈmaːnɔ vardas …]
Se llama …	**Jõ var̃das …** [jɔ: ˈvardas …]
Se llama …	**Jì vardù …** [ˈjɪ varˈdʊ …]
¿Cómo se llama (usted)?	**Kuõ jũs vardù?** [ˈkʊɑ ˈjuːs varˈdʊ?]
¿Cómo se llama (él)?	**Kuõ jìs vardù?** [ˈkʊɑ jɪs varˈdʊ?]
¿Cómo se llama (ella)?	**Kuõ jì vardù?** [ˈkʊɑ jɪ varˈdʊ?]
¿Cuál es su apellido?	**Kokià jũsų pavardė̃?** [kɔˈkʲæ ˈjuːsuː pavarˈdʲeː?]
Puede llamarme …	**Gãli manè vadìnti …** [ˈgaːlʲɪ maˈnʲɛ vaˈdʲɪntʲɪ …]
¿De dónde es usted?	**Ìš kur̃ jũs ẽsate?** [ɪʃ ˈkʊr ˈjuːs ˈɛsatʲɛ?]
Yo soy de ….	**Àš ìš …** [ˈaʃ ɪʃ …]
¿A qué se dedica?	**Kuõ užsìimate?** [ˈkʊɑ ʊʒˈsʲɪimatʲɛ?]
¿Quién es?	**Kàs tàs žmogùs?** [ˈkas ˈtas ʒmoˈgʊs?]
¿Quién es él?	**Kàs jìs?** [ˈkas ˈjɪs?]
¿Quién es ella?	**Kàs jì?** [ˈkas jɪ?]
¿Quiénes son?	**Kàs jiẽ?** [ˈkas jɪɛ?]

Este es ...	**Taĩ ...**
	['tʌɪ ...]
mi amigo	**mãno draũgas**
	['ma:nɔ 'drɑuɡas]
mi amiga	**mãno draugě**
	['ma:nɔ drɑu'ɡʲe:]
mi marido	**mãno výras**
	['ma:nɔ 'vʲi:ras]
mi mujer	**mãno žmonà**
	['ma:nɔ ʒmo'na]
mi padre	**màno tévas**
	['manɔ 'tʲe:vas]
mi madre	**mãno mamà**
	['ma:nɔ ma'ma]
mi hermano	**mãno brólis**
	['ma:nɔ 'brolʲɪs]
mi hermana	**mãno sesuõ**
	['ma:nɔ sʲɛ'sʊɑ]
mi hijo	**mãno sūnùs**
	['ma:nɔ su:'nʊs]
mi hija	**mãno dukrà**
	['ma:nɔ dʊk'ra]
Este es nuestro hijo.	**Taĩ mū́sų sūnùs.**
	['tʌɪ 'mu:su: su:'nʊs.]
Esta es nuestra hija.	**Taĩ mū́sų dukrà.**
	['tʌɪ 'mu:su: dʊk'ra.]
Estos son mis hijos.	**Taĩ mãno vaikaĩ.**
	['tʌɪ 'ma:nɔ vʌɪ'kʌɪ.]
Estos son nuestros hijos.	**Taĩ mū́sų vaikaĩ.**
	['tʌɪ 'mu:su: vʌɪ'kʌɪ.]

Despedidas

¡Adiós!	Vìso gẽro! ['vʲɪsɔ 'gʲæro!]
¡Chau!	Ikì! [ɪ'kʲɪ!]
Hasta mañana.	Pasimatýsim rýt. [pasʲɪma'tʲi:sʲɪm 'rʲi:t.]
Hasta pronto.	Greĩtai pasimatýsime. ['grʲɛɪtʌɪ pasʲɪma'tʲi:sʲɪmʲɛ.]
Te veo a las siete.	Pasimatýsime septiñtą. [pasʲɪma'tʲi:sʲɪmʲɛ sʲɛp'tʲɪnta:.]

¡Que se diviertan!	Pasilìnksminkite! [pasʲɪ'lʲɪŋksmʲɪŋkʲɪtʲɛ!]
Hablamos más tarde.	Pašnekẽsim vẽliaũ. [paʃnʲɛ'kʲɛ:sʲɪm vʲe:'lʲɛʊ.]
Que tengas un buen fin de semana.	Gẽro savãitgalio. ['gʲærɔ sa'vʌɪtgalʲɔ.]
Buenas noches.	Labãnakt. [lʲa'ba:nakt.]

Es hora de irme.	Mán jaũ laĩkas eĩti. ['man 'jɛʊ 'lʲʌɪkas 'ɛɪtʲɪ.]
Tengo que irme.	Mán reĩkia eĩti. ['man 'rʲɛɪkʲɛ 'ɛɪtʲɪ.]
Ahora vuelvo.	Tuõj grĩšiu. ['tʊɑj 'grʲɪ:ʃʊ.]

Es tarde.	Jaũ vẽlù. ['jɛʊ vʲe:'lʲʊ.]
Tengo que levantarme temprano.	Mán reĩkia ankstì kéltis. ['man 'rʲɛɪkʲɛ aŋk'stʲɪ 'kʲɛlʲtʲɪs.]
Me voy mañana.	Àš išvykstù rýt. ['aʃ iʃvʲi:ks'tʊ 'rʲi:t.]
Nos vamos mañana.	Mẽs išvȳkstame rýt. ['mʲæs iʃvʲi:kstamʲɛ 'rʲi:t.]

¡Que tenga un buen viaje!	Gẽros keliõnės! [gʲæros kʲɛ'lʲo:nʲe:s!]
Ha sido un placer.	Bùvo malonù susipažìnti. ['bʊvɔ malʲo'nʊ sʊsʲɪpa'ʒʲɪntʲɪ.]
Fue un placer hablar con usted.	Bùvo malonù pasišnekéti. ['bʊvɔ malʲo'nʊ pasʲɪʃnɛ'kʲe:tʲɪ.]
Gracias por todo.	Ãčiū ùž vìską. ['a:tʃʲu: 'ʊʒ 'vʲɪska:.]

Lo he pasado muy bien.	**Puĩkiai pralei̇́dau laĩką.** [pʊɪkʲɛɪ pra'lʲɛɪdɑʊ 'lʌɪka:.]
Lo pasamos muy bien.	**Mẽs puĩkiai pralei̇́dome laĩką.** ['mʲæs 'pʊɪkʲɛɪ pra'lʲɛɪdomʲɛ 'lʌɪka:.]
Fue genial.	**Bùvo tikraĩ smagù.** ['bʊvɔ tʲɪk'rʌɪ sma'gʊ.]
Le voy a echar de menos.	**Pasi̇̃lgsiu tavę̃s.** [pasʲɪ'lʲɪlgsʲʊ ta'vʲɛ:s.]
Le vamos a echar de menos.	**Pasi̇̃lgsime jū̃sų.** [pasʲɪ'lʲɪlgsʲɪmʲɛ 'ju:su:.]

¡Suerte!	**Sėkmẽs!** [sʲe:k'mʲe:s!]
Saludos a ...	**Pérduokite linkéjimus ...** ['pʲɛrdʊakʲɪtʲɛ lʲɪŋ'kʲɛjɪmʊs ...]

Idioma extranjero

No entiendo.	**Nesuprantù.** [nʲɛsʊpranˈtʊ.]
Escríbalo, por favor.	**Užrašýkite, prašaũ.** [ʊʒraˈʃɪːkʲɪtʲɛ, praˈʃɑʊ.]
¿Habla usted ...?	**Aȓ kalbate ...?** [ar ˈkalʲbatʲɛ ...?]

Hablo un poco de ...	**Trupùtį kalbù ...** [trʊˈpʊtɪ: kalʲˈbʊ ...]
inglés	**ángliškai** [ˈanglʲɪʃkʌɪ]
turco	**tuȓkiškai** [ˈtʊrkʲɪʃkʌɪ]
árabe	**arãbiškai** [aˈraːbʲɪʃkʌɪ]
francés	**prancũziškai** [pranˈtsuːzʲɪʃkʌɪ]

alemán	**vókiškai** [ˈvokʲɪʃkʌɪ]
italiano	**itãliškai** [ɪˈtaːlʲɪʃkʌɪ]
español	**ispãniškai** [ɪsˈpaːnʲɪʃkʌɪ]
portugués	**portugãliškai** [portʊˈgaːlʲɪʃkʌɪ]
chino	**kìniškai** [ˈkʲɪnʲɪʃkʌɪ]
japonés	**japòniškai** [jaˈponʲɪʃkʌɪ]

¿Puede repetirlo, por favor?	**Aȓ gãlite pakartóti?** [ar ˈgaːlʲɪtʲɛ pakarˈtotʲɪ?]
Lo entiendo.	**Suprantù.** [sʊpranˈtʊ.]
No entiendo.	**Nesuprantù.** [nʲɛsʊpranˈtʊ.]
Hable más despacio, por favor.	**Aȓ gãlite kalbéti léčiaũ?** [ar ˈgaːlʲɪtʲɛ kalʲˈbʲeːtʲɪ lʲeːˈtʃʲɛʊ?]

¿Está bien?	**Aȓ teisìngai?** [ar tʲɛɪˈsʲɪngʌɪ?]
¿Qué es esto? (¿Que significa esto?)	**Kã̃ taĩ réiškia?** [kaː ˈtʌɪ ˈrʲɛɪʃkʲæ?]

Disculpas

Perdone, por favor.	**Atléiskite.** [at'lʲɛɪskʲɪtʲɛ.]
Lo siento.	**Atsiprašaũ.** [atsʲɪpraˈʃɑʊ.]
Lo siento mucho.	**Mán labaĩ gaĩla.** ['man lʲaˈbʌɪ 'gʌɪlʲa.]
Perdón, fue culpa mía.	**Atsiprašaũ, taí àš káltas /kaltà/.** [atsʲɪpraˈʃɑʊ, 'tʌɪ aʃ 'kalʲtas /kalʲ'ta/.]
Culpa mía.	**Taĩ mãno klaidà.** ['tʌɪ 'mɑːnɔ klʲʌɪ'da.]

¿Puedo ...?	**Aȓ galiù ...?** [ar ɡaˈlʲʊ ...?]
¿Le molesta si ...?	**Aȓ jũs niẽko priẽš, jéi ...?** [ar 'juːs 'nʲɛkɔ 'prʲɛʃ, jɛɪ ...?]
¡No hay problema! (No pasa nada.)	**Niẽko tókio.** ['nʲɛkɔ 'tokʲɔ.]
Todo está bien.	**Vìskas geraĩ.** ['vʲɪskas ɡʲɛ'rʌɪ.]
No se preocupe.	**Nesijáudinkite dě̃l tõ.** [nʲɛsʲɪ'jɑʊdʲɪŋkʲɪtʲe 'dʲeːlʲ 'toː.]

Acuerdos

Sí.	**Taĩp.**
	['tʌɪp.]
Sí, claro.	**Žìnoma.**
	['ʒʲɪnoma.]
Bien.	**Geraĩ.**
	[gʲɛ'rʌɪ.]
Muy bien.	**Puikù.**
	[pʊi'kʊ.]
¡Claro que sí!	**Būtinaĩ!**
	[bu:tʲɪ'nʌɪ!]
Estoy de acuerdo.	**Sutinkù.**
	[sʊtʲɪŋ'kʊ.]

Es verdad.	**Tikraĩ.**
	[tʲɪk'rʌɪ.]
Es correcto.	**Teisìngai.**
	[tʲɛɪ'sʲɪngʌɪ.]
Tiene razón.	**Jũs teisùs /teisì/.**
	['ju:s tʲɛɪ'sʊs /tʲɛɪ'sʲɪ/.]
No me molesta.	**Mán tiñka.**
	['man 'tʲɪŋka.]
Es completamente cierto.	**Tikraĩ taĩp.**
	[tʲɪk'rʌɪ 'tʌɪp.]

Es posible.	**Įmãnoma.**
	[i:'ma:noma.]
Es una buena idea.	**Gerà mintìs.**
	[gʲɛ'ra mʲɪn'tʲɪs.]
No puedo decir que no.	**Negaliù atsisakýti.**
	[nʲɛga'lʲʊ atsʲɪsa'kʲi:tʲɪ.]
Estaré encantado /encantada/.	**Mielaĩ.**
	[mʲiɛ'lʲʌɪ.]
Será un placer.	**Sù míelu nóru.**
	['sʊ 'mʲiɛlʲʊ 'norʊ.]

Rechazo. Expresar duda

No.	Nė. ['nʲɛ.]
Claro que no.	Tikraì nė. [tʲɪkˈrʌɪ nʲɛ.]
No estoy de acuerdo.	Àš nesutinkù. ['aʃ nʲɛsʊtʲɪŋˈkʊ.]
No lo creo.	Nemanaũ. [nʲɛmaˈnɑʊ.]
No es verdad.	Taì netiesà. ['tʌɪ nʲɛtʲiɛ'sa.]

No tiene razón.	Jũs klýstate. ['ju:s 'klʲi:statʲɛ.]
Creo que no tiene razón.	Manaũ, jũs klýstate. [maˈnɑʊ, 'ju:s 'klʲi:statʲɛ.]
No estoy seguro /segura/.	Nesù tìkras /tikrà/. [nʲɛ'sʊ 'tʲɪkras /tʲɪk'ra/.]
No es posible.	Neįmãnoma. [nʲɛɪ:'ma:noma.]
¡Nada de eso!	Niẽko panašaũs! ['nʲɛkɔ pana'ʃɑʊs!]

Justo lo contrario.	Vìsiškai príešingai. ['vʲɪsʲɪʃkʌɪ 'prʲiɛʃ'ɪngʌɪ.]
Estoy en contra de ello.	Àš prieštaráuju. ['aʃ prʲiɛʃta'rɑujʊ.]
No me importa. (Me da igual.)	Mán nerũpi. ['man nʲɛ'ru:pʲɪ.]
No tengo ni idea.	Neįsivaizdúoju. [nʲɛɪ:sʲɪvʌɪz'dúo:jʊ.]
Dudo que sea así.	Abejóju. [abʲɛ'jɔjʊ.]

Lo siento, no puedo.	Atsiprašaũ, bèt negaliù. [atsʲɪpra'ʃɑʊ, bʲɛt nʲɛga'lʲʊ.]
Lo siento, no quiero.	Atsiprašaũ, bèt nenóriu. [atsʲɪpra'ʃɑʊ, bʲɛt nʲɛ'norʲʊ.]
Gracias, pero no lo necesito.	Áčiū, bèt mán nereĩkia. ['a:tʂʲu:, bʲɛt 'man nʲɛ'rʲɛɪkʲæ.]
Ya es tarde.	Jaũ vėlù. ['jɛʊ vʲe:'lʲʊ.]

Tengo que levantarme temprano.

Mán reĩkia ankstì kéltis.
['man 'rʲɛɪkʲɛ aŋk'stʲɪ 'kʲɛlʲtʲɪs.]

Me encuentro mal.

Nesijaučiù geraĩ.
[nʲɛsʲɪjɛu'tʂʲʊ gʲɛ'rʌɪ.]

Expresar gratitud

Gracias.	**Ãčiū.** ['a:tʂʲu:.]
Muchas gracias.	**Labaĩ ãčiū.** [lʲa'bʌɪ 'a:tʂʲu:.]
De verdad lo aprecio.	**Aš labaĩ dėkìngas /dėkìnga/.** ['aʃ lʲa'bʌɪ dʲe:'kʲɪngas /dʲe:'kʲɪngа/.]
Se lo agradezco.	**Labaĩ jùms dėkóju.** [lʲa'bʌɪ 'jums dʲe:'ko:jʊ.]
Se lo agradecemos.	**Mẽs jùms labaĩ dėkìngi.** ['mʲæs 'jums lʲa'bʌɪ dʲe:'kʲɪngʲɪ.]

Gracias por su tiempo.	**Ãčiū ùž jū́sų laĩką.** ['a:tʂʲu: 'ʊʒ 'ju:su: 'lʲʌɪka:.]
Gracias por todo.	**Ãčiū ùž vìską.** ['a:tʂʲu: 'ʊʒ 'vʲɪska:.]
Gracias por …	**Ãčiū ùž …** ['a:tʂʲu: 'ʊʒ …]
su ayuda	**pagálbą** [pa'galʲba:]
tan agradable momento	**smagiaĩ praléistą laĩką** [sma'gʲɛɪ pra'lʲɛɪsta: 'lʌɪka:]

una comida estupenda	**nuostãbų pãtiekalą** [nʊɑ'sta:bu: 'pa:tʲiɛkalʲa:]
una velada tan agradable	**malõnų vãkarą** [ma'lʲo:nu: 'va:kara:]
un día maravilloso	**nuostãbią diẽną** [nʊɑ'sta:bʲæ: 'dʲɛna:]
un viaje increíble	**nuostãbią keliõnę** [nʊɑ'sta:bʲæ: kʲɛ'lʲo:nʲɛ:]

No hay de qué.	**Nėrà ùž ką̃.** [nʲe:'ra 'ʊʒ ka:.]
De nada.	**Nedėkókite.** [nʲɛdʲe:'kokʲɪte.]
Siempre a su disposición.	**Bẽt kadà.** ['bʲɛt ka'da.]
Encantado /Encantada/ de ayudarle.	**Bùvo malonù padéti.** ['bʊvɔ malʲo'nʊ pa'dʲe:tʲɪ.]
No hay de qué.	**Ką̃ jū̃s, vìskas geraĩ.** [ka: 'ju:s, 'vʲɪskas gʲɛ'rʌɪ.]
No tiene importancia.	**Nesijáudinkite dėl tõ.** [nʲɛsʲɪ'jɑʊdʲɪŋkʲɪte 'dʲe:lʲ 'to:.]

Felicitaciones , Mejores Deseos

¡Felicidades!

Sveíkinu!
['sv^jɛɪk^jɪnʊ!]

¡Feliz Cumpleaños!

Sù gimìmo dienà!
['sʊ g^jɪ'm^jɪmɔ d^jɪɛ'na!]

¡Feliz Navidad!

Linksmų Kalèdų!
[l^jɪŋks'mu: ka'l^je:du:!]

¡Feliz Año Nuevo!

Sù Naujaìsiais mètais!
['sʊ nɑʊ'jʌɪs^jɛɪs 'm^jætʌɪs!]

¡Felices Pascuas!

Sù Šventóm Velýkom!
['sʊ ʃv^jɛn'tom v^jɛ'l^ji:kom!]

¡Feliz Hanukkah!

Sù Chanùka!
['sʊ xa'nʊka!]

Quiero brindar.

Nóriu paskélbti tòstą.
['nor^jʊ pas'k^jɛl^jpt^jɪ 'tosta:.]

¡Salud!

Į̃ sveikãtą!
[i: sv^jɛɪ'ka:ta:!]

¡Brindemos por …!

Išgérkime ùž …!
[ɪʃg^jɛrk^jɪm^jɛ 'ʊʒ …!]

¡A nuestro éxito!

Ùž mū́sų sė́kmę!
['ʊʒ 'mu:su: 's^je:km^jɛ:!]

¡A su éxito!

Ùž jū́sų sė́kmę!
['ʊʒ 'ju:su: 's^je:km^jɛ:!]

¡Suerte!

Sė́kmė̃s!
[s^je:k'm^je:s!]

¡Que tenga un buen día!

Gė̃ros diẽnos!
['g^jɛːros 'd^jɛnos!]

¡Que tenga unas buenas vacaciones!

Gerų̃ atóstogų!
[g^jɛ'ru: a'tostogu:!]

¡Que tenga un buen viaje!

Saũgios kelionė̃s!
['sɑʊg^jos ke'l^jo:n^je:s!]

¡Espero que se recupere pronto!

Lìnkiu greĩtai pasveĩkti!
['l^jɪŋk^jʊ 'gr^jɛɪtʌɪ pas'v^jɛɪkt^jɪ!]

Socializarse

¿Por qué está triste?
Kodėl táu liūdna?
[kɔ'dʲeːl 'tɑʊ lʲuːd'na?]

¡Sonría! ¡Animese!
Nusišypsók! Pralinksmék!
[nʊsʲɪʃʲɪːp'sok! pralʲɪŋk'smʲeːk!]

¿Está libre esta noche?
Ař jūs šiandien neužsiėmę?
[ar 'juːs 'ʃʲændʲiɛn neʊʒ'sʲɪeːmʲɛː?]

¿Puedo ofrecerle algo de beber?
Ař galiù táu pasiūlyti išgérti?
[ar ga'lʲʊ 'tɑʊ pa'sʲuːlʲiːtʲɪ iʃ'gʲertʲɪ?]

¿Querría bailar conmigo?
Ař norétum pašókti?
[ar no'rʲeːtʊm pa'ʃoktʲɪ?]

Vamos a ir al cine.
Gál eíkime į kìną?
['galʲ 'ɛɪkʲɪmʲɛ iː 'kʲɪːna:?]

¿Puedo invitarle a ...?
Ař galiù tavè pakviẽsti ...?
[ar ga'lʲʊ ta'vʲɛ pak'vʲɛstʲɪ ...?]

un restaurante
į restorãną
[iː rʲɛsto'raːnaː]

el cine
į kìną
[iː 'kʲɪːnaː]

el teatro
į teãtrą
[iː tʲɛ'aːtraː]

dar una vuelta
pasiváikščioti
[pasʲɪ'vʌɪkʃtʃʲotʲɪ]

¿A qué hora?
Kadà?
[ka'da?]

esta noche
šiąnakt
['ʃæːnakt]

a las seis
šéštą
['ʃæʃtaː]

a las siete
septiñtą
[sʲɛp'tʲɪnta:]

a las ocho
aštuñtą
[aʃ'tʊntaː]

a las nueve
deviñtą
[dʲɛ'vʲɪntaː]

¿Le gusta este lugar?
Ař táu čià patiñka?
[ar 'tɑʊ tʃʲæ pa'tʲɪŋka?]

¿Está aquí con alguien?
Ař tù nè víena?
[ar 'tʊ nʲɛ 'vʲiɛna?]

Estoy con mi amigo /amiga/.
Àš sù draugù /draugè/.
['aʃ 'sʊ drɑʊ'gʊ /drɑʊ'gʲɛ/.]

Estoy con amigos.	**Aš su draugais /draugėmis/.** ['aʃ 'sʊ drɑʊ'gʌɪs /drɑʊgʲeːˈmʲɪs/.]
No, estoy solo /sola/.	**Ne, aš viena.** ['nʲɛ, aʃ 'vʲiɛna.]

¿Tienes novio?	**Ar turi vaikiną?** [ar 'tʊrʲɪ vʌɪ'kʲɪna:?]
Tengo novio.	**Turiu vaikiną.** [tʊ'rʲʊ vʌɪ'kʲɪna:.]
¿Tienes novia?	**Ar turi merginą?** [ar 'tʊrʲɪ mʲɛr'gʲɪna:?]
Tengo novia.	**Turiu merginą.** [tʊ'rʲʊ mʲɛr'gʲɪna:.]

¿Te puedo volver a ver?	**Ar galime dar kada pasimatyti?** [ar 'ga:lʲɪmʲɛ 'dar ka'da pasɪma'tʲiːtʲɪ?]
¿Te puedo llamar?	**Ar galiu tau paskambinti?** [ar ga'lʲʊ 'tɑʊ pas'kambʲɪntʲɪ?]
Llámame.	**Paskambink man.** [pas'kambʲɪŋk 'man.]
¿Cuál es tu número?	**Koks tavo numeris?** ['koks 'tavɔ 'numʲɛrʲɪs?]
Te echo de menos.	**Pasiilgau tavęs.** [pasʲɪ'ɪlʲgɑʊ ta'vʲɛːs.]

¡Qué nombre tan bonito!	**Tavo gražus vardas.** ['tavɔ gra'ʒʊs 'vardas.]
Te quiero.	**Myliu tave.** ['mʲiːlʲʊ ta'vʲɛ.]
¿Te casarías conmigo?	**Ar tekėsi už manęs?** [ar te'kʲeːsʲɪ 'ʊʒ ma'nʲɛːs?]
¡Está de broma!	**Tu juokauji!** ['tʊ jʊɑ'kɑʊjɪ!]
Sólo estoy bromeando.	**Aš juokauju.** ['aʃ jʊɑ'kɑʊjʊ.]

¿En serio?	**Ar tu rimtai?** [ar 'tʊ rʲɪm'tʌɪ?]
Lo digo en serio.	**Aš rimtai.** ['aʃ rʲɪm'tʌɪ.]
¿De verdad?	**Tikrai?** [tʲɪk'rʌɪ?]
¡Es increíble!	**Neįtikėtina!** [nʲɛɪːtʲɪ'kʲeːtʲɪna!]
No le creo.	**Netikiu.** ['nʲɛtʲɪkʲʊ.]
No puedo.	**Aš negaliu.** ['aʃ nʲɛga'lʲʊ.]
No lo sé.	**Nežinau.** [nʲɛʒʲɪ'nɑʊ.]
No le entiendo.	**Nesuprantu tavęs.** [nʲɛsʊpran'tʊ ta'vʲɛːs.]

Váyase, por favor.

¡Déjeme en paz!

Prašaū atstók.
[pra'ʃɑʊ ats'tok.]

Palìk manė víeną!
[pa'lʲɪk ma'nʲɛ 'vʲiɛna:!]

Es inaguantable.

¡Es un asqueroso!

¡Llamaré a la policía!

Àš negaliù jõ pakęst.
['aʃ nʲɛga'lʲʊ jɔ: pa'kʲɛ:st.]

Tù šlykštùs!
['tʊ ʃlʲi:kʃ'tʊs!]

Àš iškviēsiu polìciją!
['aʃ iʃk'vʲɛsʲʊ po'lʲɪtsʲɪja:!]

Compartir impresiones. Emociones

Me gusta.
Mán patiñka.
['man pa'tˈɪŋka.]

Muy lindo.
Labaĩ gražù.
[lˈa'bʌɪ gra'ʒʊ.]

¡Es genial!
Puikù!
[pʊɪ'kʊ!]

No está mal.
Neblogaĩ.
[nˈɛblˈo'gʌɪ.]

No me gusta.
Mán nepatiñka.
['man nˈɛpa'tˈɪŋka.]

No está bien.
Taĩ nėrà geraĩ.
['tʌɪ nˈeːˈra ge'rʌɪ.]

Está mal.
Taĩ blogaĩ.
['tʌɪ blˈogʌɪ.]

Está muy mal.
Taĩ labaĩ blogaĩ.
['tʌɪ lˈa'bʌɪ blˈo'gʌɪ.]

¡Qué asco!
Taĩ šlykštù.
[tʌɪ ʃlˈiːkʃ'tʊ.]

Estoy feliz.
Àš laimìngas /laimìnga/.
['aʃ lˈʌɪ'mˈɪngas /lˈʌɪ'mˈɪnga/.]

Estoy contento /contenta/.
Àš paténkintas /paténkinta/.
['aʃ pa'tˈɛŋkˈɪntas /pat'ɛŋkˈɪnta/.]

Estoy enamorado /enamorada/.
Àš įsimyléjęs /įsimyléjusi/.
['aʃ iːsˈɪmˈɪːˈlˈeːjɛːs /iːsˈɪmˈɪːˈlˈeːjʊsˈɪ/.]

Estoy tranquilo.
Àš ramùs /ramì/.
['aʃ ra'mʊs /ra'mˈɪ/.]

Estoy aburrido.
Mán nuobodù.
['man nʊɑbo'dʊ.]

Estoy cansado /cansada/.
Àš pavárgęs /pavárgusi/.
['aʃ pa'varg'ɛːs /pa'vargʊsˈɪ/.]

Estoy triste.
Mán liūdnà.
['man 'lˈuːd'na.]

Estoy asustado.
Àš išsigañdęs /išsigañdusi/.
['aʃ iʃsˈɪ'gand'ɛːs /iʃsˈɪ'gandʊsˈɪ/.]

Estoy enfadado /enfadada/.
Àš supykęs /supykusi/.
['aʃ sʊ'pˈiːk'ɛːs /sʊ'pˈiːkʊsˈɪ/.]

Estoy preocupado /preocupada/.
Àš susirūpinęs /susirūpinusi/.
['aʃ sʊsˈɪ'ruːpˈɪnˈɛːs /sʊsˈɪ'ruːpˈɪnʊsˈɪ/.]

Estoy nervioso /nerviosa/.
Àš susinėrvinęs /susinėrvinusi/.
['aʃ sʊsˈɪ'nˈɛrvˈɪnˈɛːs /sʊsˈɪ'nˈɛrvˈɪnʊsˈɪ/.]

Estoy celoso /celosa/.

Àš pavýdžiu.
['aʃ pa'vʲiːdʒʲʊ.]

Estoy sorprendido /sorprendida/.

Àš nustẽbęs /nustẽbusi/.
['aʃ nʊstʲæbʲɛːs /nʊstʲæbʊsʲɪ/.]

Estoy perplejo /perpleja/.

Àš sumìšęs /sumìšusi/.
['aʃ sʊ'mʲɪʃɛːs /sʊ'mʲɪʃʊsʲɪ/.]

Problemas, Accidentes

Tengo un problema.	**Atsitìko problemà.** [atsʲɪˈtʲɪko problʲɛˈma.]
Tenemos un problema.	**Mẽs tùrime problemà.** [ˈmʲæs ˈtʊrʲɪmʲɛ problʲɛˈma.]
Estoy perdido /perdida/.	**Àš pasiklýdau.** [ˈaʃ pasʲɪkˈlʲiːdɑʊ.]
Perdí el último autobús (tren).	**Nešpéjau į̃ paskutìnį autobùsą (traukinį).** [nʲɛsˈpʲeːˈjɛʊ iː paskʊˈtʲɪːnʲɪ: ɑʊtoˈbʊsaː (ˈtrɑʊkʲɪnʲɪː).]
No me queda más dinero.	**Nebeturiù pinigų̃.** [nʲɛbʲɛtʊˈrʲʊ pʲɪnʲɪˈguː.]

He perdido …	**Àš pàmečiau …** [ˈaʃ ˈpamʲɛtʂʲɛʊ …]
Me han robado …	**Kažkàs pàvogė màno …** [kaʒˈkas ˈpavogʲe: ˈmanɔ …]
mi pasaporte	**pãsą** [ˈpaːsaː]
mi cartera	**piniginę̃** [pʲɪnʲɪˈgʲɪnʲɛː]
mis papeles	**dokumentùs** [dokʊmʲɛnˈtʊs]
mi billete	**bìlietą** [ˈbʲɪlʲiɛtaː]

mi dinero	**pìnigus** [ˈpʲɪnʲɪgʊs]
mi bolso	**rañkinę** [ˈraŋkʲɪnʲɛː]
mi cámara	**fotoaparãtą** [fotoapaˈraːtaː]
mi portátil	**nešiójamąjį kompiùterį** [nʲɛˈʃʲojamaːjɪ: komˈpʲʊtʲɛrʲɪː]
mi tableta	**planšètinį kompiùterį** [plʲanˈʃʲɛtʲɪnʲɪː komˈpʲʊtʲɛrʲiː]
mi teléfono	**mobìlųjį telefòną** [moˈbʲɪlu:jɪ: tʲɛlʲɛˈfona:]

¡Ayúdeme!	**Padékite màn!** [paˈdʲeːkʲɪte ˈman!]
¿Qué pasó?	**Kàs atsitìko?** [ˈkas atsʲɪˈtʲɪko?]

el incendio	**gaĩsras** ['gʌɪsras]
un tiroteo	**kažkàs šáudė** [kaʒ'kas 'ʃɑudʲeː]
el asesinato	**žmogžudỹstė** [ʒmogʒʊ'dʲiːstʲeː]
una explosión	**sprogìmas** [spro'gʲɪmas]
una pelea	**muštỹnės** [mʊʃ'tʲiːnʲeːs]

¡Llame a la policía!	**Kvĩeskite polìciją!** ['kvʲɛskʲɪtʲɛ po'lʲɪtsʲɪja:!]
¡Más rápido, por favor!	**Prašaũ, paskubékite!** [pra'ʃɑʊ, pasku'bʲe:kʲɪtʲe!]
Busco la comisaría.	**Ìeškau polìcijos skỹriaus.** ['ɪʲɛʃkɑʊ po'lʲɪtsɪjɔs 'skʲiːrʲɛʊs.]
Tengo que hacer una llamada.	**Màn reĩkia paskam̃binti.** ['man 'rʲɛɪkʲɛ pas'kambʲɪntʲɪ.]
¿Puedo usar su teléfono?	**Ar̃ galiù pasinaudóti jū́sų telefonù?** [ar ga'lʲʊ pasʲɪnɑʊ'dotʲɪ 'ju:su: tʲɛlʲɛfo'nʊ?]

Me han ...	**Manè ...** [ma'nʲɛ ...]
asaltado /asaltada/	**apipléšė** [apʲɪ'plʲe:ʃe:]
robado /robada/	**àpvogė** ['apvogʲe:]
violada	**išprievartãvo** [ɪʃprʲɪɛvar'ta:vɔ]
atacado /atacada/	**užpúolė** [ʊʒ'pʊolʲe:]

¿Se encuentra bien?	**Ar̃ vìskas geraĩ?** [ar 'vʲɪskas gʲɛ'rʌɪ?]
¿Ha visto quien a sido?	**Ar̃ mãtėte, kàs taĩ bùvo?** [ar 'ma:tʲeːte, 'kas tʌɪ 'bʊvo?]
¿Sería capaz de reconocer a la persona?	**Ar̃ sugebétumėte atpažìnti tą̃ žmógų?** [ar sʊge'bʲe:tʊmʲeːte atpa'ʒʲɪntʲɪ ta: 'ʒmogu:?]
¿Está usted seguro?	**Ar̃ jū̃s tìkras /tikrà/?** [ar 'ju:s tʲɪkras /tʲɪk'ra/?]

Por favor, cálmese.	**Prašaũ, nurìmkite.** [pra'ʃɑʊ, nʊ'rʲɪmkʲɪtʲɛ.]
¡Cálmese!	**Ramiaũ!** [ra'mʲɛʊ!]
¡No se preocupe!	**Nesijáudinkite!** [nʲɛsʲɪ'jɑʊdʲɪŋkʲɪtʲɛ!]
Todo irá bien.	**Vìskas bùs geraĩ.** ['vʲɪskas 'bʊs gʲɛ'rʌɪ.]

Todo está bien.	**Vìskas geraĩ.** ['vɪskas gʲɛ'rʌɪ.]
Venga aquí, por favor.	**Prašaũ, ateĩkite čià.** [pra'ʃɑu, a'tʲɛɪkʲɪtʲɛ tʂʲæ.]
Tengo unas preguntas para usted.	**Turiù jùms kẽletą kláusimų.** [tʊ'rʲʊ 'jums 'kʲælʲɛta: 'klɑusʲɪmu:.]
Espere un momento, por favor.	**Prašaũ truputį paláukti.** [pra'ʃɑu trʊ'pʊtʲɪ: pa'lʲɑuktʲɪ.]
¿Tiene un documento de identidad?	**Aȓ tùrite kokiùs nórs asmeñs dokumentùs?** [ar 'tʊrʲɪtʲɛ ko'kʲus 'nors as'mʲɛns dokʊmʲɛn'tʊs?]
Gracias. Puede irse ahora.	**Ãčiū. Gãlite eĩti.** ['a:tʂʲu:. 'ga:lʲɪtʲɛ 'ɛɪtʲɪ.]
¡Manos detrás de la cabeza!	**Rankàs ùž galvõs!** [raŋ'kas 'ʊʒ galʲvo:s!]
¡Está arrestado!	**Jũs suĩmamas!** ['ju:s 'sʊimamas!]

Problemas de salud

Ayudeme, por favor.	**Prašaũ, padékite mán.** [pra'ʃɑʊ, padʲe:kʲɪte 'man.]
No me encuentro bien.	**Mán blogà.** ['man blʲo'ga.]
Mi marido no se encuentra bien.	**Mãno výrui blogà.** ['ma:nɔ 'vʲi:rʊɪ blʲo'ga.]
Mi hijo ...	**Mãno sũnui ...** ['manɔ 'su:nʊɪ ...]
Mi padre ...	**Mãno tévui ...** ['manɔ 'tʲe:vʊɪ ...]
Mi mujer no se encuentra bien.	**Mãno žmónai blogà.** ['manɔ 'ʒmonʌɪ blʲo'ga.]
Mi hija ...	**Mãno dùkrai ...** ['manɔ 'dʊkrʌɪ ...]
Mi madre ...	**Mãno mãmai ...** ['manɔ 'ma:mʌɪ ...]
Me duele ...	**Mán ...** ['man ...]
la cabeza	**skaũda gálvą** ['skɑʊda 'galʲva:]
la garganta	**skaũda gérklę** ['skɑʊda 'gʲɛrklʲɛ:]
el estómago	**skaũda skrañdį** ['skɑʊda 'skrandʲɪ:]
un diente	**skaũda dañtį** ['skɑʊda 'danti:]
Estoy mareado.	**Mán svaĩgsta galvà.** ['man 'svʌɪgsta galʲ'va.]
Él tiene fiebre.	**Jìs karščiúoja.** [jɪs karʃ'tsʲʊo:jɛ.]
Ella tiene fiebre.	**Jì karščiúoja.** [jɪ karʃ'tsʲʊo:jɛ.]
No puedo respirar.	**Negaliù kvėpúoti.** [nʲɛga'lʲʊ kvʲe:'pʊotʲɪ.]
Me ahogo.	**Mán sunkù kvėpúoti.** ['man sʊŋ'kʊ kvʲe:'pʊotʲɪ.]
Tengo asma.	**Sergù astmà.** [sʲɛr'gʊ ast'ma.]
Tengo diabetes.	**Sergù diabetù.** [sʲɛr'gʊ dʲæbʲɛ'tʊ.]

No puedo dormir.	**Negaliu užmigti.** [nʲɛga'lʲʊ ʊʒ'mʲɪktʲɪ.]
intoxicación alimentaria	**apsinuodijimas maistu** [apsʲɪ'nʊɑdʲɪjimas mʌɪs'tʊ]

Me duele aquí.	**Skauda čia.** ['skɑʊda 'tʂʲæ.]
¡Ayúdeme!	**Padékite mán!** [pa'dʲe:kʲɪte 'man!]
¡Estoy aquí!	**Àš čià!** ['aʃ tʂʲæ!]
¡Estamos aquí!	**Mēs čià!** ['mʲæs tʂʲæ!]
¡Saquenme de aquí!	**Ištráukite mane ìš čià!** [ɪʃ'trɑʊkʲɪtʲɛ ma'nʲɛ ɪʃ tʂʲæ!]
Necesito un médico.	**Mán reikia dāktaro.** ['man 'rʲɛɪkʲɛ 'da:ktarɔ.]
No me puedo mover.	**Negaliu pajudéti.** [nʲɛga'lʲʊ paju'dʲe:tʲɪ.]
No puedo mover mis piernas.	**Negaliu pajudinti kójų.** [nʲɛga'lʲʊ pa'jʊdʲɪntʲɪ 'koju:.]

Tengo una herida.	**Àš sužeistas /sužeistà/.** ['aʃ 'sʊʒʲɛɪstas /sʊʒʲɛɪs'ta/.]
¿Es grave?	**Aȓ žaizdà sunkì?** [ar ʒʌɪz'da sʊŋ'kʲɪ?]
Mis documentos están en mi bolsillo.	**Māno dokumeñtai kišēnėje.** ['ma:nɔ dɔkʊ'mentʌɪ kʲɪ'ʃænʲe:je.]
¡Cálmese!	**Nurìmkite!** [nʊ'rɪmkʲɪtʲɛ!]
¿Puedo usar su teléfono?	**Aȓ galiu pasinaudóti júsų telefonù?** [ar ga'lʲʊ pasʲɪnɑʊ'dɔtʲɪ 'ju:su: tʲɛlʲɛfo'nʊ?]

¡Llame a una ambulancia!	**Kviēskite greĩtają!** ['kvʲɛskʲɪtʲɛ 'grʲɛɪta:ja:!]
¡Es urgente!	**Taĩ skubù!** ['tʌɪ skʊ'bʊ!]
¡Es una emergencia!	**Taĩ skubùs ātvejis!** ['tʌɪ skʊ'bʊs 'a:tvʲɛjis!]
¡Más rápido, por favor!	**Prašaũ, paskubékite!** [pra'ʃɑʊ, paskʊ'bʲe:kʲɪtʲɛ!]
¿Puede llamar a un médico, por favor?	**Aȓ gālite iškviēsti dāktarą?** [ar 'ga:lʲɪtʲɛ iʃk'vʲɛstʲɪ 'da:ktara:?]
¿Dónde está el hospital?	**Kuȓ ligóninė?** ['kʊr lʲɪ'gonʲɪnʲe:?]

¿Cómo se siente?	**Kaĩp jaũčiatės?** ['kʌɪp 'jɛʊtʂʲætʲe:s?]
¿Se encuentra bien?	**Aȓ vìskas geraĩ?** [ar 'vʲɪskas gʲɛ'rʌɪ?]
¿Qué pasó?	**Kàs atsitìko?** ['kas atsʲɪ'tʲɪko?]

Me encuentro mejor.	**Jaučiúosi geriaũ.** [jɛʊ'tʂʲʊosʲɪ gʲɛ'rʲɛʊ.]
Está bien.	**Vìskas tvarkojè.** ['vʲɪskas tvarko'jæ.]
Todo está bien.	**Vìskas geraĩ.** ['vʲɪskas gʲɛ'rʌɪ.]

En la farmacia

la farmacia	**váistinė** ['vʌɪstʲɪnʲe:]
la farmacia 24 horas	**vìsą parą dìrbanti váistinė** ['vʲɪsa: 'pa:ra: 'dʲɪrbantʲɪ 'vʌɪstʲɪnʲe:]
¿Dónde está la farmacia más cercana?	**Kur̃ yrà artimiáusia váistinė?** ['kʊr iː'ra artʲɪ'mʲæʊsʲɛ 'vʌɪstʲɪnʲe:?]

¿Está abierta ahora?	**Ar̃ jì dabar̃ dìrba?** [ar jɪ da'bar 'dʲɪrba?]
¿A qué hora abre?	**Kadà jì atsidãro?** [ka'da jɪ atsʲɪ'da:ro?]
¿A qué hora cierra?	**Kadà jì užsidãro?** [ka'da jɪ ʊʒsʲɪ'da:ro?]

¿Está lejos?	**Ar̃ jì tóli?** [ar jɪ 'to:lʲɪ?]
¿Puedo llegar a pie?	**Ar̃ galiù nueĩti teñ pėsčiomìs?** [ar ga'lʲʊ 'nʊʲɛɪtʲɪ ten pʲe:stsʲo'mʲɪs?]
¿Puede mostrarme en el mapa?	**Ar̃ gãlite paródyti žemélapyje?** [ar 'ga:lʲɪte pa'rodʲi:tʲɪ ʒe'mʲe:lapʲɪje?]

Por favor, deme algo para ...	**Dúokite mán kažką̃ nuõ ...** ['dʊokʲɪtʲɛ 'man kaʒ'ka: nʊɑ ...]
un dolor de cabeza	**galvõs skausmo** [galʲ'vo:s 'skausmɔ]
la tos	**kosùlio** [kɔ'sʊlʲɔ]
el resfriado	**péršalimo** ['pʲɛrʃalʲɪmɔ]
la gripe	**grìpo** ['grʲɪpɔ]

la fiebre	**karščiãvimo** [karʃ'tʂʲævʲɪmɔ]
un dolor de estomago	**skrañdžio skausmo** ['skrandʒʲɔ 'skausmɔ]
nauseas	**pykinimo** ['pʲi:kʲɪnʲɪmɔ]
la diarrea	**viduriãvimo** [vʲɪdʊ'rʲævʲɪmɔ]
el estreñimiento	**vidurių̃ užkietéjimo** [vʲɪdʊ'rʲuː ʊʒkʲɪɛ'tʲɛjɪmɔ]
un dolor de espalda	**nùgaros skausmo** ['nʊgaros 'skausmɔ]

un dolor de pecho	**krutinės skausmo** [krutʲɪˈrʲnʲeːs 'skɑʊsmɔ]
el flato	**šóno diegìmo** ['ʃɔnɔ dʲiɛ'ɡʲɪmɔ]
un dolor abdominal	**pìlvo skaũsmo** ['pʲɪlʲvɔ 'skɑʊsmɔ]

la píldora	**tabletė** [tab'lʲɛtʲeː]
la crema	**tepalas, krèmas** ['tʲæpalʲas, 'krʲɛmas]
el jarabe	**sìrupas** ['sʲɪrʊpas]
el spray	**puȓškalas** ['pʊrʃkalʲas]
las gotas	**lašaĩ** [lʲa'ʃʌɪ]

Tiene que ir al hospital.	**Jùms reĩkia į̇ ligóninę.** ['jʊms 'rʲɛɪkʲɛ iː lʲɪ'ɡonʲɪnʲɛ:.]
el seguro de salud	**sveikãtos draudìmas** [svʲɛɪ'ka:tos drɑʊ'dʲɪmas]
la receta	**vaĩsto recèptas** ['vʌɪstɔ rʲɛ'tsʲɛptas]
el repelente de insectos	**vabzdžių̃ repeleñtas** [vabz'dʒʲu: rʲɛpʲɛ'lʲɛntas]
la curita	**pleĩstras** ['plʲɛɪstras]

Lo más imprescindible

Perdone, ...
Atsiprašaū, ...
[ats'ɪpraˈʃɑʊ, ...]

Hola.
Sveikì.
[svʲɛɪˈkʲɪ.]

Gracias.
Ãčiū.
[ˈaːtʂʲuː.]

Sí.
Taìp.
[ˈtʌɪp.]

No.
Nè.
[ˈnʲɛ.]

No lo sé.
Nežinaū.
[nʲɛʒʲɪˈnɑʊ.]

¿Dónde? | ¿A dónde? | ¿Cuándo?
Kuˉr? | Kur? | Kadà?
[ˈkʊr? | ˈkʊr? | ka'da?]

Necesito ...
Mán reìkia ...
[ˈman ˈrʲɛɪkʲɛ ...]

Quiero ...
Nóriu ...
[ˈnorʲʊ ...]

¿Tiene ...?
Aˉr tùrite ...?
[ar ˈtʊrʲɪtʲɛ ...?]

¿Hay ... por aquí?
Aˉr čià yrà ...?
[ar ˈtʂʲæ iːˈra ...?]

¿Puedo ...?
Aˉr galiù ...?
[ar gaˈlʲʊ ...?]

..., por favor? (petición educada)
Prašaū ...
[praˈʃɑʊ ...]

Busco ...
Íeškau ...
[ˈrʲɛʃkɑʊ ...]

el servicio
tualèto
[tʊaˈlʲɛtɔ]

un cajero automático
bankomãto
[baŋkoˈmaːtɔ]

una farmacia
vaìstinės
[ˈvʌɪstʲɪnʲeːs]

el hospital
ligóninės
[lʲɪˈgonʲɪnʲeːs]

---

la comisaría
polìcijos skȳriaus
[poˈlʲɪtsɪjos ˈskʲiːrʲɛʊs]

el metro
metrò
[mʲɛˈtro]

---

un taxi	**taksì** [tak's⹂ɪ]
la estación de tren	**traukinių̃ stotiẽs** [trɑʊk⹦ɪ'n⹦u: sto't⹦ɛs]

Me llamo …	**Mãno var̃das …** ['ma:nɔ 'vardas …]
¿Cómo se llama?	**Kuõ jū̃s vardù?** ['kʊɑ 'ju:s var'dʊ?]
¿Puede ayudarme, por favor?	**Atsiprašaũ, ar̃ gãlite padéti?** [ats⹦ɪpra'ʃɑʊ, ar 'ga:l⹦ɪte pa'd⹦e:t⹦ɪ?]
Tengo un problema.	**Atsitìko problemà.** [ats⹦ɪ't⹦ɪkɔ probl⹦ɛ'ma.]
Me encuentro mal.	**Mán blogà.** ['man bl⹦o'ga.]
¡Llame a una ambulancia!	**Kviẽskite greĩtają!** ['kv⹦ɛsk⹦ɪt⹦ɛ 'gr⹦ɛɪta:ja:!]
¿Puedo llamar, por favor?	**Ar̃ galiù paskambìnti?** [ar ga'l⹦ʊ pas'kamb⹦ɪnt⹦ɪ?]

Lo siento.	**Atsiprašaũ.** [ats⹦ɪpra'ʃɑʊ.]
De nada.	**Nėrà ùž ką̃.** [n⹦e:'ra 'ʊʒ ka:.]

Yo	**àš** ['aʃ]
tú	**tù** ['tʊ]
él	**jìs** [jɪs]
ella	**jì** [jɪ]
ellos	**jiẽ** ['jiɛ]
ellas	**jõs** ['jɔ:s]
nosotros /nosotras/	**mẽs** ['m⹦æs]
ustedes, vosotros	**jū̃s** ['ju:s]
usted	**Jū̃s** ['ju:s]

ENTRADA	**ĮĖJÌMAS** [i:⹦ɛ:'jɪmas]
SALIDA	**IŠĖJÌMAS** [ɪʃe:'jɪmas]
FUERA DE SERVICIO	**NEVEĨKIA** [n⹦ɛ'v⹦ɛɪk⹦ɛ]
CERRADO	**UŽDARÝTA** [ʊʒda'r⹦i:ta]

ABIERTO

ATIDARÝTA
[atˈɪdaˈrʲiːta]

PARA SEÑORAS

MÓTERŲ
[ˈmotʲɛruː]

PARA CABALLEROS

VÝRŲ
[ˈvʲiːruː]

VOCABULARIO TEMÁTICO

Esta sección contiene más
de 3.000 de las palabras más
importantes. El diccionario
le proporcionará una ayuda
inestimable mientras viaja al
extranjero, porque las palabras
individuales son a menudo
suficientes para que
le entiendan.
El diccionario incluye una
transcripción adecuada
de cada palabra extranjera

T&P Books Publishing

CONTENIDO
DEL DICCIONARIO

T&P Books Publishing

T&P BOOKS

CONCEPTOS BÁSICOS

T&P Books Publishing

1. Los pronombres

yo	aš	['aʃ]
tú	tù	['tu]
él	jìs	[jɪs]
ella	jì	[jɪ]
nosotros, -as	mẽs	['mʲæs]
vosotros, -as	jũs	['ju:s]
ellos, ellas	jiē	['jiɛ]

2. Saludos. Salutaciones

¡Hola! (fam.)	Sveĩkas!	['svʲɛɪkas!]
¡Hola! (form.)	Sveikì!	[svʲɛɪ'kʲɪ!]
¡Buenos días!	Lãbas rýtas!	['lʲa:bas 'rʲi:tas!]
¡Buenas tardes!	Labà dienà!	[lʲa'ba dʲiɛ'na!]
¡Buenas noches!	Lãbas vãkaras!	['lʲa:bas 'va:karas!]
decir hola	sveíkintis	['svʲɛɪkʲɪntʲɪs]
¡Hola! (a un amigo)	Lãbas!	['lʲa:bas!]
saludo (m)	linkéjimas (v)	[lʲɪŋ'kʲɛjɪmas]
saludar (vt)	sveíkinti	['svʲɛɪkʲɪntʲɪ]
¿Cómo estás?	Kaĩp sẽkasi?	['kʌɪp 'sʲækasʲɪ?]
¿Qué hay de nuevo?	Kàs naũjo?	['kas 'nɑujɔ?]
¡Chau! ¡Adiós!	Ikì pasimãtymo!	[ɪkʲɪ pasʲɪmatʲi:mo!]
¡Hasta pronto!	Ikì greĩto susìtikimo!	[ɪ'kʲɪ 'grʲɛɪtɔ sʊsʲɪtʲɪ'kʲɪmɔ!]
¡Adiós!	Lìkite sveikì!	['lʲɪkʲɪtʲɛ svʲɛɪ'kʲɪ!]
despedirse (vr)	atsisveíkinti	[atsʲɪ'svʲɛɪkʲɪntʲɪ]
¡Hasta luego!	Ikì!	[ɪ'kʲɪ!]
¡Gracias!	Ãčiū!	['a:tʃʲu:!]
¡Muchas gracias!	Labaĩ ãčiū!	[lʲa'bʌɪ 'a:tʃʲu:!]
De nada	Prãšom.	['pra:ʃom]
No hay de qué	Nevertà padėkõs.	[nʲɛver'ta padʲe:'ko:s]
De nada	Nėrà už kã̧.	[nʲe:'ra 'ʊʒ ka:]
¡Disculpa!	Atléisk!	[at'lʲɛɪsk!]
¡Disculpe!	Atléiskite!	[at'lʲɛɪskʲɪtʲɛ!]
disculpar (vt)	atléisti	[at'lʲɛɪstʲɪ]
disculparse (vr)	atsiprašýti	[atsʲɪpra'ʃɪ:tʲɪ]
Mis disculpas	Mãno atsiprãšymas.	['ma:nɔ atsʲɪ'pra:ʃɪ:mas]

¡Perdóneme!	Atléiskite!	[at'lʲɛɪskʲɪtʲɛ!]
perdonar (vt)	atléisti	[at'lʲɛɪstʲɪ]
¡No pasa nada!	Niẽko baisaũs.	['nʲɛkɔ bʌɪ'sɑʊs]
por favor	prãšom	['pra:ʃom]
¡No se le olvide!	Nepamĩr̃škite!	[nʲɛpa'mʲɪrʃkʲɪtʲɛ!]
¡Ciertamente!	Žìnoma!	['ʒɪnoma!]
¡Claro que no!	Žìnoma nè!	['ʒɪnoma nʲɛ!]
¡De acuerdo!	Sutinkù!	[sʊtʲɪŋ'kʊ!]
¡Basta!	Užtèks!	[ʊʒ'tʲɛks!]

3. Las preguntas

¿Quién?	Kàs?	['kas?]
¿Qué?	Ką̃?	['ka:?]
¿Dónde?	Kur̃?	['kʊr?]
¿Adónde?	Kur̃?	['kʊr?]
¿De dónde?	Ìš kur̃?	[ɪʃ 'kʊr?]
¿Cuándo?	Kadà?	[ka'da?]
¿Para qué?	Kám?	['kam?]
¿Por qué?	Kodėl?	[kɔ'dʲe:lʲ?]
¿Por qué razón?	Kám?	['kam?]
¿Cómo?	Kaĩp?	['kʌɪp?]
¿Qué …? (~ color)	Kóks?	['koks?]
¿Cuál?	Kurìs?	[kʊ'rʲɪs?]
¿A quién?	Kám?	['kam?]
¿De quién? (~ hablan …)	Apiẽ ką̃?	[a'pʲɛ 'ka:?]
¿De qué?	Apiẽ ką̃?	[a'pʲɛ 'ka:?]
¿Con quién?	Sù kuõ?	['sʊ 'kʊɑ?]
¿Cuánto?	Kíek?	['kʲɛk?]
¿De quién?	Kienõ?	[kʲɛ'no:?]

4. Las preposiciones

con … (~ algn)	sù …	['sʊ …]
sin … (~ azúcar)	bè	['bʲɛ]
a … (p.ej. voy a México)	ì	[i:]
de … (hablar ~)	apiẽ	[a'pʲɛ]
antes de …	ikì	[ɪ'kʲɪ]
delante de …	priẽš	['prʲɛʃ]
debajo	põ	['po:]
sobre …, encima de …	vìr̃š	['vʲɪrʃ]
en, sobre (~ la mesa)	añt	['ant]
de (origen)	ìš	[ɪʃ]

de (fabricado de)	iš	[ɪʃ]
dentro de ...	põ ..., už ...	['po: ...], ['ʊʒ ...]
encima de ...	per̃	['pʲɛr]

5. Las palabras útiles. Los adverbios. Unidad 1

¿Dónde?	Kur̃?	['kʊr?]
aquí (adv)	čià	['tʂʲæ]
allí (adv)	teñ	['tʲɛn]

| en alguna parte | kažkur̃ | [kaʒ'kʊr] |
| en ninguna parte | niẽkur | ['nʲɛkʊr] |

| junto a ... | priẽ ... | ['prʲɛ ...] |
| junto a la ventana | priẽ lángo | ['prʲɛ 'lʲangɔ] |

¿A dónde?	Kur̃?	['kʊr?]
aquí (venga ~)	čià	['tʂʲæ]
allí (vendré ~)	teñ	['tʲɛn]
de aquí (adv)	iš čià	[ɪʃ tʂʲæ]
de allí (adv)	iš teñ	[ɪʃ tʲɛn]

| cerca (no lejos) | šalià | [ʃa'lʲæ] |
| lejos (adv) | tolì | [to'lʲɪ] |

cerca de ...	šalià	[ʃa'lʲæ]
al lado (de ...)	artì	[ar'tʲɪ]
no lejos (adv)	netolì	[nʲɛ'tolʲɪ]

izquierdo (adj)	kairỹs	[kʌɪ'rʲi:s]
a la izquierda (situado ~)	iš kairẽs	[ɪʃ kʌɪ'rʲe:s]
a la izquierda (girar ~)	į̃ kaĩrę	[i: 'kʌɪrʲɛ:]

derecho (adj)	dešinỹs	[dʲɛʃɪ'nʲi:s]
a la derecha (situado ~)	iš dešinẽs	[ɪʃ dʲɛʃɪ'nʲe:s]
a la derecha (girar)	į̃ dẽšinę	[i: 'dʲæʃɪnʲɛ:]

delante (yo voy ~)	príekyje	['prʲiɛkʲi:jɛ]
delantero (adj)	príekinis	['prʲiɛkʲɪnʲɪs]
adelante (movimiento)	pirmỹn	[pʲɪr'mʲi:n]

detrás de ...	galè	[ga'lʲɛ]
desde atrás	iš gãlo	[ɪʃ 'ga:lʲɔ]
atrás (da un paso ~)	atgãl	[at'galʲ]

| centro (m), medio (m) | vidurỹs (v) | [vʲɪdʊ'rʲi:s] |
| en medio (adv) | per̃ vìdurį | ['pʲɛr 'vʲɪ:dʊrʲɪ:] |

| de lado (adv) | šóne | ['ʃonʲɛ] |
| en todas partes | visur̃ | [vʲɪ'sʊr] |

alrededor (adv)	aplinkui	[ap'lʲɪŋkʊi]
de dentro (adv)	iš vidaũs	[ɪʃ vʲɪ'dɑʊs]
a alguna parte	kažkur̃	[kaʒ'kʊr]
todo derecho (adv)	tiẽsiai	['tʲɛsʲɛɪ]
atrás (muévelo para ~)	atgal̃	[at'galʲ]

de alguna parte (adv)	iš kur̃ nórs	[ɪʃ 'kʊr 'nors]
no se sabe de dónde	iš kažkur̃	[ɪʃ kaʒ'kʊr]

primero (adv)	pìrma	['pʲɪrma]
segundo (adv)	añtra	['antra]
tercero (adv)	trẽčia	['trʲætʃʲæ]

de súbito (adv)	staigà	[stʌɪ'ga]
al principio (adv)	pradžiõj	[prad'ʒʲoːj]
por primera vez	pìrmą kar̃tą	['pʲɪrma: 'karta:]
mucho tiempo antes …	daũg laĩko priẽš …	['dɑʊg 'lʲʌɪkɔ 'prʲɛʃ …]
de nuevo (adv)	iš naũjo	[ɪʃ 'nɑʊjɔ]
para siempre (adv)	visám laĩkui	[vʲɪ'sam 'lʲʌɪkʊi]

jamás, nunca (adv)	niekadà	[nʲɪɛkad'a]
de nuevo (adv)	vėl	['vʲeːlʲ]
ahora (adv)	dabar̃	[da'bar]
frecuentemente (adv)	dažnaĩ	[daʒ'nʌɪ]
entonces (adv)	tadà	[ta'da]
urgentemente (adv)	skubiaĩ	[skʊ'bʲɛɪ]
usualmente (adv)	įprastaĩ	[i:pras'tʌɪ]

a propósito, …	bejè, …	[bɛ'jæ, …]
es probable	įmãnoma	[i:'ma:noma]
probablemente (adv)	tikėtina	[tʲɪ'kʲeːtʲɪna]
tal vez	gãli bū́ti	['ga:lʲɪ 'buːtʲɪ]
además …	bè tõ, …	['bʲɛ to:, …]
por eso …	todėl …	[to'dʲeːlʲ …]
a pesar de …	nepaĩsant …	[nʲɛ'pʌɪsant …]
gracias a …	… dėkà	[… dʲeː'ka]

qué (pron)	kàs	['kas]
que (conj)	kàs	['kas]
algo (~ le ha pasado)	kažkàs	[kaʒ'kas]
algo (~ así)	kažkàs	[kaʒ'kas]
nada (f)	niẽko	['nʲɛkɔ]

quien	kàs	['kas]
alguien (viene ~)	kažkàs	[kaʒ'kas]
alguien (¿ha llamado ~?)	kažkàs	[kaʒ'kas]

nadie	niẽkas	['nʲɛkas]
a ninguna parte	niẽkur	['nʲɛkʊr]
de nadie	niẽkieno	['nʲɛ'kʲɪɛnɔ]
de alguien	kažkienõ	[kaʒkʲɪɛ'no:]
tan, tanto (adv)	taĩp	['tʌɪp]

también (~ habla francés)	taìp pàt	['tʌɪp 'pat]
también (p.ej. Yo ~)	írgi	['ɪrgʲɪ]

6. Las palabras útiles. Los adverbios. Unidad 2

¿Por qué?	Kodèl?	[kɔ'dʲeːlʲ?]
no se sabe porqué	kažkodèl	[kaʒkɔ'dʲeːlʲ]
porque ...	... todèl, kàd	[... tɔ'dʲeːlʲ, 'kad]
por cualquier razón (adv)	kažkodèl	[kaʒkɔ'dʲeːlʲ]

y (p.ej. uno y medio)	ír	[ɪr]
o (p.ej. té o café)	arbà	[ar'ba]
pero (p.ej. me gusta, ~)	bèt	['bʲɛt]

demasiado (adv)	pernelýg	[pʲɛrnʲɛ'lʲiːg]
sólo, solamente (adv)	tiktaì	[tʲɪk'tʌɪ]
exactamente (adv)	tiksliaì	[tʲɪksʲ'lʲɛɪ]
unos ..., cerca de ... (~ 10 kg)	maždaũg	[maʒ'dɑʊg]

aproximadamente	apýtikriai	[a'pʲiːtʲɪkrʲɛɪ]
aproximado (adj)	apýtikriai	[a'pʲiːtʲɪkrʲɛɪ]
casi (adv)	beveík	[bʲɛ'vʲɛɪk]
resto (m)	vìsa kìta (m)	['vʲɪsa 'kʲɪta]

cada (adj)	kiekvíenas	[kʲiɛk'vʲiɛnas]
cualquier (adj)	bèt kurìs	['bʲɛt kʊ'rʲɪs]
mucho (adv)	daũg	['dɑʊg]
muchos (mucha gente)	daũgelis	['dɑʊgʲɛlʲɪs]
todos	visì	[vʲɪ'sʲɪ]

a cambio de ...	mainaìs į̀ ...	[mʌɪ'nʌɪs iː ..]
en cambio (adv)	mainaìs	[mʌɪ'nʌɪs]
a mano (hecho ~)	rañkiniu būdù	['raŋkʲɪnʲʊ buː'dʊ]
poco probable	kažì	[ka'ʒʲɪ]

probablemente	tikriáusiai	[tʲɪk'rʲæʊsʲɛɪ]
a propósito (adv)	týčia	['tʲiːtʂʲæ]
por accidente (adv)	netýčia	[nʲɛ'tʲiːtʂʲæ]

muy (adv)	labaì	[lʲa'bʌɪ]
por ejemplo (adv)	pãvyzdžiui	['pa:vʲiːzdʒʲʊi]
entre (~ nosotros)	tarp	['tarp]
entre (~ otras cosas)	tarp	['tarp]
tanto (~ gente)	tiẽk	['tʲɛk]
especialmente (adv)	ypač	['ɪːpatʂ]

NÚMEROS. MISCELÁNEA

T&P Books Publishing

Spanish	Lithuanian	Pronunciation
cero	nùlis	[ˈnʊlʲɪs]
uno	víenas	[ˈvʲiɛnas]
dos	dù	[ˈdʊ]
tres	trìs	[ˈtrʲɪs]
cuatro	keturì	[kʲɛtʊˈrʲɪ]
cinco	penkì	[pʲɛŋˈkʲɪ]
seis	šešì	[ʃɛˈʃɪ]
siete	septynì	[sʲɛptʲiːˈnʲɪ]
ocho	aštuonì	[aʃtʊɑˈnʲɪ]
nueve	devynì	[dʲɛvʲiːˈnʲɪ]
diez	dešimt	[ˈdʲæʃɪmt]
once	vienúolika	[vʲiɛˈnʊɑlʲɪka]
doce	dvýlika	[ˈdvʲiːlʲɪka]
trece	trýlika	[ˈtrʲiːlʲɪka]
catorce	keturiólika	[kʲɛtʊˈrʲɔlʲɪka]
quince	penkiólika	[pʲɛŋˈkʲɔlʲɪka]
dieciséis	šešiólika	[ʃɛˈʃɔlʲɪka]
diecisiete	septyniólika	[sʲɛptʲiːˈnʲɔlʲɪka]
dieciocho	aštuoniólika	[aʃtʊɑˈnʲɔlʲɪka]
diecinueve	devyniólika	[dʲɛvʲiːˈnʲɔlʲɪka]
veinte	dvìdešimt	[ˈdvʲɪdʲɛʃɪmt]
veintiuno	dvìdešimt víenas	[ˈdvʲɪdʲɛʃɪmt ˈvʲiɛnas]
veintidós	dvìdešimt dù	[ˈdvʲɪdʲɛʃɪmt ˈdʊ]
veintitrés	dvìdešimt trìs	[ˈdvʲɪdʲɛʃɪmt ˈtrʲɪs]
treinta	trìsdešimt	[ˈtrʲɪsdʲɛʃɪmt]
treinta y uno	trìsdešimt víenas	[ˈtrʲɪsdʲɛʃɪmt ˈvʲiɛnas]
treinta y dos	trìsdešimt dù	[ˈtrʲɪsdʲɛʃɪmt ˈdʊ]
treinta y tres	trìsdešimt trìs	[ˈtrʲɪsdʲɛʃɪmt ˈtrʲɪs]
cuarenta	kēturiasdešimt	[ˈkʲætʊrʲæsdʲɛʃɪmt]
cuarenta y uno	kēturiasdešimt víenas	[ˈkʲætʊrʲæsdʲɛʃɪmt ˈvʲiɛnas]
cuarenta y dos	kēturiasdešimt dù	[ˈkʲætʊrʲæsdʲɛʃɪmt ˈdʊ]
cuarenta y tres	kēturiasdešimt trìs	[ˈkʲætʊrʲæsdʲɛʃɪmt ˈtrʲɪs]
cincuenta	peñkiasdešimt	[ˈpʲɛŋkʲæsdʲɛʃɪmt]
cincuenta y uno	peñkiasdešimt víenas	[ˈpʲɛŋkʲæsdʲɛʃɪmt ˈvʲiɛnas]
cincuenta y dos	peñkiasdešimt dù	[ˈpʲɛŋkʲæsdʲɛʃɪmt ˈdʊ]
cincuenta y tres	peñkiasdešimt trìs	[ˈpʲɛŋkʲæsdʲɛʃɪmt ˈtrʲɪs]
sesenta	šēšiasdešimt	[ˈʃæʃæsdʲɛʃɪmt]

sesenta y uno	šēšiasdešimt víenas	[ˈʃæʃæsdʲɛʃɪmt ˈvʲiɛnas]
sesenta y dos	šēšiasdešimt dù	[ˈʃæʃæsdʲɛʃɪmt ˈdʊ]
sesenta y tres	šēšiasdešimt trìs	[ˈʃæʃæsdʲɛʃɪmt ˈtrʲɪs]
setenta	septýniasdešimt	[sʲɛpˈtʲiːnʲæsdʲɛʃɪmt]
setenta y uno	septýniasdešimt víenas	[sʲɛpˈtʲiːnʲæsdʲɛʃɪmt ˈvʲiɛnas]
setenta y dos	septýniasdešimt dù	[sʲɛpˈtʲiːnʲæsdʲɛʃɪmt ˈdʊ]
setenta y tres	septýniasdešimt trìs	[sʲɛpˈtʲiːnʲæsdʲɛʃɪmt ˈtrʲɪs]
ochenta	aštúoniasdešimt	[aʃˈtʊɑnʲæsdʲɛʃɪmt]
ochenta y uno	aštúoniasdešimt víenas	[aʃˈtʊɑnʲæsdʲɛʃɪmt ˈvʲiɛnas]
ochenta y dos	aštúoniasdešimt dù	[aʃˈtʊɑnʲæsdʲɛʃɪmt ˈdʊ]
ochenta y tres	aštúoniasdešimt trìs	[aʃˈtʊɑnʲæsdʲɛʃɪmt ˈtrʲɪs]
noventa	devýniasdešimt	[dʲɛˈvʲiːnʲæsdʲɛʃɪmt]
noventa y uno	devýniasdešimt víenas	[dʲɛˈvʲiːnʲæsdʲɛʃɪmt ˈvʲiɛnas]
noventa y dos	devýniasdešimt dù	[dʲɛˈvʲiːnʲæsdʲɛʃɪmt ˈdʊ]
noventa y tres	devýniasdešimt trìs	[dʲɛˈvʲiːnʲæsdʲɛʃɪmt ˈtrʲɪs]

8. Números cardinales. Unidad 2

cien	šim̃tas	[ˈʃɪmtas]
doscientos	dù šimtaĩ	[ˈdʊ ʃɪmˈtʌɪ]
trescientos	trìs šimtaĩ	[ˈtrʲɪs ʃɪmˈtʌɪ]
cuatrocientos	keturì šimtaĩ	[kʲɛtʊˈrʲɪ ʃɪmˈtʌɪ]
quinientos	penkì šimtaĩ	[pʲɛŋˈkʲɪ ʃɪmˈtʌɪ]
seiscientos	šešì šimtaĩ	[ʃɛˈʃɪ ʃɪmˈtʌɪ]
setecientos	septynì šimtaĩ	[sʲɛptʲiˈnʲɪ ˈʃɪmtʌɪ]
ochocientos	aštuonì šimtaĩ	[aʃtʊɑˈnʲɪ ʃɪmˈtʌɪ]
novecientos	devynì šimtaĩ	[dʲɛvʲiˈnʲɪ ʃɪmˈtʌɪ]
mil	tū́kstantis	[ˈtuːkstantʲɪs]
dos mil	dù tū́kstančiai	[ˈdʊ ˈtuːkstantʃʲɛɪ]
tres mil	trỹs tū́kstančiai	[ˈtrʲiːs ˈtuːkstantʃʲɛɪ]
diez mil	dẽšimt tū́kstančių	[ˈdʲæʃɪmt ˈtuːkstantʃʲuː]
cien mil	šim̃tas tū́kstančių	[ˈʃɪmtas ˈtuːkstantʃʲuː]
millón (m)	milijõnas (v)	[mʲɪlʲɪˈjɔːnas]
mil millones	milijárdas (v)	[mʲɪlʲɪˈjardas]

9. Números ordinales

primero (adj)	pìrmas	[ˈpʲɪrmas]
segundo (adj)	añtras	[ˈantras]
tercero (adj)	trẽčias	[ˈtrʲætʃʲæs]
cuarto (adj)	ketvìrtas	[kʲɛtˈvʲɪrtas]
quinto (adj)	peñktas	[ˈpʲɛŋktas]
sexto (adj)	šẽštas	[ˈʃæʃtas]

séptimo (adj)	**septiñtas**	[sʲɛp'tʲɪntas]
octavo (adj)	**aštuñtas**	[aʃ'tʊntas]
noveno (adj)	**deviñtas**	[dʲɛ'vʲɪntas]
décimo (adj)	**dešiṁtas**	[dʲɛ'ʃɪmtas]

T&P BOOKS

LOS COLORES.
LAS UNIDADES DE MEDIDA

T&P Books Publishing

color (m)	spalvà (m)	[spalʲˈva]
matiz (m)	ãtspalvis (v)	[ˈaːtspalʲvʲɪs]
tono (m)	tònas (v)	[ˈtonas]
arco (m) iris	vaivórykštė (m)	[vʌɪˈvorʲiːkʃtʲeː]
blanco (adj)	baltà	[balʲˈta]
negro (adj)	juodà	[jʊɑˈda]
gris (adj)	pilkà	[pʲɪlʲˈka]
verde (adj)	žalià	[ʒaˈlʲæ]
amarillo (adj)	geltóna	[gʲɛlʲˈtona]
rojo (adj)	raudóna	[rɑʊˈdona]
azul (adj)	mélyna	[ˈmʲeːlʲiːna]
azul claro (adj)	žydrà	[ʒʲiːdˈra]
rosa (adj)	rõžinė	[ˈroːʒʲɪnʲeː]
naranja (adj)	orãnžinė	[oˈranʒʲɪnʲeː]
violeta (adj)	violètinė	[vʲɪjoˈlʲɛtʲɪnʲeː]
marrón (adj)	rudà	[rʊˈda]
dorado (adj)	auksìnis	[ɑʊkˈsʲɪnʲɪs]
argentado (adj)	sidabrìnis	[sʲɪdaˈbrʲɪnʲɪs]
beige (adj)	smėlio spalvõs	[ˈsmʲeːlʲɔ spalʲˈvoːs]
crema (adj)	krèminės spalvõs	[ˈkrʲɛmʲɪnʲeːs spalʲˈvoːs]
turquesa (adj)	tùrkio spalvõs	[ˈtʊrkʲɔ spalʲˈvoːs]
rojo cereza (adj)	vỹšnių spalvõs	[vʲiːʃnʲuː spalʲˈvoːs]
lila (adj)	alỹvų spalvõs	[aˈlʲiːvu spalʲˈvoːs]
carmesí (adj)	aviètinės spalvõs	[aˈvʲɛtʲɪnʲeːs spalʲˈvoːs]
claro (adj)	šviesì	[ʃvʲiɛˈsʲɪ]
oscuro (adj)	tamsì	[tamˈsʲɪ]
vivo (adj)	ryškì	[rʲiːʃˈkʲɪ]
de color (lápiz ~)	spalvótas	[spalʲˈvotas]
en colores (película ~)	spalvótas	[spalʲˈvotas]
blanco y negro (adj)	juodaì báltas	[jʊɑˈdʌɪ ˈbalʲtas]
unicolor (adj)	vienspalvis	[vʲiɛnsˈpalʲvʲɪs]
multicolor (adj)	įvairiaspalvis	[iːvʌɪrʲæsˈpalʲvʲɪs]

peso (m)	svõris (v)	[ˈsvoːrʲɪs]
longitud (f)	ĩlgis (v)	[iˈlʲgʲɪs]

anchura (f)	plõtis (v)	['pʲoːtʲɪs]
altura (f)	aūkštis (v)	['ɑukʃtʲɪs]
profundidad (f)	gỹlis (v)	['gʲiːlʲɪs]
volumen (m)	tūris (v)	['tuːrʲɪs]
área (f)	plótas (v)	['pʲotas]

gramo (m)	grãmas (v)	['graːmas]
miligramo (m)	miligrãmas (v)	[mʲɪlʲɪ'graːmas]
kilogramo (m)	kilogrãmas (v)	[kʲɪlʲo'graːmas]
tonelada (f)	tonà (m)	[to'na]
libra (f)	svãras (v)	['sva:ras]
onza (f)	ùncija (m)	['ʊntsʲɪjɛ]

metro (m)	mètras (v)	['mʲɛtras]
milímetro (m)	milimètras (v)	[mʲɪlʲɪ'mʲɛtras]
centímetro (m)	centimètras (v)	[tsʲɛntʲɪ'rʲmʲɛtras]
kilómetro (m)	kilomètras (v)	[kʲɪlʲo'mʲɛtras]
milla (f)	mylià (m)	[mʲiːlʲæ]
pulgada (f)	cólis (v)	['tsolʲɪs]
pie (m)	pėdà (m)	[pʲe:'da]
yarda (f)	járdas (v)	[jardas]

metro (m) cuadrado	kvadrãtinis mètras (v)	[kvad'raːtʲɪnʲɪs 'mʲɛtras]
hectárea (f)	hektãras (v)	[ɣʲɛk'ta:ras]
litro (m)	lìtras (v)	['lʲɪtras]
grado (m)	laĩpsnis (v)	['lʲʌɪpsnʲɪs]
voltio (m)	vòltas (v)	['volʲtas]
amperio (m)	ampèras (v)	[am'pʲɛras]
caballo (m) de fuerza	árklio galià (m)	['arklʲo ga'lʲæ]

cantidad (f)	kiēkis (v)	['kʲɛkʲɪs]
un poco de …	nedaũg …	[nʲɛ'dɑug …]
mitad (f)	pùsė (m)	['pʊsʲe:]
docena (f)	tùzinas (v)	['tuzʲɪnas]
pieza (f)	víenetas (v)	['vʲiɛnʲɛtas]

| dimensión (f) | dỹdis (v), išmatãvimai (v dgs) | ['dʲiːdʲɪs], [iʃma'ta:vʲɪmʌɪ] |
| escala (f) (del mapa) | mastèlis (v) | [mas'tʲælʲɪs] |

mínimo (adj)	minimalùs	[mʲɪnʲɪma'lʲʊs]
el más pequeño (adj)	mažiáusias	[ma'ʒʲæʊsʲæs]
medio (adj)	vidutìnis	[vʲɪdu'tʲɪnʲɪs]
máximo (adj)	maksimalùs	[maksʲɪma'lʲʊs]
el más grande (adj)	didžiáusias	[dʲɪ'dʒʲæʊsʲæs]

12. Contenedores

| tarro (m) de vidrio | stiklaĩnis (v) | [stʲɪk'lʲʌɪnʲɪs] |
| lata (f) | skardìnė (m) | [skar'dʲɪnʲe:] |

cubo (m)	kìbiras (v)	['kʲɪbʲɪras]
barril (m)	statìnė (m)	[sta'tʲɪnʲe:]
palangana (f)	dubenĕlis (v)	[dʊbe'nʲe:lʲɪs]
tanque (m)	bãkas (v)	['ba:kas]
petaca (f) (de alcohol)	kòlba (m)	['kolʲba]
bidón (m) de gasolina	kanìstras (v)	[ka'nʲɪstras]
cisterna (f)	bãkas (v)	['ba:kas]
taza (f) (mug de cerámica)	puodĕlis (v)	[pʊɑ'dʲælʲɪs]
taza (f) (~ de café)	puodĕlis (v)	[pʊɑ'dʲælʲɪs]
platillo (m)	lėkštėlė (m)	[lʲe:kʃ'tʲælʲe:]
vaso (m) (~ de agua)	stìklas (v)	['stʲɪklʲas]
copa (f) (~ de vino)	taurĕ (m)	[taʊ'rʲe:]
olla (f)	púodas (v)	['pʊɑdas]
botella (f)	bùtelis (v)	['bʊtʲɛlʲɪs]
cuello (m) de botella	kãklas (v)	['ka:klʲas]
garrafa (f)	grafìnas (v)	[gra'fʲɪnas]
jarro (m) (~ de agua)	ąsõtis (v)	[a:'so:tʲɪs]
recipiente (m)	iñdas (v)	['ɪndas]
tarro (m)	púodas (v)	['pʊɑdas]
florero (m)	vazà (m)	[va'za]
frasco (m) (~ de perfume)	bùtelis (v)	['bʊtʲɛlʲɪs]
frasquito (m)	buteliùkas (v)	[bʊtʲɛ'lʲʊkas]
tubo (m)	tūbà (m)	[tu:'ba]
saco (m) (~ de azúcar)	maĩšas (v)	['mʌɪʃas]
bolsa (f) (~ plástica)	pakètas (v)	[pa'kʲɛtas]
paquete (m) (~ de cigarrillos)	plúoštas (v)	['plʲʊɑʃtas]
caja (f)	dėžė̃ (m)	[dʲe:'ʒʲe:]
cajón (m) (~ de madera)	dėžė̃ (m)	[dʲe:'ʒʲe:]
cesta (f)	krepšỹs (v)	[krʲɛp'ʃʲɪ:s]

LOS VERBOS
MÁS IMPORTANTES

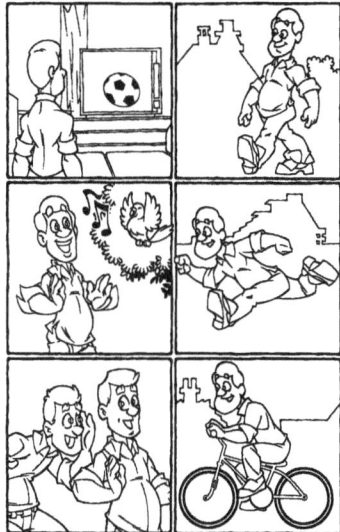

T&P Books Publishing

13. Los verbos más importantes. Unidad 1

abrir (vt)	atidarýti	[atⁱɪda'rⁱi:tⁱɪ]
acabar, terminar (vt)	užbaìgti	[ʊʒ'bʌɪktⁱɪ]
aconsejar (vt)	patarinéti	[patarⁱɪ'nⁱe:tⁱɪ]
adivinar (vt)	atspéti	[at'spⁱe:tⁱɪ]
advertir (vt)	pérspéti	['pⁱɛrspⁱe:tⁱɪ]
alabarse, jactarse (vr)	gìrtis	['gⁱɪrtⁱɪs]
almorzar (vi)	pietáuti	[pⁱiɛ'taʊtⁱɪ]
alquilar (~ una casa)	núomotis	['nʊɑmotⁱɪs]
amenazar (vt)	grasìnti	[gra'sⁱɪntⁱɪ]
arrepentirse (vr)	gailétis	[gʌɪ'lⁱe:tⁱɪs]
ayudar (vt)	padéti	[pa'dⁱe:tⁱɪ]
bañarse (vr)	máudytis	['maʊdⁱi:tⁱɪs]
bromear (vi)	juokáuti	[jʊɑ'kaʊtⁱɪ]
buscar (vt)	ieškóti	[ɪɛʃ'kotⁱɪ]
caer (vi)	krìsti	['krⁱɪstⁱɪ]
callarse (vr)	tyléti	[tⁱi:'lⁱe:tⁱɪ]
cambiar (vt)	pakeìsti	[pa'kⁱɛɪstⁱɪ]
castigar, punir (vt)	baũsti	['baʊstⁱɪ]
cavar (vt)	raũsti	['raʊstⁱɪ]
cazar (vi, vt)	medžióti	[mⁱɛ'dʒⁱotⁱɪ]
cenar (vi)	vakarieniáuti	[vakarⁱiɛ'nⁱæʊtⁱɪ]
cesar (vt)	nustóti	[nʊ'stotⁱɪ]
coger (vt)	gáudyti	['gaʊdⁱi:tⁱɪ]
comenzar (vt)	pradéti	[pra'dⁱe:tⁱɪ]
comparar (vt)	lýginti	['lⁱi:gⁱɪntⁱɪ]
comprender (vt)	supràsti	[sʊp'rastⁱɪ]
confiar (vt)	pasitikéti	[pasⁱɪtⁱɪ'kⁱe:tⁱɪ]
confundir (vt)	suklýsti	[sʊk'lⁱi:stⁱɪ]
conocer (~ a alguien)	pažinóti	[paʒⁱɪ'notⁱɪ]
contar (vt) (enumerar)	skaičiúoti	[skʌɪ'tʂⁱʊatⁱɪ]
contar con ...	tikétis ...	[tⁱɪ'kⁱe:tⁱɪs ...]
continuar (vt)	tęsti	['tⁱɛ:stⁱɪ]
controlar (vt)	kontroliúoti	[kontro'lⁱʊatⁱɪ]
correr (vi)	bégti	['bⁱe:ktⁱɪ]
costar (vt)	kainúoti	[kʌɪ'nʊatⁱɪ]
crear (vt)	sukùrti	[sʊ'kʊrtⁱɪ]

90

14. Los verbos más importantes. Unidad 2

dar (vt)	dúoti	['duɑtʲɪ]
dar una pista	užsimiñti	[uʒsʲɪ'mʲɪntʲɪ]
decir (vt)	pasakýti	[pasa'kʲiːtʲɪ]
decorar (para la fiesta)	puõšti	['puɑʃtʲɪ]
defender (vt)	giñti	['gʲɪntʲɪ]
dejar caer	numèsti	[nu'mʲɛstʲɪ]
desayunar (vi)	pùsryčiauti	['pusrʲiːtʃɛutʲɪ]
descender (vi)	léistis	['lʲɛɪstʲɪs]
dirigir (administrar)	vadováuti	[vado'vɑutʲɪ]
disculpar (vt)	atléisti	[at'lʲɛɪstʲɪ]
disculparse (vr)	atsiprašinéti	[atsʲɪpraʃɪ'nʲeːtʲɪ]
discutir (vt)	aptarinéti	[aptarʲɪ'nʲætʲɪ]
dudar (vt)	abejóti	[abʲɛ'jotʲɪ]
encontrar (hallar)	ràsti	['rastʲɪ]
engañar (vi, vt)	apgaudinéti	[apgɑudʲɪ'nʲeːtʲɪ]
entrar (vi)	įeĩti	[iː'ɛɪtʲɪ]
enviar (vt)	išsiū̃sti	[ɪʃ'sʲuːstʲɪ]
equivocarse (vr)	klýsti	['klʲiːstʲɪ]
escoger (vt)	išsiriñkti	[ɪʃsʲɪ'rʲɪŋktʲɪ]
esconder (vt)	slė̃pti	['slʲeːptʲɪ]
escribir (vt)	rašýti	[ra'ʃɪːtʲɪ]
esperar (aguardar)	láukti	['lʲɑuktʲɪ]
esperar (tener esperanza)	tikétis	[tʲɪ'kʲeːtʲɪs]
estar de acuerdo	sutìkti	[su'tʲɪktʲɪ]
estudiar (vt)	studijúoti	[studʲɪ'juɑtʲɪ]
exigir (vt)	reikaláuti	[rʲɛɪka'lʲɑutʲɪ]
existir (vi)	egzistúoti	[ɛgzʲɪs'tuɑtʲɪ]
explicar (vt)	paáiškinti	[pa'ʌʃkʲɪntʲɪ]
faltar (a las clases)	praleidinéti	[pralʲɛɪdʲɪ'rʲɪnʲeːtʲɪ]
firmar (~ el contrato)	pasirašinéti	[pasʲɪraʃɪ'rʲɪnʲeːtʲɪ]
girar (~ a la izquierda)	sùkti	['suktʲɪ]
gritar (vi)	šaũkti	['ʃɑuktʲɪ]
guardar (conservar)	sáugoti	['sɑugotʲɪ]
gustar (vi)	patìkti	[pa'tʲɪktʲɪ]
hablar (vi, vt)	sakýti	[sa'kʲiːtʲɪ]
hacer (vt)	darýti	[da'rʲiːtʲɪ]
informar (vt)	informúoti	[ɪnfor'muɑtʲɪ]
insistir (vi)	reikaláuti	[rʲɛɪka'lʲɑutʲɪ]
insultar (vt)	įžeidinéti	[iːʒʲɛɪdʲɪ'rʲɪnʲeːtʲɪ]
interesarse (vr)	dométis	[do'mʲeːtʲɪs]
invitar (vt)	kviẽsti	['kvʲɛstʲɪ]

| ir (a pie) | eĩti | ['εɪtʲɪ] |
| jugar (divertirse) | žaĩsti | ['ʒʌɪstʲɪ] |

15. Los verbos más importantes. Unidad 3

leer (vi, vt)	skaitýti	[skʌɪ'tʲi:tʲɪ]
liberar (ciudad, etc.)	išláisvinti	[ɪʃlʲʌɪsvʲɪntʲɪ]
llamar (por ayuda)	kviẽsti	['kvʲεstʲɪ]
llegar (vi)	atvažiúoti	[atva'ʒʲʊatʲɪ]
llorar (vi)	verkti	['vʲεrktʲɪ]

matar (vt)	žudýti	[ʒʊ'dʲi:tʲɪ]
mencionar (vt)	minéti	[mʲɪ'nʲe:tʲɪ]
mostrar (vt)	ródyti	['rodʲi:tʲɪ]
nadar (vi)	plaũkti	['plʲaʊktʲɪ]

negarse (vr)	atsisakýti	[atsʲɪsa'kʲi:tʲɪ]
objetar (vt)	prieštaráuti	[prʲiεʃta'raʊtʲɪ]
observar (vt)	stebéti	[ste'bʲe:tʲɪ]
oír (vt)	girdéti	[gʲɪr'dʲe:tʲɪ]

olvidar (vt)	užmĩršti	[ʊʒ'mʲɪrʃtʲɪ]
orar (vi)	melstis	['mʲεlˤstʲɪs]
ordenar (mil.)	nurodinéti	[nʊrodʲɪ'nʲe:tʲɪ]
pagar (vi, vt)	mokéti	[mo'kʲe:tʲɪ]
pararse (vr)	sustóti	[sʊs'totʲɪ]

participar (vi)	dalyváuti	[dalʲi:'vaʊtʲɪ]
pedir (ayuda, etc.)	prašýti	[pra'ʃɪ:tʲɪ]
pedir (en restaurante)	užsakinéti	[ʊʒsakʲɪ'nʲe:tʲɪ]
pensar (vi, vt)	galvóti	[galʲˤ'votʲɪ]

percibir (ver)	pastebéti	[paste'bʲe:tʲɪ]
perdonar (vt)	atléisti	[at'lʲεɪstʲɪ]
permitir (vt)	léisti	['lʲεɪstʲɪ]
pertenecer a ...	priklausýti	[prʲɪklʲaʊ'sʲi:tʲɪ]

planear (vt)	planúoti	[plʲa'nʊatʲɪ]
poder (v aux)	galéti	[ga'lʲe:tʲɪ]
poseer (vt)	mokéti	[mo'kʲe:tʲɪ]
preferir (vt)	teĩkti pirmenýbę	['tʲεɪktʲɪ pʲɪrmʲε'nʲi:bʲε:]
preguntar (vt)	kláusti	['klʲaʊstʲɪ]

preparar (la cena)	gamìnti	[ga'mʲɪntʲɪ]
prever (vt)	numatýti	[nʊma'tʲi:tʲɪ]
probar, tentar (vt)	bandýti	[ban'dʲi:tʲɪ]
prometer (vt)	žadéti	[ʒa'dʲe:tʲɪ]
pronunciar (vt)	ištarti	[ɪʃ'tartʲɪ]
proponer (vt)	siúlyti	['sʲu:lʲi:tʲɪ]
quebrar (vt)	láužyti	['lʲaʊʒʲi:tʲɪ]

quejarse (vr)	skústis	['sku:stʲɪs]
querer (amar)	myléti	[mʲi:'lʲe:tʲɪ]
querer (desear)	noréti	[no'rʲe:tʲɪ]

16. Los verbos más importantes. Unidad 4

recomendar (vt)	rekomendúoti	[rʲɛkomʲɛn'duatʲɪ]
regañar, reprender (vt)	bárti	['bartʲɪ]
reírse (vr)	juóktis	['juaktʲɪs]
repetir (vt)	kartóti	[kar'totʲɪ]
reservar (~ una mesa)	rezervúoti	[rʲɛzʲɛr'vuatʲɪ]
responder (vi, vt)	atsakýti	[atsa'kʲi:tʲɪ]

robar (vt)	vōgti	['vo:ktʲɪ]
saber (~ algo mas)	žinóti	[ʒɪ'notʲɪ]
salir (vi)	išeĩti	[ɪ'ʃɛɪtʲɪ]
salvar (vt)	gélbéti	['gʲælʲbʲe:tʲɪ]
seguir ...	sèkti ...	['sʲɛktʲɪ ...]
sentarse (vr)	séstis	['sʲe:stʲɪs]

ser necesario	būti reikalĩngu	['bu:tʲɪ rʲɛɪka'lʲɪngu]
ser, estar (vi)	būti	['bu:tʲɪ]
significar (vt)	réikšti	['rʲɛɪkʃtʲɪ]
sonreír (vi)	šypsótis	[ʃi:p'sotʲɪs]
sorprenderse (vr)	stebétis	[ste'bʲe:tʲɪs]

subestimar (vt)	neįvértinti	[nʲɛɪ:'vʲɛrtʲɪntʲɪ]
tener (vt)	turéti	[tu're:tʲɪ]
tener hambre	noréti válgyti	[no'rʲe:tʲɪ 'valʲgʲi:tʲɪ]
tener miedo	bijóti	[bʲɪ'jotʲɪ]

tener prisa	skubéti	[sku'bʲe:tʲɪ]
tener sed	noréti gérti	[no'rʲe:tʲɪ 'gʲ æ rtʲɪ]
tirar, disparar (vi)	šáudyti	['ʃaudʲi:tʲɪ]
tocar (con las manos)	čiupinéti	[tʂʲupʲɪ'nʲe:tʲɪ]
tomar (vt)	im̃ti	['ɪmtʲɪ]
tomar nota	užrašinéti	[uʒraʃɪ'nʲe:tʲɪ]

trabajar (vi)	dìrbti	['dʲɪrptʲɪ]
traducir (vt)	ver̄sti	['vʲɛrstʲɪ]
unir (vt)	apjùngti	[a'pjuŋktʲɪ]
vender (vt)	pardavinéti	[pardavʲɪ'nʲe:tʲɪ]
ver (vt)	matýti	[ma'tʲi:tʲɪ]
volar (pájaro, avión)	skrìsti	['skrʲɪstʲɪ]

T&P BOOKS

LA HORA. EL CALENDARIO

T&P Books Publishing

17. Los días de la semana

lunes (m)	pirmãdienis (v)	[pⁱɪr'ma:dⁱiɛnⁱɪs]
martes (m)	antrãdienis (v)	[an'tra:dⁱiɛnⁱɪs]
miércoles (m)	trečiãdienis (v)	[trⁱɛ'ʦⁱæɑⁱiɛnⁱɪs]
jueves (m)	ketvirtãdienis (v)	[kⁱɛtvⁱɪr'ta:dⁱiɛnⁱɪs]
viernes (m)	penktãdienis (v)	[pⁱɛŋk'ta:dⁱiɛnⁱɪs]
sábado (m)	šeštãdienis (v)	[ʃɛʃ'ta:dⁱiɛnⁱɪs]
domingo (m)	sekmãdienis (v)	[sⁱɛk'ma:dⁱiɛnⁱɪs]
hoy (adv)	šiañdien	['ʃændⁱiɛn]
mañana (adv)	rytój	[rⁱi:'toj]
pasado mañana	porýt	[po'rⁱi:t]
ayer (adv)	vãkar	['va:kar]
anteayer (adv)	užvakar	['ʊʒvakar]
día (m)	dienà (m)	[dⁱiɛ'na]
día (m) de trabajo	dárbo dienà (m)	['darbɔ dⁱiɛ'na]
día (m) de fiesta	šveñtinė dienà (m)	['ʃventⁱɪnⁱe: dⁱiɛ'na]
día (m) de descanso	išeiginė dienà (m)	[ɪʃɛⁱgⁱɪnⁱe: dⁱiɛ'na]
fin (m) de semana	savaitgalis (v)	[sa'vʌɪtgalⁱɪs]
todo el día	vìsą diẽną	['vⁱɪsa: 'dⁱɛna:]
al día siguiente	sẽkančią diẽną	['sⁱɛkanʦⁱæ: 'dⁱɛna:]
dos días atrás	priẽš dvì dienàs	['prⁱɛʃ 'dvⁱɪ dⁱiɛ'nas]
en vísperas (adv)	išvakarėse	['ɪʃvakarⁱe:se]
diario (adj)	kasdiẽnis	[kas'dⁱɛnⁱɪs]
cada día (adv)	kasdiẽn	[kas'dⁱɛn]
semana (f)	saváitė (m)	[sa'vʌɪtⁱe:]
semana (f) pasada	praeìtą saváitę	['praⁱɛɪta: sa'vʌɪtⁱɛ:]
semana (f) que viene	ateìnančią saváitę	[a'tⁱɛɪnanʦⁱæ: sa'vʌɪtⁱɛ:]
semanal (adj)	kassaváitinis	[kassa'vʌɪtⁱɪnⁱɪs]
cada semana (adv)	kàs saváitę	['kas sa'vʌɪtⁱɛ:]
2 veces por semana	dù kartùs per̃ saváitę	['dʊ kar'tʊs pⁱɛr sa'vʌɪtⁱɛ:]
todos los martes	kiekvíeną antrãdienį	[kⁱiɛk'vⁱi:ɛna: an'tra:dⁱɪ:ɛnⁱɪ:]

18. Las horas. El día y la noche

mañana (f)	rýtas (v)	['rⁱi:tas]
por la mañana	rytè	[rⁱi:'tⁱɛ]
mediodía (m)	vidùrdienis (v)	[vⁱɪ'dʊrdⁱiɛnⁱɪs]
por la tarde	popiẽt	[po'pⁱɛt]
noche (f)	vãkaras (v)	['va:karas]

por la noche	vakarè	[vaka'rʲɛ]
noche (f) (p.ej. 2:00 a.m.)	naktìs (m)	[nak'tʲɪs]
por la noche	nãktį	['naːktiː]
medianoche (f)	vidùrnaktis (v)	[vʲɪ'dʊrnaktʲɪs]

segundo (m)	sekùndė (m)	[sʲɛ'kʊndʲeː]
minuto (m)	minùtė (m)	[mʲɪ'nʊtʲeː]
hora (f)	valandà (m)	[valʲan'da]
media hora (f)	pùsvalandis (v)	['pʊsvalʲandʲɪs]
cuarto (m) de hora	ketvìrtis valandõs	[kʲɛt'vʲɪrtʲɪs valʲan'doːs]
quince minutos	penkiõlika minùčių	[pʲɛŋ'kʲolʲɪka mʲɪ'nʊtʂʲuː]
veinticuatro horas	parà (m)	[pa'ra]

salida (f) del sol	sáulės patekėjimas (v)	['sɑulʲeːs patʲɛ'kʲɛjɪmas]
amanecer (m)	aušrà (m)	[ɑuʃ'ra]
madrugada (f)	ankstývas rýtas (v)	[aŋk'stʲiːvas 'rʲiːtas]
puesta (f) del sol	saulėlydis (v)	[sɑu'lʲeːlʲiːdʲɪs]

de madrugada	ankstì rytè	[aŋk'stʲɪ rʲiː'tʲɛ]
esta mañana	šiañdien rytè	['ʃændʲiɛn rʲiː'tʲɛ]
mañana por la mañana	rytõj rytè	[rʲiː'toj rʲiː'tʲɛ]

esta tarde	šiañdien diẽną	['ʃæn'dʲɛn 'dʲiɛnaː]
por la tarde	popiẽt	[po'pʲɛt]
mañana por la tarde	rytõj popiẽt	[rʲiː'toj po'pʲɛt]

| esta noche (p.ej. 8:00 p.m.) | šiañdien vakarè | ['ʃændʲiɛn vaka'rʲɛ] |
| mañana por la noche | rytõj vakarè | [rʲiː'toj vaka'rʲɛ] |

a las tres en punto	lýgiai trẽčią vãlandą	['lʲiːgʲɛɪ 'trʲætʂʲæ: 'vaːlanda:]
a eso de las cuatro	apiẽ ketvìrtą vãlandą	[a'pʲɛ kʲɛtvʲɪrta: vaːlʲanda:]
para las doce	dvýliktai vãlandai	['dvʲiːlʲɪktʌɪ 'vaːlandʌɪ]

dentro de veinte minutos	ùž dvidešimtiẽs minùčių	['ʊʒ dvʲɪdʲɛʃɪm'tʲɛs mʲɪ'nʊtʂʲuː]
dentro de una hora	ùž valandõs	['ʊʒ valʲan'doːs]
a tiempo (adv)	laikù	[lʲʌɪ'kʊ]

… menos cuarto	bè ketvìrčio	['bʲɛ 'kʲɛtvʲɪrtʂʲɔ]
durante una hora	valandõs bẽgyje	[valʲan'doːs 'bʲɛːgʲiːje]
cada quince minutos	kàs penkiõlika minùčių	['kas pʲɛŋ'kʲolʲɪka mʲɪ'nʊtʂʲuː]
día y noche	vìsą párą (m)	['vʲɪsa: 'paːraː]

19. Los meses. Las estaciones

enero (m)	saũsis (v)	['sɑusʲɪs]
febrero (m)	vasãris (v)	[va'saːrʲɪs]
marzo (m)	kovàs (v)	[kɔ'vas]

abril (m)	balandis (v)	[ba'lʲandʲɪs]
mayo (m)	gegužė (m)	[gʲɛgu'ʒʲeː]
junio (m)	birželis (v)	[bʲɪrʒʲælʲɪs]

julio (m)	liepa (m)	['lʲiɛpa]
agosto (m)	rugpjūtis (v)	[rʊg'pjuːtʲɪs]
septiembre (m)	rugsėjis (v)	[rʊg'sʲɛjɪs]
octubre (m)	spalis (v)	['spaːlʲɪs]
noviembre (m)	lapkritis (v)	['lʲaːpkrʲɪtʲɪs]
diciembre (m)	gruodis (v)	['grʊɑdʲɪs]

primavera (f)	pavasaris (v)	[pa'va:sarʲɪs]
en primavera	pavasarį	[pa'va:sarʲɪː]
de primavera (adj)	pavasarinis	[pavasa'rʲɪnʲɪs]

verano (m)	vasara (m)	['va:sara]
en verano	vasarą	['va:sara:]
de verano (adj)	vasarinis	[vasa'rʲɪnʲɪs]

otoño (m)	ruduo (v)	[rʊ'dʊɑ]
en otoño	rudenį	['rʊdʲɛnʲɪː]
de otoño (adj)	rudeninis	[rʊdʲɛ'nʲɪnʲɪs]

invierno (m)	žiema (m)	[ʒʲiɛ'ma]
en invierno	žiemą	['ʒʲɛma:]
de invierno (adj)	žieminis	[ʒʲiɛ'mʲɪnʲɪs]

mes (m)	mėnuo (v)	['mʲe:nʊɑ]
este mes	šį mėnesį	[ʃɪ: 'mʲe:nesʲɪ:]
al mes siguiente	kitą mėnesį	['kʲɪ:ta: 'mʲe:nesʲɪ:]
el mes pasado	praeitą mėnesį	['pra:ɛɪta: 'mʲe:nesʲɪ:]

hace un mes	prieš mėnesį	['prʲɪ:ɛʃ 'mʲe:nesʲɪ:]
dentro de un mes	už mėnesio	['ʊʒ 'mʲe:nesʲɔ]
dentro de dos meses	už dvejų mėnesių	['ʊʒ dve'ju: 'mʲe:nesʲu:]
todo el mes	visą mėnesį	['vʲɪsa: 'mʲe:nesʲɪ:]
todo un mes	visą mėnesį	['vʲɪsa: 'mʲe:nesʲɪ:]

mensual (adj)	kasmėnesinis	[kasmʲe:ne's'ɪnʲɪs]
mensualmente (adv)	kas mėnesį	['kas 'mʲe:nesʲɪ:]
cada mes	kiekvieną mėnesį	[kʲiɛk'vʲɪ:ɛna: 'mʲe:nesʲɪ:]
dos veces por mes	du kartus per mėnesį	['dʊ kar'tʊs per 'mʲe:nesʲɪ:]

año (m)	metai (v dgs)	['mʲætʌɪ]
este año	šiais metais	['ʃʲɛɪs 'mʲætʌɪs]
el próximo año	kitais metais	[kʲɪ'tʌɪs 'mʲætʌɪs]
el año pasado	praeitais metais	[pra:ɛɪ'tʌɪs 'mʲætʌɪs]

hace un año	prieš metus	['prʲɛʃ mʲɛ'tʊs]
dentro de un año	už metų	['ʊʒ 'mʲætu:]
dentro de dos años	už dvejų metų	['ʊʒ dvʲɛ'ju: 'mʲætu:]
todo el año	visus metus	[vʲɪ'sʊs mʲɛ'tʊs]

todo un año	**visus metus**	[vʲɪ'sʊs mʲɛ'tʊs]
cada año	**kàs metus**	['kas mʲɛ'tʊs]
anual (adj)	**kasmetìnis**	[kasmʲɛ'tʲɪnʲɪs]
anualmente (adv)	**kàs metus**	['kas mʲɛ'tʊs]
cuatro veces por año	**kẽturis kartùs per metus**	['kʲætʊrʲɪs kar'tʊs pʲɛr mʲɛ'tʊs]
fecha (f) (la ~ de hoy es …)	**dienà** (m)	[dʲiɛ'na]
fecha (f) (~ de entrega)	**datà** (m)	[da'ta]
calendario (m)	**kalendõrius** (v)	[kalʲɛn'do:rʲʊs]
medio año (m)	**pùsė mẽtų**	['pʊsʲe: 'mʲætu:]
seis meses	**pùsmetis** (v)	['pʊsmʲɛtʲɪs]
estación (f)	**sezònas** (v)	[sʲɛ'zonas]
siglo (m)	**ámžius** (v)	['amʒʲʊs]

EL VIAJE. EL HOTEL

T&P Books Publishing

turismo (m)	turìzmas (v)	[tʊ'rʲɪzmas]
turista (m)	turìstas (v)	[tʊ'rʲɪstas]
viaje (m)	keliõnė (m)	[kʲɛ'lʲo:nʲe:]
aventura (f)	núotykis (v)	['nʊatʲiːkʲɪs]
viaje (m) (p.ej. ~ en coche)	ìšvyka (m)	['ɪʃvʲiːka]

vacaciones (f pl)	atóstogos (m dgs)	[a'tostogos]
estar de vacaciones	atostogáuti	[atosto'gɑʊtʲɪ]
descanso (m)	póilsis (v)	['poɪlʲsʲɪs]

tren (m)	traukinỹs (v)	[trɑʊkʲɪ'nʲiːs]
en tren	tráukiniu	['trɑʊkʲɪnʲʊ]
avión (m)	lėktùvas (v)	[lʲe:k'tʊvas]
en avión	lėktuvù	[lʲe:ktʊ'vʊ]
en coche	automobiliù	[ɑʊtomobʲɪ'lʲʊ]
en barco	laivù	[lʲʌɪ'vʊ]

equipaje (m)	bagãžas (v)	[ba'gaːʒas]
maleta (f)	lagamìnas (v)	[lʲaga'mʲɪnas]
carrito (m) de equipaje	bagãžo vežimẽlis (v)	[ba'gaːʒɔ veʒʲɪ'mʲeːlʲɪs]
pasaporte (m)	pãsas (v)	['pa:sas]
visado (m)	vizà (m)	[vʲɪ'za]
billete (m)	bìlietas (v)	['bʲɪlʲiɛtas]
billete (m) de avión	lėktùvo bìlietas (v)	[lʲe:k'tʊvɔ 'bʲɪlʲiɛtas]

guía (f) (libro)	vadõvas (v)	[va'do:vas]
mapa (m)	žemẽlapis (v)	[ʒe'mʲe:lʲapʲɪs]
área (f) (~ rural)	vietóvė (m)	[vʲiɛ'tovʲe:]
lugar (m)	vietà (m)	[vʲiɛ'ta]

exotismo (m)	egzòtika (m)	[ɛg'zotʲɪka]
exótico (adj)	egzòtinis	[ɛg'zotʲɪnʲɪs]
asombroso (adj)	nuostabùs	[nʊasta'bʊs]

grupo (m)	grùpė (m)	['grʊpʲe:]
excursión (f)	ekskùrsija (m)	[ɛks'kʊrsʲɪjɛ]
guía (m) (persona)	ekskùrsijos vadõvas (v)	[ɛks'kʊrsʲɪjɔs va'do:vas]

| hotel (m), motel (m) | viẽšbutis (v) | ['vʲeʃbʊtʲɪs] |
| motel (m) | motèlis (v) | [mo'tʲɛlʲɪs] |

de tres estrellas	3 žvaigždùtės	['trʲɪs ʒvʌɪɡʒ'dʊtʲeːs]
de cinco estrellas	5 žvaigždùtės	['penʲkʲos ʒvʌɪɡʒ'dʊtʲeːs]
hospedarse (vr)	apsistóti	[apsʲɪs'totʲɪ]
habitación (f)	kambarỹs (v)	[kamba'rʲiːs]
habitación (f) individual	vienvietis kambarỹs (v)	['vʲiɛn'vʲetʲɪs kamba'rʲiːs]
habitación (f) doble	dvivietis kambarỹs (v)	[dvʲɪ'vʲetʲɪs kamba'rʲiːs]
reservar una habitación	rezervúoti kambarį	[rʲɛzʲɛr'vʊatʲɪ 'kambarʲɪ]
media pensión (f)	pusiáu pensiònas (v)	[pʊsʲæʊ pʲɛnsʲɪ'jonas]
pensión (f) completa	pensiònas (v)	[pʲɛnsʲɪ'jonas]
con baño	sù vonià	['sʊ vo'nʲæ]
con ducha	sù dušù	['sʊ dʊ'ʃʊ]
televisión (f) satélite	palydõvinė televìzija (m)	[palʲɪ'doːvʲɪnʲe: tʲɛlʲɛ'vʲɪzʲɪjɛ]
climatizador (m)	kondicioniẽrius (v)	[kondʲɪtsʲɪjo'nʲɛrʲʊs]
toalla (f)	rañkšluostis (v)	['raŋkʃlʲʊastʲɪs]
llave (f)	rãktas (v)	['raːktas]
administrador (m)	administrãtorius (v)	[admʲɪnʲɪs'traːtorʲʊs]
camarera (f)	kambarìnė (m)	[kamba'rʲɪnʲe:]
maletero (m)	nešìkas (v)	[nʲɛ'ʃɪkas]
portero (m)	registrãtorius (v)	[rʲɛgʲɪs'traːtorʲʊs]
restaurante (m)	restorãnas (v)	[rʲɛsto'raːnas]
bar (m)	bãras (v)	['baːras]
desayuno (m)	pùsryčiai (v dgs)	['pʊsrʲiːtʃʲɛɪ]
cena (f)	vakariẽnė (m)	[vaka'rʲɛnʲe:]
buffet (m) libre	švèdiškas stãlas (v)	['ʃvʲɛdʲʃkas 'sta:lʲas]
vestíbulo (m)	vestibiùlis (v)	[vʲɛstʲɪ'bʲʊlʲɪs]
ascensor (m)	lìftas (v)	['lʲɪftas]
NO MOLESTAR	NETRUKDÝTI	[nʲɛtrʊk'dʲiːtʲɪ]
PROHIBIDO FUMAR	NERŪKÝTI!	[nʲɛruː'kʲiːtʲɪ]

22. El turismo. La excursión

monumento (m)	pamiñklas (v)	[pa'mʲɪŋklʲas]
fortaleza (f)	tvirtóvė (m)	[tvʲɪr'tovʲe:]
palacio (m)	rūmai (v)	['ruːmʌɪ]
castillo (m)	pilìs (m)	[pɪ'lʲɪs]
torre (f)	bókštas (v)	['bokʃtas]
mausoleo (m)	mauzoliẽjus (v)	[mɑʊzo'lʲɛjʊs]
arquitectura (f)	architektūrà (m)	[arxʲɪtʲɛktu:'ra]
medieval (adj)	vidùramžių	[vʲɪ'dʊramʒʲu:]
antiguo (adj)	senóvinis	[sʲɛ'novʲɪnʲɪs]
nacional (adj)	nacionãlinis	[natsʲɪjo'na:lʲɪnʲɪs]
conocido (adj)	žymùs	[ʒʲɪ'mʊs]

turista (m)	**turìstas** (v)	[tʊˈrʲɪstas]
guía (m) (persona)	**gìdas** (v)	[ˈgʲɪdas]
excursión (f)	**ekskùrsija** (m)	[ɛksˈkʊrsʲɪjɛ]
mostrar (vt)	**ródyti**	[ˈrodʲiːtʲɪ]
contar (una historia)	**pãsakoti**	[ˈpaːsakotʲɪ]
encontrar (hallar)	**ràsti**	[ˈrastʲɪ]
perderse (vr)	**pasiklýsti**	[pasʲɪˈklʲiːstʲɪ]
plano (m) (~ de metro)	**schemà** (m)	[sxʲɛˈma]
mapa (m) (~ de la ciudad)	**plãnas** (v)	[ˈplʲaːnas]
recuerdo (m)	**suvenỹras** (v)	[sʊvʲɛˈnʲiːras]
tienda (f) de regalos	**suvenỹrų parduotùvė** (m)	[sʊveˈnʲiːruː pardʊɑˈtʊvʲeː]
hacer fotos	**fotografúoti**	[fotograˈfʊɑtʲɪ]
fotografiarse (vr)	**fotografúotis**	[fotograˈfʊɑtʲɪs]

EL TRANSPORTE

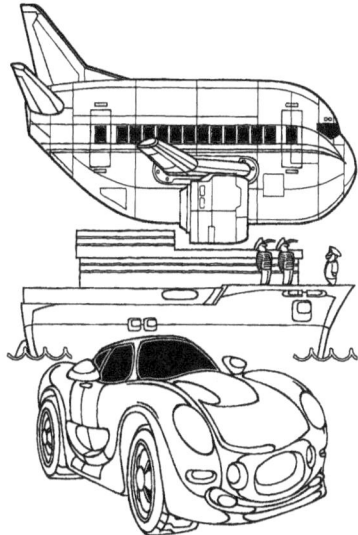

T&P Books Publishing

aeropuerto (m)	óro úostas (v)	['orɔ 'uɑstas]
avión (m)	lėktùvas (v)	[lʲe:k'tʊvas]
compañía (f) aérea	aviakompãnija (m)	[avʲæism'pa:nʲıjɛ]
controlador (m) aéreo	dispèčeris (v)	[dʲɪs'pʲɛtʂʲɛrʲɪs]
despegue (m)	išskridìmas (v)	[ɪʃskrʲɪ'dʲɪmas]
llegada (f)	atskridìmas (v)	[atskrʲɪ'dʲɪmas]
llegar (en avión)	atskrìsti	[ats'krʲɪstʲɪ]
hora (f) de salida	išvykìmo laĩkas (v)	[ɪʃvʲi:'kʲɪmɔ 'lʲʌɪkas]
hora (f) de llegada	atvykìmo laĩkas (v)	[atvʲi:'kʲɪmɔ 'lʲʌɪkas]
retrasarse (vr)	vėlúoti	[vʲe:'lʲuatʲɪ]
retraso (m) de vuelo	skrỹdžio atidėjìmas (v)	['skrʲi:dʒʲɔ atʲɪdʲe:'jɪmas]
pantalla (f) de información	informãcinė šviéslentė (m)	[ɪnfor'ma:tsʲɪnʲe: 'ʃvʲɛslʲɛntʲe:]
información (f)	informãcija (m)	[ɪnfor'ma:tsʲɪjɛ]
anunciar (vt)	paskélbti	[pas'kʲɛlʲpʲtʲɪ]
vuelo (m)	reĩsas (v)	['rʲɛɪsas]
aduana (f)	muĩtinė (m)	['mʊɪtʲɪnʲe:]
aduanero (m)	muĩtininkas (v)	['mʊɪtʲɪnʲɪŋkas]
declaración (f) de aduana	deklarãcija (m)	[dʲɛklʲa'ra:tsʲɪjɛ]
rellenar (vt)	užpìldyti	[ʊʒ'pʲɪlʲdʲi:tʲɪ]
rellenar la declaración	užpìldyti deklarãciją	[ʊʒ'pʲɪlʲdʲi:tʲɪ dʲɛkla'ra:tsɪja:]
control (m) de pasaportes	pasų̃ kontrolė (m)	[pa'su: kon'trolʲe:]
equipaje (m)	bagãžas (v)	[ba'ga:ʒas]
equipaje (m) de mano	rañkinis bagãžas (v)	['raŋkʲɪnʲɪs ba'ga:ʒas]
carrito (m) de equipaje	vežimėlis (v)	[vʲɛʒʲɪ'mʲe:lʲɪs]
aterrizaje (m)	įlaipìnimas (v)	[i:lʲʌɪ'pʲɪ:nʲɪmas]
pista (f) de aterrizaje	nusileidìmo tãkas (v)	[nʊsʲɪlʲɛɪ'dʲɪmɔ ta:kas]
aterrizar (vi)	léistis	['lʲɛɪstʲɪs]
escaleras (f pl) (de avión)	laiptẽliai (v dgs)	[lʌɪp'tʲælʲɛɪ]
facturación (f) (check-in)	registrãcija (m)	[rʲɛgʲɪs'tra:tsʲɪjɛ]
mostrador (m) de facturación	registrãcijos stãlas (v)	[rʲɛgʲɪs'tra:tsʲɪjɔs 'sta:lʲas]
hacer el check-in	užsiregistrúoti	[ʊʒsʲɪrʲɛgʲɪs'truatʲɪ]
tarjeta (f) de embarque	įlipìmo talònas (v)	[i:lʲɪ'pʲɪ:mɔ ta'lonas]
puerta (f) de embarque	išėjìmas (v)	[ɪʃe:'jɪmas]

tránsito (m)	tranzitas (v)	[tran'zɪtas]
esperar (aguardar)	láukti	['lʲɑuktʲɪ]
zona (f) de preembarque	laukiamàsis (v)	[lʲɑukʲæ'masʲɪs]
despedir (vt)	lydéti	[lʲiː'dʲe:tʲɪ]
despedirse (vr)	atsisveíkinti	[atsʲɪ'svʲɛɪkʲɪntʲɪ]

24. El avión

avión (m)	léktuvas (v)	[lʲe:k'tuvas]
billete (m) de avión	léktuvo bìlietas (v)	[lʲe:k'tuvo 'bʲɪlʲietas]
compañía (f) aérea	aviakompãnija (m)	[avʲækom'pa:nʲɪjɛ]
aeropuerto (m)	óro úostas (v)	['orɔ 'ʋostas]
supersónico (adj)	viršgarsìnis	[vʲɪrʃgar'sʲɪnʲɪs]

comandante (m)	órlaivio kapitõnas (v)	['orlʲɑɪvʲɔ kapʲɪ'to:nas]
tripulación (f)	ekipãžas (v)	[ɛkʲɪ'pa:ʒas]
piloto (m)	pilòtas (v)	[pʲɪ'lʲotas]
azafata (f)	stiuardèsé (m)	[stʲuar'dʲɛsʲe:]
navegador (m)	štùrmanas (v)	['ʃturmanas]

alas (f pl)	sparnaì (v dgs)	[spar'nʌɪ]
cola (f)	gãlas (v)	['ga:lʲas]
cabina (f)	kabinà (m)	[kabʲɪ'na]
motor (m)	varìklis (v)	[va'rʲɪklʲɪs]
tren (m) de aterrizaje	važiuõklė (m)	[vaʒʲʋ'o:klʲe:]
turbina (f)	turbinà (m)	[turbʲɪ'na]

hélice (f)	propèleris (v)	[pro'pʲɛlʲɛrʲɪs]
caja (f) negra	juodà dèžė (m)	[jʋɑ'da dʲe:ʒʲe:]
timón (m)	vairãratis (v)	[vʌɪ'ra:ratʲɪs]
combustible (m)	degalaì (v dgs)	[dʲɛga'lʲʌɪ]

instructivo (m) de seguridad	instrùkcija (m)	[ɪns'truktsʲɪjɛ]
respirador (m) de oxígeno	deguõnies káukė (m)	[dʲɛgʋɑ'nʲies 'kɑukʲe:]
uniforme (m)	unifòrma (v)	[unʲɪ'forma]
chaleco (m) salvavidas	gélbėjimosi liemenė (m)	['gʲælʲbʲe:jimosʲɪ lʲiɛ'mʲænʲe:]
paracaídas (m)	parašiùtas (v)	[para'ʃʋtas]

despegue (m)	kilìmas (v)	[kʲɪ'lʲɪmas]
despegar (vi)	kìlti	['kʲɪlʲtʲɪ]
pista (f) de despegue	kilìmo tãkas (v)	[kʲɪ'lʲɪmɔ 'ta:kas]

visibilidad (f)	matomùmas (v)	[mato'mumas]
vuelo (m)	skrỹdis (v)	['skrʲiː'dʲɪs]
altura (f)	aūkštis (v)	['ɑukʃtʲɪs]
pozo (m) de aire	óro duobè (m)	['orɔ dʋɑ'bʲe:]

| asiento (m) | vietà (m) | [vʲiɛ'ta] |
| auriculares (m pl) | ausìnės (m dgs) | [ɑʋ'sʲɪnʲe:s] |

mesita (f) plegable	atverčiamàsis staliùkas (v)	[atvʲɛrtʂʲæ'masʲɪs sta'lʲukas]
ventana (f)	iliuminãtorius (v)	[ɪlʲumʲɪ'na:torʲus]
pasillo (m)	praėjìmas (v)	[prae:'jɪmas]

25. El tren

tren (m)	traukinỹs (v)	[troukʲɪ'nʲi:s]
tren (m) de cercanías	elektrìnis traukinỹs (v)	[ɛlʲɛk'trʲɪnʲɪs troukʲɪ'nʲi:s]
tren (m) rápido	greitàsis traukinỹs (v)	[grʲɛɪ'tasʲɪs troukʲɪ'nʲi:s]
locomotora (f) diésel	motòrvežis (v)	[mo'torvʲɛʒʲɪs]
tren (m) de vapor	garvežỹs (v)	[garvʲɛ'ʒʲi:s]

| coche (m) | vagònas (v) | [va'gonas] |
| coche (m) restaurante | vagònas restorãnas (v) | [va'gonas rʲɛsto'ra:nas] |

rieles (m pl)	bėgiai (v dgs)	['bʲe:gʲɛɪ]
ferrocarril (m)	geležìnkelis (v)	[gʲɛlʲɛ'ʒʲɪŋkʲɛlʲɪs]
traviesa (f)	pãbėgis (v)	['pa:bʲe:gʲɪs]

plataforma (f)	platfòrma (m)	[plʲat'forma]
vía (f)	kėlias (v)	['kʲælʲæs]
semáforo (m)	semafòras (v)	[sʲɛma'foras]
estación (f)	stotìs (m)	[sto'tʲɪs]

maquinista (m)	mašinìstas (v)	[maʃɪ'nʲɪstas]
maletero (m)	nešìkas (v)	[nʲɛ'ʃɪkas]
mozo (m) del vagón	kondùktorius (v)	[kɔn'duktorʲus]
pasajero (m)	keleìvis (v)	[kʲɛ'lʲɛɪvʲɪs]
revisor (m)	kontroliẽrius (v)	[kɔntro'lʲɛrʲus]

| corredor (m) | korìdorius (v) | [ko'rʲɪdorʲus] |
| freno (m) de urgencia | stãbdymo krãnas (v) | ['sta:bdʲi:mɔ 'kra:nas] |

compartimiento (m)	kupė̃ (m)	[ku'pʲe:]
litera (f)	lentýna (m)	[lʲɛn'tʲi:na]
litera (f) de arriba	viršùtinė lentýna (m)	[vʲɪrʃu'tʲɪnʲe: lʲɛn'tʲi:na]
litera (f) de abajo	apatìnė lentýna (m)	[apa'tʲɪnʲe: lʲɛn'tʲi:na]
ropa (f) de cama	pãtalynė (m)	['pa:talʲi:nʲe:]

billete (m)	bìlietas (v)	['bʲɪlʲiɛtas]
horario (m)	tvarkãraštis (v)	[tvar'ka:raʃtʲɪs]
pantalla (f) de información	šviẽslentė (m)	['ʃvʲɛslʲɛntʲe:]

partir (vi)	išvỹkti	[ɪʃ'vʲi:ktʲɪ]
partida (f) (del tren)	išvykìmas (v)	[ɪʃvʲi:'kʲɪmas]
llegar (tren)	atvỹkti	[at'vʲi:ktʲɪ]
llegada (f)	atvykìmas (v)	[atvʲi:'kʲɪmas]
llegar en tren	atvažiúoti tráukiniu	[atva'ʒʲuɒtʲɪ 'troukʲɪnʲu]
tomar el tren	įlìpti į̃ tráukinį	[i:'lʲɪ:ptʲɪ i: 'troukʲɪnʲɪ:]

bajar del tren	išlìpti iš tráukinio	[ɪʃˈlʲɪptʲɪ ɪʃ ˈtrɑukʲɪnʲɔ]
descarrilamiento (m)	katastrofà (m)	[katastroˈfa]
descarrilarse (vr)	nulĕkti nuõ bĕgių	[nʊˈlʲeːktʲɪ ˈnʊɑ ˈbʲeːgʲu:]

tren (m) de vapor	garvežỹs (v)	[garvʲɛˈʒʲi:s]
fogonero (m)	kūrìkas (v)	[kuːˈrʲɪkas]
hogar (m)	kūryklà (m)	[kuːrʲiːkˈlʲa]
carbón (m)	anglìs (m)	[angˈlʲɪs]

26. El barco

barco, buque (m)	laĩvas (v)	[ˈlʲʌɪvas]
navío (m)	laĩvas (v)	[ˈlʲʌɪvas]

buque (m) de vapor	gárlaivis (v)	[ˈgarlʲʌɪvʲɪs]
motonave (f)	motòrlaivis (v)	[moˈtorlʲʌɪvʲɪs]
trasatlántico (m)	laíneris (v)	[ˈlʲʌɪnʲɛrʲɪs]
crucero (m)	kreĩseris (v)	[ˈkrʲɛɪsʲɛrʲɪs]

yate (m)	jachtà (m)	[jaxˈta]
remolcador (m)	vilkìkas (v)	[vʲɪlʲˈkʲɪkas]
barcaza (f)	bárža (m)	[ˈbarʒa]
ferry (m)	kéltas (v)	[ˈkʲɛlʲtas]

velero (m)	burinis laĩvas (v)	[ˈbʊrʲɪnʲɪs ˈlʲʌɪvas]
bergantín (m)	brigantinà (m)	[brʲɪgantˈɪˈna]

rompehielos (m)	lēdlaužis (v)	[ˈlʲædlɑuʒʲɪs]
submarino (m)	povandenìnis laĩvas (v)	[povandʲɛˈnʲɪnʲɪs ˈlʲʌɪvas]

bote (m) de remo	váltis (m)	[ˈvalʲtʲɪs]
bote (m)	váltis (m)	[ˈvalʲtʲɪs]
bote (m) salvavidas	gélbėjimo váltis (m)	[ˈgʲælʲbʲeːjɪmɔ ˈvalʲtʲɪs]
lancha (f) motora	kāteris (v)	[ˈkaːtʲɛrʲɪs]

capitán (m)	kapitōnas (v)	[kapʲɪˈtoːnas]
marinero (m)	jūreĩvis (v)	[juːˈrʲɛɪvʲɪs]
marino (m)	jũrininkas (v)	[ˈjuːrʲɪnʲɪŋkas]
tripulación (f)	ekipãžas (v)	[ɛkʲɪˈpaːʒas]

contramaestre (m)	bòcmanas (v)	[ˈbotsmanas]
grumete (m)	jùnga (m)	[ˈjʊnga]
cocinero (m) de abordo	viréjas (v)	[vʲɪˈrʲeːjas]
médico (m) del buque	laĩvo gýdytojas (v)	[ˈlʲʌɪvɔ ˈgʲiːdʲiːtoːjɛs]

cubierta (f)	dēnis (v)	[ˈdʲænʲɪs]
mástil (m)	stíebas (v)	[ˈstʲɪɛbas]
vela (f)	bùrė (m)	[ˈbʊrʲeː]
bodega (f)	triùmas (v)	[ˈtrʲʊmas]
proa (f)	laĩvo príekis (v)	[ˈlʲʌɪvɔ ˈprʲɪɛkʲɪs]

popa (f)	laivãgalis (v)	[lʌɪ'va:galʲɪs]
remo (m)	ìrklas (v)	['ɪrklʲas]
hélice (f)	sráigtas (v)	['srʌɪktas]
camarote (m)	kajùtė (m)	[ka'jutʲe:]
sala (f) de oficiales	kajutkompãnija (m)	[kajutkom'pa:nʲɪjɛ]
sala (f) de máquinas	mašìnų skỹrius (v)	[ma'ʃɪnu: 'skʲi:rʲus]
puente (m) de mando	kapitõno tiltẽlis (v)	[kapʲɪ'to:nɔ tʲɪlʲ'tʲælʲɪs]
sala (f) de radio	rãdijo kabinà (m)	['ra:dʲɪjɔ kabʲɪ'na]
onda (f)	bangà (m)	[ban'ga]
cuaderno (m) de bitácora	laĩvo žurnãlas (v)	['lʲʌɪvɔ ʒur'na:lʲas]
anteojo (m)	žiūrõnas (v)	[ʒʲu:'ro:nas]
campana (f)	laĩvo skam̃balas (v)	['lʲʌɪvɔ 'skambalʲas]
bandera (f)	vẽliava (m)	['vʲe:lʲæva]
cabo (m) (maroma)	lýnas (v)	['lʲi:nas]
nudo (m)	mãzgas (v)	['ma:zgas]
pasamano (m)	turẽklai (v dgs)	[tu'rʲe:klʲʌɪ]
pasarela (f)	trãpas (v)	['tra:pas]
ancla (f)	iñkaras (v)	['ɪŋkaras]
levar ancla	pakélti iñkarą	[pa'kʲelʲtʲɪ 'ɪŋkara:]
echar ancla	nuléisti iñkarą	[nu'lʲɛɪstʲɪ 'ɪŋkara:]
cadena (f) del ancla	iñkaro grandìnė (m)	['ɪŋkarɔ gran'dʲɪnʲe:]
puerto (m)	úostas (v)	['uɑstas]
embarcadero (m)	príeplauka (m)	['prʲɪɛplʲɑuka]
amarrar (vt)	prisišvartúoti	[prʲɪsʲɪʃvar'tuɑtʲɪ]
desamarrar (vt)	išplaũkti	[ɪʃ'plʲɑuktʲɪ]
viaje (m)	kelĩonė (m)	[kʲɛ'lʲʲo:nʲe:]
crucero (m) (viaje)	kruĩzas (v)	[kru'ɪzas]
derrota (f) (rumbo)	kùrsas (v)	['kursas]
itinerario (m)	maršrùtas (v)	[marʃ'rutas]
canal (m) navegable	farvãteris (v)	[far'va:tʲɛrʲɪs]
bajío (m)	seklumà (m)	[sʲɛklʲu'ma]
encallar (vi)	užplaũkti	[uʒ'plʲɑuktʲɪ
	ant seklumõs	ant sʲɛklʲu'mo:s]
tempestad (f)	audrà (m)	[ɑud'ra]
señal (f)	signãlas (v)	[sʲɪg'na:las]
hundirse (vr)	skę̃sti	['skʲɛ:stʲɪ]
¡Hombre al agua!	Žmogùs vandenyjè!	[ʒmo'gus vandʲɛnʲi:'jæ!]
SOS	SOS	[ɛs ɔ ɛs]
aro (m) salvavidas	gélbėjimosi rãtas (v)	[gʲɛlʲbʲe:jimosʲɪ 'ra:tas]

LA CIUDAD

T&P Books Publishing

autobús (m)	autobùsas (v)	[ɑʊto'bʊsas]
tranvía (m)	tramvājus (v)	[tram'va:jʊs]
trolebús (m)	troleibùsas (v)	[trolʲɛɪ'bʊsas]
itinerario (m)	maršrùtas (v)	[marʃ'rʊtas]
número (m)	nùmeris (v)	['nʊmʲɛrʲɪs]

ir en ...	važiúoti ...	[va'ʒʲʊɑtʲɪ ...]
tomar (~ el autobús)	įlìpti į̃ ...	[i:'lʲɪ:ptʲɪ i: ...]
bajar (~ del tren)	išlìpti ìš ...	[ɪʃ'lʲɪptʲɪ ɪʃ ...]

parada (f)	stotēlė (m)	[sto't'ælʲe:]
próxima parada (f)	kità stotēlė (m)	[kʲɪ'ta sto't'ælʲe:]
parada (f) final	galutìnė stotēlė (m)	[galʊ't'ɪnʲe: sto't'ælʲe:]
horario (m)	tvarkãraštis (v)	[tvar'ka:raʃtʲɪs]
esperar (aguardar)	láukti	['lʲɑʊktʲɪ]

billete (m)	bìlietas (v)	['bʲɪlʲiɛtas]
precio (m) del billete	bìlieto kaína (m)	['bʲɪlʲiɛto 'kʌɪna]

cajero (m)	kāsininkas (v)	['ka:sʲɪnʲɪŋkas]
control (m) de billetes	kontrolė̀ (m)	[kɔn'trolʲe:]
revisor (m)	kontroliērius (v)	[kɔntro'lʲɛrʲʊs]

llegar tarde (vi)	vėluóti	[vʲe:'lʲʊɑtʲɪ]
perder (~ el tren)	pavėluóti	[pavʲe:'lʲʊɑtʲɪ]
tener prisa	skubéti	[skʊ'bʲe:tʲɪ]

taxi (m)	taksì (v)	[tak'sʲɪ]
taxista (m)	taksìstas (v)	[tak'sʲɪstas]
en taxi	sù taksì	['sʊ tak'sʲɪ]
parada (f) de taxi	taksì stovéjimo aikštēlė (m)	[tak'sʲɪ sto'vʲɛjɪmɔ ʌɪkʃ't'ælʲe:]
llamar un taxi	iškviēsti taksì	[ɪʃk'vʲɛstʲɪ tak'sʲɪ]
tomar un taxi	įsèsti į̃ taksì	[i:s'estʲɪ: i: tak'sʲɪ:]

tráfico (m)	gãtvės judéjimas (v)	['ga:tvʲe:s jʊ'dʲɛjɪmas]
atasco (m)	kamštìs (v)	['kamʃtʲɪs]
horas (f pl) de punta	pìko vãlandos (m dgs)	['pʲɪkɔ 'va:lʲandos]
aparcar (vi)	parkúotis	[par'kʊɑtʲɪs]
aparcar (vt)	parkúoti	[par'kʊɑtʲɪ]
aparcamiento (m)	stovéjimo aikštēlė (m)	[sto'vʲɛjɪmɔ ʌɪkʃ't'ælʲe:]

metro (m)	metrò	[mʲɛ'tro]
estación (f)	stotìs (m)	[sto'tʲɪs]

ir en el metro	**važiúoti metró**	[va'ʒʲuatʲɪ mʲɛ'trɔ]
tren (m)	**traukinỹs** (v)	[trɑukʲɪ'nʲiːs]
estación (f)	**stotìs** (m)	[sto'tʲɪs]

28. La ciudad. La vida en la ciudad

ciudad (f)	**miẽstas** (v)	['mʲɛstas]
capital (f)	**sóstinė** (m)	['sostʲɪnʲe:]
aldea (f)	**káimas** (v)	['kʌɪmas]
plano (m) de la ciudad	**miẽsto plãnas** (v)	['mʲɛstɔ 'plʲaːnas]
centro (m) de la ciudad	**miẽsto cẽntras** (v)	['mʲɛstɔ 'tsʲɛntras]
suburbio (m)	**príemiestis** (v)	['prʲiɛmʲɛstʲɪs]
suburbano (adj)	**príemiesčio**	['prʲiɛmʲiɛstsʲɔ]
arrabal (m)	**pakraštỹs** (v)	[pakraʃ'tʲiːs]
afueras (f pl)	**apýlinkės** (m dgs)	[a'pʲiːlʲɪŋkʲe:s]
barrio (m)	**kvartãlas** (v)	[kvar'ta:lʲas]
zona (f) de viviendas	**gyvẽnamas kvartãlas** (v)	[gʲiː'vænamas kvar'ta:lʲas]
tráfico (m)	**judéjimas** (v)	[juˈdʲɛjɪmas]
semáforo (m)	**šviesofòras** (v)	[ʃvʲiɛsoˈforas]
transporte (m) urbano	**miẽsto transpòrtas** (v)	['mʲɛstɔ trans'portas]
cruce (m)	**sánkryža** (m)	['saŋkrʲiːʒa]
paso (m) de peatones	**pérėja** (m)	['pʲɛrʲe:ja]
paso (m) subterráneo	**požeminė pérėja** (m)	[poʒe'mʲɪnʲe: 'pʲærʲe:ja]
cruzar (vt)	**péreiti**	['pʲɛrʲɛɪtʲɪ]
peatón (m)	**pėstysis** (v)	['pʲeːstʲiːsʲɪs]
acera (f)	**šalìgatvis** (v)	[ʃa'lʲɪgatvʲɪs]
puente (m)	**tìltas** (v)	['tʲɪlʲtas]
muelle (m)	**krantìnė** (m)	[kran'tʲɪnʲe:]
alameda (f)	**aléja** (m)	[a'lʲe:ja]
parque (m)	**párkas** (v)	['parkas]
bulevar (m)	**bulvãras** (v)	[bulʲ'va:ras]
plaza (f)	**aikštė̃** (m)	[ʌɪkʃ'tʲe:]
avenida (f)	**prospèktas** (v)	[pros'pʲɛktas]
calle (f)	**gãtvė** (m)	['ga:tvʲe:]
callejón (m)	**skérsgatvis** (v)	['skʲɛrsgatvʲɪs]
callejón (m) sin salida	**tupìkas** (v)	[tu'pʲɪkas]
casa (f)	**nãmas** (v)	['na:mas]
edificio (m)	**pãstatas** (v)	['pa:statas]
rascacielos (m)	**dangóraižis** (v)	[dan'gorʌɪʒʲɪs]
fachada (f)	**fasãdas** (v)	[fa'sa:das]
techo (m)	**stógas** (v)	['stogas]
ventana (f)	**lángas** (v)	['lʲangas]

arco (m)	árka (m)	['arka]
columna (f)	koloná (m)	[kɔlʲo'na]
esquina (f)	kam̃pas (v)	['kampas]

escaparate (f)	vitriná (m)	[vʲitrʲɪ'na]
letrero (m) (~ luminoso)	iškaba (m)	['ɪʃkaba]
cartel (m)	afišá (m)	[afʲɪ'ʃa]
cartel (m) publicitario	reklãminis plakãtas (v)	[rʲɛk'lʲa:mʲɪnʲɪs plʲa'ka:tas]
valla (f) publicitaria	reklãminis skȳdas (v)	[rʲɛk'lʲa:mʲɪnʲɪs 'skʲi:das]

basura (f)	šiùkšlės (m dgs)	['ʃʲukʃlʲe:s]
cajón (m) de basura	ùrna (m)	['urna]
tirar basura	šiùkšlinti	['ʃʲukʃlʲɪntʲɪ]
basurero (m)	sąvartýnas (v)	[sa:var'tʲi:nas]

cabina (f) telefónica	telefòno bùdelė (m)	[tʲɛlʲɛ'fonɔ 'budelʲe:]
farola (f)	žibiñto stul̃pas (v)	[ʒʲɪ'bʲɪntɔ 'stulʲpas]
banco (m) (del parque)	súolas (v)	['suɑlʲas]

policía (m)	polìcininkas (v)	[po'lʲɪtsʲɪnʲɪŋkas]
policía (f) (~ nacional)	polìcija (m)	[po'lʲɪtsʲɪjɛ]
mendigo (m)	skur̃džius (v)	['skurdʒʲus]
persona (f) sin hogar	benãmis (v)	[bʲɛ'na:mʲɪs]

29. Las instituciones urbanas

tienda (f)	parduotùvė (m)	[parduɑ'tuvʲe:]
farmacia (f)	váistinė (m)	['vʌɪstʲɪnʲe:]
óptica (f)	òptika (m)	['optʲɪka]
centro (m) comercial	prekýbos ceñtras (v)	[prʲɛ'kʲi:bos 'tsʲɛntras]
supermercado (m)	supermárketas (v)	[supʲɛr'markʲɛtas]

panadería (f)	bandẽlių kráutuvė (m)	[ban'dʲælʲu: 'krɑutuvʲe:]
panadero (m)	kepėjas (v)	[kʲɛ'pʲe:jas]
pastelería (f)	konditèrija (m)	[kɔndʲɪ'tʲɛrʲɪjɛ]
tienda (f) de comestibles	bakaléja (m)	[baka'lʲe:ja]
carnicería (f)	mėsõs kráutuvė (m)	[mʲɛ'so:s 'krɑutuvʲe:]

| verdulería (f) | daržóvių kráutuvė (m) | [dar'ʒovʲu: 'krɑutuvʲe:] |
| mercado (m) | prekývietė (m) | [prʲɛ'kʲi:vʲiɛtʲe:] |

cafetería (f)	kavìnė (m)	[ka'vʲɪnʲe:]
restaurante (m)	restorãnas (v)	[rʲɛsto'ra:nas]
cervecería (f)	alùdė (m)	[a'lʲudʲe:]
pizzería (f)	picèrija (m)	[pʲɪ'tsʲɛrʲɪjɛ]

peluquería (f)	kirpyklà (m)	[kʲɪrpʲi:k'lʲa]
oficina (f) de correos	pãštas (v)	['pa:ʃtas]
tintorería (f)	valyklà (m)	[valʲi:k'la]
estudio (m) fotográfico	fotoateljė (v)	[fotoate'lʲje:]

zapatería (f)	āvalynės parduotùvė (m)	['a:val'i:n'e:s pardʊa'tʊv'e:]
librería (f)	knygýnas (v)	[kn'i:'g'i:nas]
tienda (f) deportiva	sportinių prėkių parduotùvė (m)	['sport'ɪn'u: 'pr'æk'u: pardʊa'tʊv'e:]
arreglos (m pl) de ropa	drabùžių taisyklà (m)	[dra'bʊʒ'u: tʌɪs'i:k'l'a]
alquiler (m) de ropa	drabùžių núoma (m)	[dra'bʊʒ'u: 'nʊama]
videoclub (m)	fìlmų núoma (m)	['f'ɪl'mu: 'nʊama]
circo (m)	cìrkas (v)	['ts'ɪrkas]
zoológico (m)	zoolõgijos sõdas (v)	[zoo'l'og'ɪjos 'so:das]
cine (m)	kìno teãtras (v)	['k'ɪnɔ t'ɛ'a:tras]
museo (m)	muziėjus (v)	[mʊ'z'ɛjʊs]
biblioteca (f)	bibliotekà (m)	[b'ɪbl'ɪjot'ɛ'ka]
teatro (m)	teãtras (v)	[t'ɛ'a:tras]
ópera (f)	òpera (m)	['op'ɛra]
club (m) nocturno	naktìnis klùbas (v)	[nak't'ɪn'ɪs 'kl'ʊbas]
casino (m)	kazinò (v)	[kaz'ɪ'no]
mezquita (f)	mečėtė (m)	[m'ɛ'tʂ'ɛt'e:]
sinagoga (f)	sinagogà (m)	[s'ɪnago'ga]
catedral (f)	kãtedra (m)	['ka:t'ɛdra]
templo (m)	šventyklà (m)	[ʃv'ɛnt'i:k'l'a]
iglesia (f)	bažnýčia (m)	[baʒ'n'i:tʂ'æ]
instituto (m)	institùtas (v)	[ɪnst'ɪ'tʊtas]
universidad (f)	universitètas (v)	[ʊn'ɪv'ɛrs'ɪ't'ɛtas]
escuela (f)	mokyklà (m)	[mok'i:k'l'a]
prefectura (f)	prefektūrà (m)	[pr'ɛf'ɛk'tu:'ra]
alcaldía (f)	savivaldýbė (m)	[sav'ɪval'd'i:b'e:]
hotel (m)	viẽšbutis (v)	['v'ɛʃbʊt'ɪs]
banco (m)	bánkas (v)	['baŋkas]
embajada (f)	ambasadà (m)	[ambasa'da]
agencia (f) de viajes	turìzmo agentūrà (m)	[tʊ'r'ɪzmɔ ag'ɛntu:'ra]
oficina (f) de información	informãcijos biùras (v)	[ɪnfor'ma:ts'ɪjos 'b'ʊras]
oficina (f) de cambio	keityklà (m)	[k'ɛɪt'i:k'l'a]
metro (m)	metrò	[m'ɛ'tro]
hospital (m)	ligóninė (m)	[l'ɪ'gon'ɪn'e:]
gasolinera (f)	degalìnė (m)	[d'ɛga'l'ɪn'e:]
aparcamiento (m)	stovėjimo aikštėlė (m)	[sto'v'ɛjɪmɔ ʌɪkʃ't'æl'e:]

30. Los avisos

letrero (m) (~ luminoso)	ìškaba (m)	['ɪʃkaba]
cartel (m) (texto escrito)	ùžrašas (v)	['ʊʒraʃas]

pancarta (f)	plakãtas (v)	[plʲaˈkaːtas]
señal (m) de dirección	núoroda (m)	[ˈnuɑroda]
flecha (f) (signo)	rodýklė (m)	[roˈdʲiːklʲeː]

advertencia (f)	pérspėjimas (v)	[ˈpʲɛrspʲeːjimas]
aviso (m)	įspėjìmas (v)	[iːspʲeːˈjɪmas]
advertir (vt)	įspéti	[iːsˈpʲeːtʲɪ]

día (m) de descanso	išeiginė dienà (m)	[ɪʃɛɪˈgʲɪnʲeː dʲiɛˈna]
horario (m)	tvarkãraštis (v)	[tvarˈkaːraʃtʲɪs]
horario (m) de apertura	dárbo valandõs (m dgs)	[ˈdarbɔ valʲanˈdoːs]

¡BIENVENIDOS!	SVEIKÌ ATVYKĘ!	[svʲɛɪˈkʲɪ atˈvʲiːkʲɛː!]
ENTRADA	ĮĖJÌMAS	[iːʲɛːˈjɪmas]
SALIDA	IŠĖJÌMAS	[ɪʃʲeːˈjɪmas]

EMPUJAR	STÙMTI	[ˈstʊmtʲɪ]
TIRAR	TRÁUKTI	[ˈtrɑʊktʲɪ]
ABIERTO	ATIDARÝTA	[atʲɪdaˈrʲiːta]
CERRADO	UŽDARÝTA	[ʊʒdaˈrʲiːta]

MUJERES	MÓTERIMS	[ˈmotʲɛrʲɪms]
HOMBRES	VÝRAMS	[ˈvʲiːrams]
REBAJAS	NÚOLAIDOS	[ˈnuɑlʲʌɪdos]
SALDOS	IŠPARDAVÌMAS	[ɪʃpardaˈvʲɪmas]
NOVEDAD	NAUJÍENA!	[nɑʊˈjiɛna!]
GRATIS	NEMÓKAMAI	[nʲɛˈmokamʌɪ]

¡ATENCIÓN!	DĖMESIO!	[ˈdʲeːmesʲɔ!]
COMPLETO	VIĖTŲ NĖRA	[ˈvʲɛtu: ˈnʲeːra]
RESERVADO	REZERVÚOTA	[rʲɛzʲɛrˈvuata]

ADMINISTRACIÓN	ADMINISTRÃCIJA	[admʲɪnʲɪsˈtratsʲɪja]
SÓLO PERSONAL AUTORIZADO	TÌK PERSONÁLUI	[ˈtʲɪk pʲɛrsoˈnalʲʊi]

CUIDADO CON EL PERRO	PIKTAS ŠUO	[ˈpʲɪktas ˈʃʊɑ]

PROHIBIDO FUMAR	RŪKÝTI DRAŪDŽIAMA	[ruːˈkʲiːtʲɪ ˈdrɑʊdʒʲæma]
NO TOCAR	NELIÉSTI!	[nʲɛˈlʲɛstʲɪ!]

PELIGROSO	PAVOJÌNGA	[pavoˈjɪnga]
PELIGRO	PAVÕJUS	[paˈvoːjʊs]
ALTA TENSIÓN	AUKŠTÀ ĮTAMPA	[ɑʊkʃˈta ˈiːtampa]
PROHIBIDO BAÑARSE	MÁUDYTIS DRAŪDŽIAMA	[ˈmɑʊdʲiːtʲɪs ˈdrɑʊdʒʲæma]

NO FUNCIONA	NEVEÎKIA	[nʲɛˈvʲɛɪkʲɛ]
INFLAMABLE	DEGÙ	[dʲɛˈgʊ]
PROHIBIDO	DRAŪDŽIAMA	[ˈdrɑʊdʒʲæma]
PROHIBIDO EL PASO	PRAĖJÌMAS DRAŪDŽIAMAS	[praeˈjɪmas ˈdrɑʊdʒʲæmas]

RECIÉN PINTADO	NUDAŽÝTA	[nʊdaˈʒʲiːta]

31. Las compras

comprar (vt)	pirkti	['pʲɪrktʲɪ]
compra (f)	pirkinỹs (v)	[pʲɪrkʲɪˈnʲiːs]
hacer compras	apsipirkti	[apsʲɪˈpʲɪrktʲɪ]
compras (f pl)	apsipirkìmas (v)	[apsʲɪpʲɪrˈkʲɪmas]

| estar abierto (tienda) | veĩkti | ['vʲɛɪktʲɪ] |
| estar cerrado | užsidarýti | [ʊʒsʲɪdaˈrʲiːtʲɪ] |

calzado (m)	ãvalynė (m)	['a:valʲi:nʲe:]
ropa (f)	drabùžiai (v)	[draˈbʊʒʲɛɪ]
cosméticos (m pl)	kosmètika (m)	[kɔsˈmʲɛtʲɪka]
productos alimenticios	prodùktai (v)	[proˈdʊktʌɪ]
regalo (m)	dovanà (m)	[dovaˈna]

| vendedor (m) | pardavéjas (v) | [pardaˈvʲeːjas] |
| vendedora (f) | pardavéja (m) | [pardaˈvʲeːja] |

caja (f)	kasà (m)	[kaˈsa]
espejo (m)	véidrodis (v)	['vʲɛɪdrodʲɪs]
mostrador (m)	prekýstalis (v)	[prʲɛˈkʲiːstalʲɪs]
probador (m)	matãvimosi kabinà (m)	[maˈta:vʲɪmosʲɪ kabʲɪˈna]

probar (un vestido)	matúoti	[maˈtʊɑtʲɪ]
quedar (una ropa, etc.)	tìkti	['tʲɪktʲɪ]
gustar (vi)	patìkti	[paˈtʲɪktʲɪ]

precio (m)	kaína (m)	['kʌɪna]
etiqueta (f) de precio	kainýnas (v)	[kʌɪˈnʲiːnas]
costar (vt)	kainúoti	[kʌɪˈnʊɑtʲɪ]
¿Cuánto?	Kíek?	['kʲiɛk?]
descuento (m)	núolaida (m)	['nʊɑlʲʌɪda]

no costoso (adj)	nebrangùs	[nʲɛbranˈgʊs]
barato (adj)	pigùs	[pʲɪˈgʊs]
caro (adj)	brangùs	[branˈgʊs]
Es caro	Taĩ brangù.	['tʌɪ branˈgʊ]

alquiler (m)	núoma (m)	['nʊɑma]
alquilar (vt)	išsinúomoti	[ɪʃsʲɪˈnʊɑmotʲɪ]
crédito (m)	kredìtas (v)	[krʲɛˈdʲɪtas]
a crédito (adv)	kreditù	[krʲɛdʲɪˈtʊ]

T&P BOOKS

LA ROPA Y LOS ACCESORIOS

T&P Books Publishing

ropa (f)	apranga (m)	[apran'ga]
ropa (f) de calle	viršutiniai drabùžiai (v dgs)	[vʲɪrʃuˈtʲɪnʲɛɪ draˈbuʒʲɛɪ]
ropa (f) de invierno	žieminiai drabùžiai (v)	[ʒʲiɛˈmʲɪnʲɛɪ draˈbuʒʲɛɪ]
abrigo (m)	páltas (v)	[ˈpalʲtas]
abrigo (m) de piel	kailiniaĩ (v dgs)	[kʌɪlʲɪˈnʲɛɪ]
abrigo (m) corto de piel	pùskailiniai (v)	[ˈpuskʌɪlʲɪnʲɛɪ]
chaqueta (f) plumón	pūkìnė (m)	[puːˈkʲɪnʲeː]
cazadora (f)	striùkė (m)	[ˈstrʲukʲeː]
impermeable (m)	apsiaũstas (v)	[apˈsʲɛustas]
impermeable (adj)	nepéršlampamas	[nʲɛˈpʲɛrʃlʲampamas]

camisa (f)	marškiniaĩ (v dgs)	[marʃkʲɪˈnʲɛɪ]
pantalones (m pl)	kélnės (m dgs)	[ˈkʲɛlʲnʲeːs]
jeans, vaqueros (m pl)	džìnsai (v dgs)	[ˈdʒʲɪnsʌɪ]
chaqueta (f), saco (m)	švárkas (v)	[ˈʃvarkas]
traje (m)	kostiùmas (v)	[kɔsˈtʲumas]
vestido (m)	suknẽlė (m)	[sʊkˈnʲælʲeː]
falda (f)	sijónas (v)	[sʲɪˈjɔːnas]
blusa (f)	palaidìnė (m)	[palʲʌɪˈdʲɪnʲeː]
rebeca (f), chaqueta (f) de punto	sùsegamas megztìnis (v)	[ˈsʊsʲɛgamas mʲɛgzˈtʲɪnʲɪs]
chaqueta (f)	žakètas, švarkẽlis (v)	[ʒaˈkʲɛtas], [ʃvarˈkʲælʲɪs]
camiseta (f) (T-shirt)	fùtbolininko marškiniaĩ (v)	[ˈfʊtbolʲɪnʲɪnʲɪŋkɔ marʃkʲɪˈnʲɛɪ]
pantalones (m pl) cortos	šórtai (v dgs)	[ˈʃortʌɪ]
traje (m) deportivo	spórtinis kostiùmas (v)	[ˈsportʲɪnʲɪs kɔsˈtʲumas]
bata (f) de baño	chalãtas (v)	[xaˈlʲaːtas]
pijama (m)	pižamà (m)	[pʲɪʒaˈma]
suéter (m)	nertìnis (v)	[nʲɛrˈtʲɪnʲɪs]
pulóver (m)	megztìnis (v)	[mʲɛgzˈtʲɪnʲɪs]
chaleco (m)	liemẽnė (m)	[lʲiɛˈmʲænʲeː]
frac (m)	frãkas (v)	[ˈfraːkas]
esmoquin (m)	smòkingas (v)	[ˈsmokʲɪngas]
uniforme (m)	unifórma (m)	[ʊnʲɪˈforma]

ropa (f) de trabajo	dárbo drabùžiai (v)	['darbɔ dra'buʒʲɛɪ]
mono (m)	kombinezònas (v)	[kɔmbʲɪnʲɛ'zonas]
bata (f) (p. ej. ~ blanca)	chalãtas (v)	[xa'lʲa:tas]

34. La ropa. La ropa interior

ropa (f) interior	baltiniaĩ (v dgs)	[balʲtʲɪ'nʲɛɪ]
camiseta (f) interior	apatìniai	[apa'tʲɪnʲɛɪ]
	marškinėliai (v dgs)	marʃkʲɪ'nʲe:lʲɛɪ]
calcetines (m pl)	kójinės (m dgs)	['ko:jɪnʲe:s]
camisón (m)	naktìniai marškiniaĩ (v dgs)	[nak'tʲɪnʲɛɪ marʃkʲɪ'nʲɛɪ]
sostén (m)	liemenėlė (m)	[lʲiɛme'nʲe:lʲe:]
calcetines (m pl) altos	gòlfai (v)	['golʲfʌɪ]
pantimedias (f pl)	pédkelnės (m dgs)	['pʲe:dkʲɛlʲnʲe:s]
medias (f pl)	kójinės (m dgs)	['ko:jɪnʲe:s]
traje (m) de baño	máudymosi	['maʊdʲi:mosʲɪ
	kostiumėlis (v)	kostʲʊ'mʲe:lʲɪs]

35. Gorras

gorro (m)	kepùrė (m)	[kʲɛ'pʊrʲe:]
sombrero (m) de fieltro	skrybėlė (m)	[skrʲɪ:bʲe:'lʲe:]
gorra (f) de béisbol	beĩsbolo lazdà (m)	['bʲɛɪsbolʲɔ lʲaz'da]
gorra (f) plana	kepùrė (m)	[kʲɛ'pʊrʲe:]
boina (f)	berètė (m)	[bʲɛ'rʲɛtʲe:]
capuchón (m)	gobtùvas (v)	[gop'tʊvas]
panamá (m)	panamà (m)	[pana'ma]
gorro (m) de punto	megztà kepuráitė (m)	[mʲɛgz'ta kepʊ'rʌɪtʲe:]
pañuelo (m)	skarà (m), skarėlė (m)	[ska'ra], [ska'rʲælʲe:]
sombrero (m) de mujer	skrybėláitė (m)	[skrʲɪ:bʲe:'lʲʌɪtʲe:]
casco (m) (~ protector)	šálmas (v)	['ʃalʲmas]
gorro (m) de campaña	pilòtė (m)	[pʲɪ'lʲotʲe:]
casco (m) (~ de moto)	šálmas (v)	['ʃalʲmas]
bombín (m)	katiliùkas (v)	[katʲɪ'lʲʊkas]
sombrero (m) de copa	cilìndras (v)	[tsʲɪ'lʲɪndras]

36. El calzado

calzado (m)	ãvalynė (m)	['a:valʲi:nʲe:]
botas (f pl)	bãtai (v)	['ba:tʌɪ]
zapatos (m pl)	batėliai (v)	[ba'tʲælʲɛɪ]
(~ de tacón bajo)		

botas (f pl) altas	auliniai batai (v)	[ɑʊˈlʲɪnʲɛɪ ˈbaːtʌɪ]
zapatillas (f pl)	šlepetės (m dgs)	[ʃlʲɛˈpʲætʲeːs]
tenis (m pl)	sportbačiai (v dgs)	[ˈsportbatʂʲɛɪ]
zapatillas (f pl) de lona	sportbačiai (v dgs)	[ˈsportbatʂʲɛɪ]
sandalias (f pl)	sandalai (v dgs)	[sanˈdaːlʲʌɪ]
zapatero (m)	batsiuvys (v)	[batsʲʊˈvʲiːs]
tacón (m)	kulnas (v)	[ˈkuːlⁿnas]
par (m)	pora (m)	[poˈra]
cordón (m)	batraištis (v)	[ˈbaːtrʌɪʃtʲɪs]
encordonar (vt)	varstyti	[ˈvarstʲiːtʲɪ]
calzador (m)	šaukštas (v)	[ˈʃɑʊkʃtas]
betún (m)	avalynės kremas (v)	[ˈaːvalʲiːnʲeːs ˈkrʲɛmas]

37. Accesorios personales

guantes (m pl)	pirštinės (m dgs)	[ˈpʲɪrʃtʲɪnʲeːs]
manoplas (f pl)	kumštinės (m dgs)	[ˈkʊmʃtʲɪnʲeːs]
bufanda (f)	šalikas (v)	[ˈʃaːlʲɪkas]
gafas (f pl)	akiniai (dgs)	[akʲɪˈnʲɛɪ]
montura (f)	rėmeliai (v dgs)	[rʲeːˈmʲælʲɛɪ]
paraguas (m)	skėtis (v)	[ˈskʲeːtʲɪs]
bastón (m)	lazdelė (m)	[lazˈdʲælʲeː]
cepillo (m) de pelo	plaukų šepetys (v)	[plʲɑʊˈkuː ʃɛpʲɛˈtʲiːs]
abanico (m)	veduoklė (m)	[vʲeˈdʊɑklʲeː]
corbata (f)	kaklaraištis (v)	[kakˈlʲaːrʌɪʃtʲɪs]
pajarita (f)	peteliškė (m)	[pʲɛtʲɛˈlʲɪʃkʲeː]
tirantes (m pl)	petnešos (m dgs)	[ˈpʲætnʲɛʃos]
moquero (m)	nosinė (m)	[ˈnosʲɪnʲeː]
peine (m)	šukos (m dgs)	[ˈʃʊkos]
pasador (m) de pelo	segtukas (v)	[sʲɛkˈtʊkas]
horquilla (f)	plaukų segtukas (v)	[plʲɑʊˈkuː sʲɛkˈtʊkas]
hebilla (f)	sagtis (m)	[sakˈtʲɪs]
cinturón (m)	diržas (v)	[ˈdʲɪrʒas]
correa (f) (de bolso)	diržas (v)	[ˈdʲɪrʒas]
bolsa (f)	rankinukas (v)	[raŋkʲɪˈnʊkas]
bolso (m)	rankinukas (v)	[raŋkʲɪˈnʊkas]
mochila (f)	kuprinė (m)	[kʊˈprʲɪnʲeː]

38. La ropa. Miscelánea

moda (f)	mada (m)	[maˈda]
de moda (adj)	madingas	[maˈdʲɪngas]

diseñador (m) de moda	**modeliúotojas** (v)	[modʲɛ'lʲuato:jɛs]
cuello (m)	**apýkaklė** (m)	[a'pʲi:kaklʲe:]
bolsillo (m)	**kišēnė** (m)	[kʲɪ'ʃænʲe:]
de bolsillo (adj)	**kišenìnis**	[kʲɪʃɛ'nʲɪnʲɪs]
manga (f)	**rankóvė** (m)	[raŋ'kovʲe:]
presilla (f)	**pakabà** (m)	[paka'ba]
bragueta (f)	**klỹnas** (v)	['klʲi:nas]
cremallera (f)	**užtrauktùkas** (v)	[ʊʒtrauk'tʊkas]
cierre (m)	**užsegìmas** (v)	[ʊʒsʲɛ'gʲɪmas]
botón (m)	**sagà** (m)	[sa'ga]
ojal (m)	**kìlpa** (m)	['kʲɪlʲpa]
saltar (un botón)	**atplýšti**	[at'plʲi:ʃtʲɪ]
coser (vi, vt)	**siúti**	['sʲu:tʲɪ]
bordar (vt)	**siuvinéti**	[sʲuvʲɪ'nʲe:tʲɪ]
bordado (m)	**siuvinéjimas** (v)	[sʲuvʲɪ'nʲɛjɪmas]
aguja (f)	**ãdata** (m)	['a:data]
hilo (m)	**siū́las** (v)	['sʲu:lʲas]
costura (f)	**siū́lė** (m)	['sʲu:lʲe:]
ensuciarse (vr)	**išsitèpti**	[ɪʃsʲɪ'tʲɛptʲɪ]
mancha (f)	**dėmė̃** (m)	[dʲe:'mʲe:]
arrugarse (vr)	**susiglamžyti**	[sʊsʲɪ'glʲa mʒʲi:tʲɪ]
rasgar (vt)	**suplḗšyti**	[sʊp'lʲe:ʃɪ:tʲɪ]
polilla (f)	**kandis** (v)	['kandʲɪs]

39. Productos personales. Cosméticos

pasta (f) de dientes	**dantų̃ pastà** (m)	[dan'tu: pas'ta]
cepillo (m) de dientes	**dantų̃ šepetė̃lis** (v)	[dan'tu: ʃepe'tʲe:lʲɪs]
limpiarse los dientes	**valýti dantìs**	[va'lʲi:tʲɪ dan'tʲɪs]
maquinilla (f) de afeitar	**skustùvas** (v)	[skʊ'stʊvas]
crema (f) de afeitar	**skutìmosi krèmas** (v)	[skʊ'tʲɪmosʲɪ 'krʲɛmas]
afeitarse (vr)	**skùstis**	['skʊstʲɪs]
jabón (m)	**muìlas** (v)	['mʊɪlʲas]
champú (m)	**šampū̃nas** (v)	[ʃam'pu:nas]
tijeras (f pl)	**žìrklės** (m dgs)	['ʒʲɪrklʲe:s]
lima (f) de uñas	**dìldė** (m) **nagáms**	['dʲɪlʲdʲe: na'gams]
cortaúñas (m pl)	**gnybtùkai** (v)	[gnʲi:p'tʊkʌɪ]
pinzas (f pl)	**pincètas** (v)	[pʲɪn'tsʲɛtas]
cosméticos (m pl)	**kosmètika** (m)	[kɔs'mʲɛtʲɪka]
mascarilla (f)	**kaū̃kė** (m)	['kaʊkʲe:]
manicura (f)	**manikiū̃ras** (v)	[manʲɪ'kʲu:ras]
hacer la manicura	**darýti manikiū̃rą**	[da'rʲi:tʲɪ manʲɪ'kʲu:ra:]
pedicura (f)	**pedikiū̃ras** (v)	[pʲɛdʲɪ'kʲu:ras]

bolsa (f) de maquillaje	kosmetinė (m)	[kɔs'mʲɛtʲɪnʲeː]
polvos (m pl)	pudra (m)	[pʊd'ra]
polvera (f)	pudrinė (m)	['pʊdrʲɪnʲeː]
colorete (m), rubor (m)	skaistalaĩ (v dgs)	[skʌɪsta'lʲãĩ]

perfume (m)	kvepalaĩ (v dgs)	[kvʲɛpa'lʲãĩ]
agua (f) de tocador	tualetinis vanduõ (v)	[tʊa'lʲɛtʲɪnʲɪs van'dʊɑ]
loción (f)	losjonas (v)	[lʲo'sjo nas]
agua (f) de Colonia	odekolonas (v)	[odʲɛko'lʲonas]

sombra (f) de ojos	vokų šešėliai (v)	[vo'ku: ʃe'ʃeːlʲɛɪ]
lápiz (m) de ojos	akių pieštukas (v)	[a'kʲu: pʲɛʃʲtʊkas]
rímel (m)	tušas (v)	['tʊʃas]

pintalabios (m)	lūpų dažaĩ (v)	['lʲuːpu: da'ʒʌɪ]
esmalte (m) de uñas	nagų lakas (v)	[na'gu: 'lʲaːkas]
fijador (m) para el pelo	plaukų lakas (v)	[plʲɑʊ'ku: 'lʲaːkas]
desodorante (m)	dezodorántas (v)	[dʲɛzodo'rantas]

crema (f)	kremas (v)	['krʲɛmas]
crema (f) de belleza	veido kremas (v)	['vʲɛɪdo 'krʲɛmas]
crema (f) de manos	rañkų kremas (v)	['raŋku: 'krʲɛmas]
crema (f) antiarrugas	kremas (v) nuõ raukšlių	['krʲɛmas nʊɑ raʊkʃʲlʲuː]
crema (f) de día	dieninis kremas (v)	[dʲɪɛ'nʲɪnʲɪs 'krʲɛmas]
crema (f) de noche	naktinis kremas (v)	[nak'tʲɪnʲɪs 'krʲɛmas]
de día (adj)	dieninis	[dʲɪɛ'nʲɪnʲɪs]
de noche (adj)	naktinis	[nak'tʲɪnʲɪs]

tampón (m)	tamponas (v)	[tam'ponas]
papel (m) higiénico	tualetinis popierius (v)	[tʊa'lʲɛtʲɪnʲɪs 'poːpʲɛrʲʊs]
secador (m) de pelo	fenas (v)	['fɛnas]

40. Los relojes

reloj (m)	laĩkrodis (v)	['lʲʌɪkrodʲɪs]
esfera (f)	ciferblatas (v)	[tsʲɪfʲɛr'blʲaːtas]
aguja (f)	rodyklė (m)	[ro'dʲiːklʲeː]
pulsera (f)	apyrankė (m)	[a'pʲiːraŋkʲeː]
correa (f) (del reloj)	diržėlis (v)	[dʲɪrʒʲæ'lʲɪs]

pila (f)	elemeñtas (v)	[ɛlʲɛ'mʲɛntas]
descargarse (vr)	išsikráuti	[ɪʃsʲɪ'krɑʊtʲɪ]
cambiar la pila	pakeĩsti elemeñtą	[pa'kʲɛɪstʲɪ ɛlʲɛ'mʲɛnta:]
adelantarse (vr)	skubéti	[skʊ'bʲeːtʲɪ]
retrasarse (vr)	atsilĩkti	[atsʲɪ'lʲɪktʲɪ]

reloj (m) de pared	síeninis laĩkrodis (v)	['sʲɪɛnʲɪnʲɪs 'lʲʌɪkrodʲɪs]
reloj (m) de arena	smėlio laĩkrodis (v)	['smʲɛːlʲɔ 'lʌɪkrodʲɪs]
reloj (m) de sol	sáulės laĩkrodis (v)	['sɑʊlʲeːs 'lʌɪkrodʲɪs]
despertador (m)	žadintuvas (v)	[ʒadʲɪn'tʊvas]

| relojero (m) | laĩkrodininkas (v) | ['lʲʌɪkrodʲɪnʲɪŋkas] |
| reparar (vt) | taisýti | [tʌɪˈsʲiːtʲɪ] |

T&P BOOKS

LA EXPERIENCIA DIARIA

T&P Books Publishing

dinero (m)	pinigaĩ (v)	[pʲɪnʲɪˈgʌɪ]
cambio (m)	keitìmas (v)	[kʲɛɪˈtʲɪmas]
curso (m)	kùrsas (v)	[ˈkʊrsas]
cajero (m) automático	bankomãtas (v)	[baŋkoˈmaːtas]
moneda (f)	monetà (m)	[monʲɛˈta]
dólar (m)	dóleris (v)	[ˈdolʲɛrʲɪs]
euro (m)	eũras (v)	[ˈɛʊras]
lira (f)	lirà (m)	[lʲɪˈra]
marco (m) alemán	márkė (m)	[ˈmarkʲeː]
franco (m)	fránkas (v)	[ˈfraŋkas]
libra esterlina (f)	svãras (v)	[ˈsvaːras]
yen (m)	jenà (m)	[jɛˈna]
deuda (f)	skolà (m)	[skoˈlʲa]
deudor (m)	skõlininkas (v)	[ˈskoːlʲɪnʲɪŋkas]
prestar (vt)	dúoti į̃ skõlą	[ˈdʊɑtʲɪ iː ˈskoːlʲaː]
tomar prestado	im̃ti į̃ skõlą	[ˈɪmtʲɪ iː ˈskoːlʲaː]
banco (m)	bánkas (v)	[ˈbaŋkas]
cuenta (f)	sąskaita (m)	[ˈsaːskʌɪta]
ingresar en la cuenta	déti į̃ sąskaitą	[ˈdʲeːtʲɪ iː ˈsaːskʌɪtaː]
sacar de la cuenta	im̃ti iš̃ sąskaitos	[ˈɪmtʲɪ ɪʃ ˈsaːskʌɪtos]
tarjeta (f) de crédito	kreditìnė kortẽlė (m)	[krʲɛˈdʲɪtʲɪnʲeː korˈtʲælʲeː]
dinero (m) en efectivo	gryníeji pinigaĩ (v)	[grʲiːˈnʲiɛjɪ pʲɪnʲɪˈgʌɪ]
cheque (m)	čẽkis (v)	[ˈtʂʲɛkʲɪs]
sacar un cheque	išrašýti čẽkį	[ɪʃraˈʃʲiːtʲɪ ˈtʂʲɛkʲɪː]
talonario (m)	čẽkių knygẽlė (m)	[ˈtʂʲɛkʲuː knʲiːˈgʲælʲeː]
cartera (f)	pinigìnė (m)	[pʲɪnʲɪˈgʲɪnʲeː]
monedero (m)	pinigìnė (m)	[pʲɪnʲɪˈgʲɪnʲeː]
caja (f) fuerte	seĩfas (v)	[ˈsʲɛɪfas]
heredero (m)	paveldétojas (v)	[pavʲɛlʲˈdʲeːtoːjɛs]
herencia (f)	palikìmas (v)	[palʲɪˈkʲɪmas]
fortuna (f)	tur̃tas (v)	[ˈtʊrtas]
arriendo (m)	núoma (m)	[ˈnʊɑma]
alquiler (m) (dinero)	bùto mókestis (v)	[ˈbʊtɔ ˈmokʲɛstʲɪs]
alquilar (~ una casa)	núomotis	[ˈnʊɑmotʲɪs]
precio (m)	káina (m)	[ˈkʌɪna]
coste (m)	káina (m)	[ˈkʌɪna]

suma (f)	sumà (m)	[su'ma]
gastar (vt)	léisti	['lʲɛɪstʲɪ]
gastos (m pl)	sánaudos (m dgs)	['sa:nɑʊdos]
economizar (vi, vt)	taupýti	[tɑʊ'pʲi:tʲɪ]
económico (adj)	taupùs	[tɑʊ'pʊs]

pagar (vi, vt)	mokéti	[mo'kʲe:tʲɪ]
pago (m)	apmokéjimas (v)	[apmo'kʲɛjɪmas]
cambio (m) (devolver el ~)	grąžà (m)	[gra:'ʒa]

impuesto (m)	mókestis (v)	['mokʲɛstʲɪs]
multa (f)	baudà (m)	[bɑʊ'da]
multar (vt)	baũsti	['bɑʊstʲɪ]

42. La oficina de correos

oficina (f) de correos	pãštas (v)	['pa:ʃtas]
correo (m) (cartas, etc.)	pãštas (v)	['pa:ʃtas]
cartero (m)	pãštininkas (v)	['pa:ʃtʲɪnʲɪŋkas]
horario (m) de apertura	dárbo valandõs (m dgs)	['darbɔ valʲan'do:s]

carta (f)	láiškas (v)	['lʲʌɪʃkas]
carta (f) certificada	užsakýtas láiškas (v)	[ʊʒsa'kʲi:tas 'lʲʌɪʃkas]
tarjeta (f) postal	atvirùtė (m)	[atvʲɪ'rʊtʲe:]
telegrama (m)	telegramà (m)	[tʲɛlʲɛgra'ma]

paquete (m) postal	siuntinỹs (v)	[sʲʊntʲɪ'nʲi:s]
giro (m) postal	piniginis pavedìmas (v)	[pʲɪnʲɪ'gʲɪnʲɪs pavʲɛ'dʲɪmas]

recibir (vt)	gáuti	['gɑʊtʲɪ]
enviar (vt)	išsių̃sti	[ɪʃ'sʲu:stʲɪ]
envío (m)	išsiuntìmas (v)	[ɪʃʲʊn'tʲɪmas]

dirección (f)	ãdresas (v)	['a:drʲɛsas]
código (m) postal	iñdeksas (v)	['ɪndʲɛksas]

expedidor (m)	siuntéjas (v)	[sʲʊn'tʲe:jas]
destinatario (m)	gavéjas (v)	[ga'vʲe:jas]

nombre (m)	var̃das (v)	['vardas]
apellido (m)	pavardė̃ (m)	[pavar'dʲe:]

tarifa (f)	tarìfas (v)	[ta'rʲɪfas]
ordinario (adj)	į̃prastas	['i:prastas]
económico (adj)	taupùs	[tɑʊ'pʊs]

peso (m)	svõris (v)	['svo:rʲɪs]
pesar (~ una carta)	svérti	['svʲɛrtʲɪ]
sobre (m)	võkas (v)	['vo:kas]
sello (m)	markùtė (m)	[mar'kʊtʲe:]

43. La banca

| banco (m) | bánkas (v) | ['baŋkas] |
| sucursal (f) | skÿrius (v) | ['skʲiːrʲʊs] |

| consultor (m) | konsultántas (v) | [kɔnsʊlʲ'tantas] |
| gerente (m) | valdýtojas (v) | [valʲ'dʲiːtoːjɛs] |

cuenta (f)	sąskaita (m)	['saːskʌɪta]
numero (m) de la cuenta	sąskaitos nùmeris (v)	['saːskʌɪtos 'nʊmʲɛrʲɪs]
cuenta (f) corriente	einamóji sąskaita (m)	[ɛɪna'moːjɪ 'saːskʌɪta]
cuenta (f) de ahorros	kaupiamóji sąskaita (m)	[kɑʊpʲæ'moːjɪ 'saːskʌɪta]

abrir una cuenta	atidarýti sąskaitą	[atʲɪda'rʲiːtʲɪ 'saːskʌɪtaː]
cerrar la cuenta	uždarýti sąskaitą	[ʊʒda'rʲiːtʲɪ 'saːskʌɪtaː]
ingresar en la cuenta	padéti į sąskaitą	[pa'dʲeːtʲɪ iː 'saːskʌɪtaː]
sacar de la cuenta	paimti iš sąskaitos	['pʌɪmtʲɪ ɪʃ 'saːskʌɪtos]

depósito (m)	indėlis (v)	['ɪndʲeːlʲɪs]
hacer un depósito	įnešti indėlį	[iː'nʲɛʃtʲɪ 'ɪndʲeːlʲɪː]
giro (m) bancario	pavedimas (v)	[pavʲɛ'dʲɪmas]
hacer un giro	atlikti pavedimą	[at'lʲɪktʲɪ pavʲɛ'dʲɪmaː]

| suma (f) | suma (m) | [sʊ'ma] |
| ¿Cuánto? | Kíek? | ['kʲiɛk?] |

| firma (f) (nombre) | parašas (v) | ['paːraʃas] |
| firmar (vt) | pasirašýti | [pasʲɪra'ʃʲiːtʲɪ] |

tarjeta (f) de crédito	kreditinė kortelė (m)	[krʲɛ'dʲɪtʲɪnʲeː kor'tʲælʲeː]
código (m)	kodas (v)	['kodas]
número (m) de tarjeta de crédito	kreditinės kortelės numeris (v)	[krʲɛ'dʲɪtʲɪnʲeːs kor'tʲælʲeːs 'nʊmʲɛrʲɪs]
cajero (m) automático	bankomatas (v)	[baŋko'maːtas]

cheque (m)	kvitas (v)	['kvʲɪtas]
sacar un cheque	išrašýti kvitą	[ɪʃra'ʃʲiːtʲɪ 'kvʲɪtaː]
talonario (m)	čekių knygelė (m)	['tʂɛkʲuː knʲiː'gʲælʲeː]

crédito (m)	kreditas (v)	[krʲɛ'dʲɪtas]
pedir el crédito	kreiptis dėl kredito	['krʲɛɪptʲɪs dʲeːlʲ krʲɛ'dʲɪtɔ]
obtener un crédito	imti kreditą	['ɪmtʲɪ krʲɛ'dʲɪta:]
conceder un crédito	suteikti kreditą	[sʊ'tʲɛɪktʲɪ krʲɛ'dʲɪta:]
garantía (f)	garántija (m)	[ga'rantʲɪjɛ]

44. El teléfono. Las conversaciones telefónicas

| teléfono (m) | telefonas (v) | [tʲɛlʲɛ'fonas] |
| teléfono (m) móvil | mobilùsis telefonas (v) | [mobʲɪ'lʊsʲɪs tʲɛlʲɛ'fonas] |

contestador (m)	**autoatsakiklis** (v)	[autoatsa'kʲɪklʲɪs]
llamar, telefonear	**skambinti**	['skambʲɪntʲɪ]
llamada (f)	**skambutis** (v)	[skam'butʲɪs]

marcar un número	**surinkti numerį**	[sʊ'rʲɪŋktʲɪ 'nʊmʲɛrʲɪ:]
¿Sí?, ¿Dígame?	**Alio!**	[a'lʲo!]
preguntar (vt)	**paklausti**	[pak'lʲaustʲɪ]
responder (vi, vt)	**atsakyti**	[atsa'kʲi:tʲɪ]

oír (vt)	**girdéti**	[gʲɪr'dʲe:tʲɪ]
bien (adv)	**gerai**	[gʲɛ'rʌɪ]
mal (adv)	**prastai**	[pras'tʌɪ]
ruidos (m pl)	**trukdžiai** (v dgs)	[trʊk'dʒʲɛɪ]

auricular (m)	**ragélis** (v)	[ra'gʲælʲɪs]
descolgar (el teléfono)	**pakélti ragélį**	[pa'kʲɛlʲtʲɪ ra'gʲælʲɪ:]
colgar el auricular	**padéti ragélį**	[pa'dʲe:tʲɪ ra'gʲælʲɪ:]

ocupado (adj)	**užimtas**	['ʊʒʲɪmtas]
sonar (teléfono)	**skambéti**	[skam'bʲe:tʲɪ]
guía (f) de teléfonos	**telefonų knyga** (m)	[tʲɛlʲɛ'fonu: knʲi:'ga]

local (adj)	**vietinis**	['vʲiɛtʲɪnʲɪs]
llamada (f) local	**vietinis skambutis** (v)	['vʲiɛtʲɪnʲɪs skam'butʲɪs]
de larga distancia	**tarpmiestinis**	[tarpmʲiɛs'tʲɪnʲɪs]
llamada (f)	**tarpmiestinis**	[tarpmʲiɛs'tʲɪnʲɪs
de larga distancia	**skambutis** (v)	skam'butʲɪs]
internacional (adj)	**tarptautinis**	[tarptau'tʲɪnʲɪs]
llamada (f) internacional	**tarptautinis skambutis** (v)	[tarptau'tʲɪnʲɪs skam'butʲɪs]

45. El teléfono celular

teléfono (m) móvil	**mobilusis telefonas** (v)	[mobʲɪ'lʲʊsʲɪs tʲɛlʲɛ'fonas]
pantalla (f)	**ekranas** (v)	[ɛk'ra:nas]
botón (m)	**mygtukas** (v)	[mʲi:k'tʊkas]
tarjeta SIM (f)	**SIM-kortélé** (m)	[sʲɪm-kor'tʲælʲe:]

pila (f)	**akumuliatorius** (v)	[akʊmʊ'lʲætorʲʊs]
descargarse (vr)	**išsikráuti**	[ɪʃsʲɪ'krautʲɪ]
cargador (m)	**įkrovíklis** (v)	[i:kro'vʲɪ:klʲɪs]

menú (m)	**valgiaraštis** (v)	[valʲ'gʲæraʃtʲɪs]
preferencias (f pl)	**nustatymai** (v dgs)	[nʊ'sta:tʲi:mʌɪ]
melodía (f)	**melodija** (v)	[mʲɛ'lʲodʲɪjɛ]
seleccionar (vt)	**pasirinkti**	[pasʲɪ'rʲɪŋktʲɪ]

calculadora (f)	**skaičiuotuvas** (v)	[skʌɪtʃʲʊo'tʊvas]
contestador (m)	**balso paštas** (v)	['balʲsɔ 'pa:ʃtas]
despertador (m)	**žadintuvas** (v)	[ʒadʲɪn'tʊvas]
contactos (m pl)	**telefonų knyga** (m)	[tʲɛlʲɛ'fonu: knʲi:'ga]

| mensaje (m) de texto | SMS žinùtė (m) | [ɛsɛ'mɛs ʒʲɪnʊtʲeː] |
| abonado (m) | abonentas (v) | [abo'nʲɛntas] |

46. Los artículos de escritorio. La papelería

bolígrafo (m)	automātinis šratinukas (v)	[ɑuto'maːtʲɪnʲɪs ʃratʲɪ'nʊkas]
pluma (f) estilográfica	plunksnãkotis (v)	[plʲuŋk'snaːkotʲɪs]
lápiz (m)	pieštùkas (v)	[pʲiɛʃ'tʊkas]
marcador (m)	žymēklis (v)	[ʒʲiː'mʲæklʲɪs]
rotulador (m)	flomãsteris (v)	[flʲo'maːstʲɛrʲɪs]
bloc (m) de notas	bloknòtas (v)	[blʲok'notas]
agenda (f)	dienórastis (v)	[dʲiɛ'noraʃtʲɪs]
regla (f)	liniuõtė (m)	[lʲɪ'nʲuoːtʲeː]
calculadora (f)	skaičiuotùvas (v)	[skʌɪtʂʲuo'tʊvas]
goma (f) de borrar	trintùkas (v)	[trʲɪn'tʊkas]
chincheta (f)	smeigtùkas (v)	[smʲɛɪk'tʊkas]
clip (m)	sąvaržēlė (m)	[sa:varˈʒʲeːlʲeː]
cola (f), pegamento (m)	klijaĩ (v dgs)	[klʲɪ'jʌɪ]
grapadora (f)	segìklis (v)	[sʲɛ'gʲɪklʲɪs]
perforador (m)	skylãmušis (v)	[skʲiː'lʲaːmuʃʲɪs]
sacapuntas (m)	droztùkas (v)	[droʒ'tʊkas]

47. Los idiomas extranjeros

lengua (f)	kalbà (m)	[kalʲˈba]
extranjero (adj)	ùžsienio	['ʊʒsʲiɛnʲɔ]
lengua (f) extranjera	ùžsienio kalbà (m)	['ʊʒsʲiɛnʲɔ kalʲba]
estudiar (vt)	studijúoti	[stʊdʲɪ'juatʲɪ]
aprender (ingles, etc.)	mókytis	['mokʲiːtʲɪs]
leer (vi, vt)	skaitýti	[skʌɪ'tʲiːtʲɪ]
hablar (vi, vt)	kalbéti	[kalʲˈbʲeːtʲɪ]
comprender (vt)	supràsti	[sʊp'rastʲɪ]
escribir (vt)	rašýti	[ra'ʃɪːtʲɪ]
rápidamente (adv)	greĩtai	['grʲɛɪtʌɪ]
lentamente (adv)	lẽtai	[lʲe:'tʌɪ]
con fluidez (adv)	laisvaĩ	[lʲʌɪs'vʌɪ]
reglas (f pl)	taisýklės (m dgs)	[tʌɪ'sʲiːkʲleːs]
gramática (f)	gramãtika (m)	[gra'maːtʲɪka]
vocabulario (m)	lèksika (m)	['lʲɛksʲɪka]
fonética (f)	fonètika (m)	[fo'nʲɛtʲɪka]

manual (m)	**vadovėlis** (v)	[vado'vʲeːlʲɪs]
diccionario (m)	**žodýnas** (v)	[ʒoˈdʲiːnas]
manual (m) autodidáctico	**savìmokos vadovėlis** (v)	[saˈvʲɪmokos vadoˈvʲeːlʲɪs]
guía (f) de conversación	**pasikalbėjimų knygelė** (m)	[pasʲɪkalʲˈbʲɛjɪmuː knʲiːˈgʲælʲeː]
casete (m)	**kasètė** (m)	[kaˈsʲɛtʲeː]
videocasete (f)	**vaizdãjuostė** (m)	[vʌɪzˈdaːjuɑstʲeː]
disco compacto, CD (m)	**kompãktinis dìskas** (v)	[komˈpaːktʲɪnʲɪs ˈdʲɪskas]
DVD (m)	**DVD diskàs** (v)	[dʲɪvʲɪˈdʲɪ dʲɪsˈkas]
alfabeto (m)	**abėcėlė** (m)	[abʲeːˈtsʲeːlʲeː]
deletrear (vt)	**sakýti paraidžiuî**	[saˈkʲiːtʲɪ parʌɪˈdʒʲʊɪ]
pronunciación (f)	**tarìmas** (v)	[taˈrʲɪmas]
acento (m)	**akceñtas** (v)	[akˈtsʲɛntas]
con acento	**sù akcentù**	[ˈsʊ aktsʲɛnˈtʊ]
sin acento	**bè akceñto**	[ˈbʲɛ akˈtsʲɛntɔ]
palabra (f)	**žõdis** (v)	[ˈʒoːdʲɪs]
significado (m)	**prasmễ** (m)	[prasˈmʲeː]
cursos (m pl)	**kùrsai** (v dgs)	[ˈkʊrsʌɪ]
inscribirse (vr)	**užsirašýti**	[ʊʒsʲɪraˈʃʲɪːtʲɪ]
profesor (m) (~ de inglés)	**déstytojas** (v)	[ˈdʲeːstʲiːtoːjɛs]
traducción (f) (proceso)	**vertìmas** (v)	[vʲɛrˈtʲɪmas]
traducción (f) (texto)	**vertìmas** (v)	[vʲɛrˈtʲɪmas]
traductor (m)	**vertéjas** (v)	[vʲɛrˈtʲeːjas]
intérprete (m)	**vertéjas** (v)	[vʲɛrˈtʲeːjas]
polígota (m)	**poliglòtas** (v)	[polʲɪˈglotas]
memoria (f)	**atmintìs** (m)	[atmʲɪnˈtʲɪs]

LAS COMIDAS.
EL RESTAURANTE

48. Los cubiertos

cuchara (f)	**šáukštas** (v)	['ʃɑʊkʃtas]
cuchillo (m)	**peĩlis** (v)	['pʲɛɪlʲɪs]
tenedor (m)	**šakùtė** (m)	[ʃa'kʊtʲe:]

taza (f)	**puodùkas** (v)	[pʊɑ'dʊkas]
plato (m)	**lėkštė̃** (m)	[lʲe:kʃʲtʲe:]
platillo (m)	**lėkštẽlė** (m)	[lʲe:kʃʲtʲælʲe:]
servilleta (f)	**servetė̃lė** (m)	[sʲɛrvɛ'tʲe:lʲe:]
mondadientes (m)	**dantų̃ krapštùkas** (v)	[dan'tu: krapʃ'tʊkas]

49. El restaurante

restaurante (m)	**restorãnas** (v)	[rʲɛsto'ra:nas]
cafetería (f)	**kavìnė** (m)	[ka'vʲɪnʲe:]
bar (m)	**bãras** (v)	['ba:ras]
salón (m) de té	**arbãtos salõnas** (v)	[ar'ba:tos sa'lʲonas]

camarero (m)	**padavéjas** (v)	[pada'vʲe:jas]
camarera (f)	**padavéja** (m)	[pada'vʲe:ja]
barman (m)	**bármenas** (v)	['barmʲɛnas]
carta (f), menú (m)	**meniù** (v)	[mʲɛ'nʲʊ]
carta (f) de vinos	**vỹnų žemélapis** (v)	['vʲi:nu: ʒe'mʲe:lʲapʲɪs]
reservar una mesa	**rezervúoti staliùką**	[rʲɛzʲɛr'vʊɑtʲɪ sta'lʲʊka:]

plato (m)	**pãtiekalas** (v)	['pa:tʲɪɛkalʲas]
pedir (vt)	**užsisakýti**	[ʊʒsʲɪsak'i:tʲɪ]
hacer un pedido	**padarýti užsãkymą**	[pada'rʲi:tʲɪ ʊʒ'sa:kʲɪ:ma:]
aperitivo (m)	**aperitỹvas** (v)	[apʲɛrʲɪ'tʲi:vas]
entremés (m)	**ùžkandis** (v)	['ʊʒkandʲɪs]
postre (m)	**desèrtas** (v)	[dʲɛ'sʲɛrtas]

cuenta (f)	**sáskaita** (m)	['sa:skʌɪta]
pagar la cuenta	**apmokéti sáskaitą**	[apmo'kʲe:tʲɪ 'sa:skʌɪta:]
dar la vuelta	**dúoti grąžõs**	['dʊɑtʲɪ gra:'ʒo:s]
propina (f)	**arbãtpinigiai** (v dgs)	[ar'ba:tpʲɪnʲɪgʲɛɪ]

50. Las comidas

comida (f)	**válgis** (v)	['valʲgʲɪs]
comer (vi, vt)	**válgyti**	['valʲgʲi:tʲɪ]

desayuno (m)	pusryčiai (v dgs)	['pʊsrʲi:tsʲɛɪ]
desayunar (vi)	pusryčiauti	['pʊsrʲi:tsʲɛʊtʲɪ]
almuerzo (m)	pietūs (v)	['pʲɛ'tu:s]
almorzar (vi)	pietáuti	[pʲɛ'tɑʊtʲɪ]
cena (f)	vakarienė (m)	[vaka'rʲɛnʲe:]
cenar (vi)	vakarieniáuti	[vakarʲiɛ'nʲæʊtʲɪ]

apetito (m)	apetitas (v)	[apʲɛ'tʲɪtas]
¡Que aproveche!	Gèro apetito!	['gʲæro apʲɛ'tʲɪto!]

abrir (vt)	atidarýti	[atʲɪda'rʲi:tʲɪ]
derramar (líquido)	išpìlti	[ɪʃp'ɪlʲtʲɪ]
derramarse (líquido)	išsipìlti	[ɪʃsʲɪ'pʲɪlʲtʲɪ]

hervir (vi)	vìrti	['vʲɪrtʲɪ]
hervir (vt)	vìrinti	['vʲɪrʲɪntʲɪ]
hervido (agua ~a)	vìrintas	['vʲɪrʲɪntas]
enfriar (vt)	atvėsìnti	[atvʲe:'sʲɪntʲɪ]
enfriarse (vr)	vėsìnti	[vʲe:'sʲɪntʲɪ]

sabor (m)	skõnis (v)	['sko:nʲɪs]
regusto (m)	príeskonis (v)	['prʲiɛskonʲɪs]

adelgazar (vi)	laikýti diētos	[lʲʌɪ'kʲi:tʲɪ 'dʲɛtos]
dieta (f)	dietà (m)	[dʲiɛ'ta]
vitamina (f)	vitamìnas (v)	[vʲɪta'mʲɪnas]
caloría (f)	kalòrija (m)	[ka'lʲorʲɪjɛ]
vegetariano (m)	vegetãras (v)	[vʲɛgʲɛ'ta:ras]
vegetariano (adj)	vegetãriškas	[vʲɛgʲɛ'ta:rʲɪʃkas]

grasas (f pl)	riebalaĩ (v dgs)	[rʲiɛba'lʲʌɪ]
proteínas (f pl)	baltymaĩ (v dgs)	[balʲtʲi:'mʌɪ]
carbohidratos (m pl)	angliãvandeniai (v dgs)	[an'glʲævandʲɛnʲɛɪ]
loncha (f)	griežinỹs (v)	[grʲiɛʒɪ'nʲi:s]
pedazo (m)	gãbalas (v)	['ga:balʲas]
miga (f)	trupinỹs (v)	[trʊpʲɪ'nʲi:s]

51. Los platos

plato (m)	pãtiekalas (v)	['pa:tʲiɛkalʲas]
cocina (f)	virtùvė (m)	[vʲɪr'tʊvʲe:]
receta (f)	recèptas (v)	[rʲɛ'tsʲɛptas]
porción (f)	pòrcija (m)	['portsʲɪjɛ]

ensalada (f)	salõtos (m)	[sa'lʲo:tos]
sopa (f)	sriubà (m)	[srʲʊ'ba]

caldo (m)	sultinỹs (v)	[sʊlʲtʲɪ'nʲi:s]
bocadillo (m)	sumuštìnis (v)	[sʊmʊʃ'tʲɪnʲɪs]
huevos (m pl) fritos	kiaušinienė (m)	[kʲɛʊʃʲɪ'nʲɛnʲe:]

| hamburguesa (f) | mėsaĩnis (v) | [mʲeːˈsʌɪnʲɪs] |
| bistec (m) | bifštėksas (v) | [bʲɪfʃtʲɛksas] |

guarnición (f)	garnỹras (v)	[garˈnʲiːras]
espagueti (m)	spagėčiai (v dgs)	[spaˈgʲɛtsʲɛɪ]
puré (m) de patatas	buĺvių kõšė (m)	[ˈbuĺvʲuː ˈkoːʃeː]
pizza (f)	picà (m)	[pʲɪˈtsa]
gachas (f pl)	kõšė (m)	[ˈkoːʃeː]
tortilla (f) francesa	omlėtas (v)	[omˈlʲɛtas]

cocido en agua (adj)	vìrtas	[ˈvʲɪrtas]
ahumado (adj)	rūkýtas	[ruːˈkʲiːtas]
frito (adj)	kėptas	[ˈkʲæptas]
seco (adj)	džiovìntas	[dʒʲoˈvʲɪntas]
congelado (adj)	šáldytas	[ˈʃalʲdʲiːtas]
marinado (adj)	marinúotas	[marʲɪˈnuatas]

azucarado, dulce (adj)	saldùs	[salʲˈdʊs]
salado (adj)	sūrùs	[suːˈrʊs]
frío (adj)	šáltas	[ˈʃalʲtas]
caliente (adj)	kárštas	[ˈkarʃtas]
amargo (adj)	kartùs	[karˈtʊs]
sabroso (adj)	skanùs	[skaˈnʊs]

cocer en agua	vìrti	[ˈvʲɪrtʲɪ]
preparar (la cena)	gamìnti	[gaˈmʲɪntʲɪ]
freír (vt)	kėpti	[ˈkʲɛptʲɪ]
calentar (vt)	pašìldyti	[paˈʃɪlʲdʲiːtʲɪ]

salar (vt)	sūdyti	[ˈsuːdʲiːtʲɪ]
poner pimienta	įbeŕti pipìrų	[iːˈbʲɛrtʲɪ pʲɪˈpʲɪːruː]
rallar (vt)	tarkúoti	[tarˈkuatʲɪ]
piel (f)	lúoba (m)	[ˈlʲuaba]
pelar (vt)	lùpti bùlves	[ˈlʊptʲɪ ˈbulʲvʲɛs]

52. La comida

carne (f)	mėsà (m)	[mʲeːˈsa]
gallina (f)	vištà (m)	[vʲɪʃˈta]
pollo (m)	viščiùkas (v)	[vʲɪʃˈtsʲukas]
pato (m)	ántis (m)	[ˈantʲɪs]
ganso (m)	žąsinas (v)	[ˈʒaːsʲɪnas]
caza (f) menor	žvėríena (m)	[ʒvʲeːˈrʲiɛna]
pava (f)	kalakutíena (m)	[kalʲakuˈtʲiɛna]

carne (f) de cerdo	kiaulíena (m)	[kʲɛʊˈlʲiɛna]
carne (f) de ternera	veršíena (m)	[vʲɛrˈʃiɛna]
carne (f) de carnero	avíena (m)	[aˈvʲiɛna]
carne (f) de vaca	jáutiena (m)	[ˈjautʲiɛna]
conejo (m)	triùšis (v)	[ˈtrʲuʃʲɪs]

salchichón (m)	dešrà (m)	[dʲɛʃʹra]
salchicha (f)	dešrėlė (m)	[dʲɛʃrʲælʲeː]
beicon (m)	bekònas (v)	[bʲɛʹkonas]
jamón (m)	kumpis (v)	[ʹkumpʲɪs]
jamón (m) fresco	kumpis (v)	[ʹkumpʲɪs]

paté (m)	paštėtas (v)	[paʃʹtʲɛtas]
hígado (m)	kėpenys (m dgs)	[kʲɛpeʹnʲiːs]
carne (f) picada	fáršas (v)	[ʹfarʃas]
lengua (f)	liežùvis (v)	[lʲiɛʹʒuvʲɪs]

huevo (m)	kiaušìnis (v)	[kʲɛuʹʃɪnʲɪs]
huevos (m pl)	kiaušìniai (v dgs)	[kʲɛuʹʃɪnʲɛɪ]
clara (f)	báltymas (v)	[ʹbalʲtʲiːmas]
yema (f)	trynỹs (v)	[trʲiːʹnʲiːs]

pescado (m)	žuvìs (m)	[ʒuʹvʲɪs]
mariscos (m pl)	jū́ros gėrýbės (m dgs)	[ʹjuːros gʲeːʹrʲiːbʲeːs]
crustáceos (m pl)	vėžiãgyviai (v dgs)	[vʲeːʹʒʲægʲiːvʲɛɪ]
caviar (m)	ìkrai (v dgs)	[ʹɪkrʌɪ]

cangrejo (m) de mar	krãbas (v)	[ʹkraːbas]
camarón (m)	krevètė (m)	[krʲɛʹvʲɛtʲeː]
ostra (f)	áustrė (m)	[ʹɑustrʲeː]
langosta (f)	langùstas (v)	[lʲanʹgustas]
pulpo (m)	aštuonkõjis (v)	[aʃtuɑŋʹkoːjis]
calamar (m)	kalmãras (v)	[kalʲmaːras]

esturión (m)	eršketíena (m)	[ɛrʃkʲɛʹtʲiɛna]
salmón (m)	lašišà (m)	[lʲaʃɪʹʃa]
fletán (m)	õtas (v)	[ʹoːtas]

bacalao (m)	ménkė (m)	[ʹmʲɛŋkʲeː]
caballa (f)	skumbrė (m)	[ʹskumbrʲeː]
atún (m)	tùnas (v)	[ʹtunas]
anguila (f)	ungurỹs (v)	[uŋguʹrʲiːs]

trucha (f)	upétakis (v)	[uʹpʲɛtakʲɪs]
sardina (f)	sardìnė (m)	[sarʹdʲɪnʲeː]
lucio (m)	lydekà (m)	[lʲiːdʲɛʹka]
arenque (m)	sìlkė (m)	[ʹsʲɪlʲkʲeː]

pan (m)	dúona (m)	[ʹduɑna]
queso (m)	sū́ris (v)	[ʹsuːrʲɪs]
azúcar (m)	cùkrus (v)	[ʹtsukrus]
sal (f)	druskà (m)	[drusʹka]

arroz (m)	rỹžiai (v)	[ʹrʲiːʒʲɛɪ]
macarrones (m pl)	makarõnai (v dgs)	[makaʹroːnʌɪ]
tallarines (m pl)	lãkštiniai (v dgs)	[ʹlʲaːkʃtʲɪnʲɛɪ]
mantequilla (f)	svíestas (v)	[ʹsvʲiɛstas]
aceite (m) vegetal	augalìnis aliẽjus (v)	[ɑugalʲɪnʲɪs aʹlʲɛjus]

| aceite (m) de girasol | saulégrąžų aliejus (v) | [sɑu'lʲe:gra:ʒu: a'lʲɛjʊs] |
| margarina (f) | margarinas (v) | [marga'rʲɪnas] |

| olivas, aceitunas (f pl) | alyvuogės (m dgs) | [a'lʲi:vʊɑgʲe:s] |
| aceite (m) de oliva | alyvuogių aliejus (v) | [a'lʲi:vʊɑgʲu: a'lʲɛjʊs] |

leche (f)	pienas (v)	['pʲiɛnas]
leche (f) condensada	sutirštintas pienas (v)	[sʊ'tʲɪrʃtʲɪntas 'pʲiɛnas]
yogur (m)	jogurtas (v)	[jɔ'gʊrtas]
nata (f) agria	grietinė (m)	[grʲiɛ'tʲɪnʲe:]
nata (f) líquida	grietinėlė (m)	[grʲiɛtʲɪ'nʲe:lʲe:]

| mayonesa (f) | majonezas (v) | [majɔ'nʲɛzas] |
| crema (f) de mantequilla | kremas (v) | ['krʲɛmas] |

cereales (m pl) integrales	kruopos (m dgs)	['krʊapos]
harina (f)	miltai (v dgs)	['mʲɪlʲtʌɪ]
conservas (f pl)	konservai (v dgs)	[kɔn'sʲɛrvʌɪ]

copos (m pl) de maíz	kukurūzų dribsniai (v dgs)	[kʊkʊ'ru:zu: 'drʲɪbsnʲɪɛɪ]
miel (f)	medùs (v)	[mʲɛ'dʊs]
confitura (f)	džemas (v)	['dʒʲɛmas]
chicle (m)	kramtomoji gumà (m)	[kramto'mojɪ gʊ'ma]

53. Las bebidas

agua (f)	vanduõ (v)	[van'dʊɑ]
agua (f) potable	geriamas vanduõ (v)	['gʲærʲæmas van'dʊɑ]
agua (f) mineral	mineralinis vanduõ (v)	[mʲɪnʲɛ'ra:lʲɪnʲɪs van'dʊɑ]

sin gas	bè gãzo	['bʲɛ 'ga:zɔ]
gaseoso (adj)	gazúotas	[ga'zʊɑtas]
con gas	gazúotas	[ga'zʊɑtas]
hielo (m)	ledas (v)	['lʲædas]
con hielo	sù ledaìs	['sʊ lʲɛ'dʌɪs]

sin alcohol	nealkoholonis	[nʲɛalʲkoʲɣolonʲɪs]
bebida (f) sin alcohol	nealkoholonis gėrimas (v)	[nʲɛalʲkoʲɣolonʲɪs 'gʲe:rʲɪmas]
refresco (m)	gaivùsis gėrimas (v)	[gʌɪ'vʊsʲɪs 'gʲe:rʲɪmas]
limonada (f)	limonãdas (v)	[lʲɪmo'na:das]

bebidas (f pl) alcohólicas	alkoholiniai gėrimai (v dgs)	[alʲko'ɣolʲɪnʲɪɛɪ 'gʲe:rʲɪmʌɪ]
vino (m)	vynas (v)	['vʲi:nas]
vino (m) blanco	baltas vynas (v)	['balʲtas 'vʲi:nas]
vino (m) tinto	raudónas vynas (v)	[rau'donas 'vʲi:nas]

licor (m)	likeris (v)	['lʲɪkʲɛrʲɪs]
champaña (f)	šampãnas (v)	[ʃam'pa:nas]
vermú (m)	vermutas (v)	['vʲɛrmʊtas]

whisky (m)	vìskis (v)	['vʲɪskʲɪs]
vodka (m)	degtìnė (m)	[dʲɛkʲtʲɪnʲe:]
ginebra (f)	džìnas (v)	['dʒʲɪnas]
coñac (m)	konjãkas (v)	[kɔnʲjaːkas]
ron (m)	rõmas (v)	['romas]

café (m)	kavà (m)	[ka'va]
café (m) solo	juodà kavà (m)	[juɑ'da ka'va]
café (m) con leche	kavà sù píenu (m)	[ka'va 'sʊ 'pʲiɛnʊ]
capuchino (m)	kapučìno kavà (m)	[kapu'tʂɪnɔ ka'va]
café (m) soluble	tirpì kavà (m)	[tʲɪr'pʲɪ ka'va]

leche (f)	píenas (v)	['pʲiɛnas]
cóctel (m)	koktèilis (v)	[kɔk'tʲɛɪlʲɪs]
batido (m)	píeniškas koktèilis (v)	['pʲiɛnʲɪʃkas kok'tʲɛɪlʲɪs]

zumo (m), jugo (m)	sùltys (m dgs)	['sʊlʲtʲiːs]
jugo (m) de tomate	pomidõrų sùltys (m dgs)	[pomʲɪ'doru: 'sʊlʲtʲiːs]
zumo (m) de naranja	apelsìnų sùltys (m dgs)	[apʲɛlʲ'sʲɪnu: 'sʊlʲtʲiːs]
zumo (m) fresco	šviežiaì spáustos sùltys (m dgs)	[ʃvʲiɛ'ʒʲɛɪ 'spɑʊstos 'sʊlʲtʲiːs]

cerveza (f)	alùs (v)	[a'lʲʊs]
cerveza (f) rubia	šviesùs alùs (v)	[ʃvʲiɛ'sʊs a'lʲʊs]
cerveza (f) negra	tamsùs alùs (v)	[tam'sʊs a'lʲʊs]

té (m)	arbatà (m)	[arba'ta]
té (m) negro	juodà arbatà (m)	[juɑ'da arba'ta]
té (m) verde	žalià arbatà (m)	[ʒa'lʲæ arba'ta]

54. Las verduras

| legumbres (f pl) | daržóvės (m dgs) | [dar'ʒovʲeːs] |
| verduras (f pl) | žalumýnai (v) | [ʒalʲʊ'mʲiːnʌɪ] |

tomate (m)	pomidõras (v)	[pomʲɪ'doras]
pepino (m)	agùrkas (v)	[a'gurkas]
zanahoria (f)	morkà (m)	[mor'ka]
patata (f)	bùlvė (m)	['bʊlʲvʲeː]
cebolla (f)	svogūˉnas (v)	[svo'guːnas]
ajo (m)	česnãkas (v)	[tʂɛs'naːkas]

col (f)	kopūˉstas (v)	[kɔ'puːstas]
coliflor (f)	kalafiõras (v)	[kalʲa'fʲoras]
col (f) de Bruselas	briùselio kopūˉstas (v)	['brʲʊsʲɛlʲɔ ko'puːstas]
brócoli (m)	brõkolių kopūˉstas (v)	['brokolʲu: ko'puːstas]

remolacha (f)	runˉkelis, burõkas (v)	['rʊŋkʲɛlʲɪs], [bʊ'roːkas]
berenjena (f)	baklažãnas (v)	[bakʲlʲa'ʒaːnas]
calabacín (m)	agurõtis (v)	[agʊ'roːtʲɪs]

| calabaza (f) | rópė (m) | ['rop⁼e:] |
| nabo (m) | moliūgas (v) | [mo'lʲu:gas] |

perejil (m)	petražolė (m)	[pʲɛ'tra:ʒolʲe:]
eneldo (m)	krāpas (v)	['kra:pas]
lechuga (f)	salóta (m)	[sa'lʲo:ta]
apio (m)	saliēras (v)	[sa'lʲɛras]
espárrago (m)	smìdras (v)	['smʲɪdras]
espinaca (f)	špinātas (v)	[ʃpʲɪ'na:tas]

guisante (m)	žìrniai (v dgs)	['ʒʲɪrnʲɛɪ]
habas (f pl)	pùpos (m dgs)	['pʊpos]
maíz (m)	kukurūzas (v)	[kʊkʊ'ru:zas]
fréjol (m)	pupēlės (m dgs)	[pʊ'pʲælʲe:s]

pimiento (m) dulce	pipìras (v)	[pʲɪ'pʲɪras]
rábano (m)	ridìkas (v)	[rʲɪ'dʲɪkas]
alcachofa (f)	artišòkas (v)	[artʲɪ'ʃokas]

55. Las frutas. Las nueces

fruto (m)	vaìsius (v)	['vʌɪsʲʊs]
manzana (f)	obuolỹs (v)	[obʊɑ'lʲi:s]
pera (f)	kriáušė (m)	['krʲæʊʃe:]
limón (m)	citrinà (m)	[tsʲɪtrʲɪ'na]
naranja (f)	apelsìnas (v)	[apʲɛlʲ'sʲɪnas]
fresa (f)	brāškė (m)	['bra:ʃkʲe:]

mandarina (f)	mandarìnas (v)	[manda'rʲɪnas]
ciruela (f)	slyvà (m)	[slʲi:'va]
melocotón (m)	pèrsikas (v)	['pʲɛrsʲɪkas]
albaricoque (m)	abrikòsas (v)	[abrʲɪ'kosas]
frambuesa (f)	aviētė (m)	[a'vʲɛtʲe:]
piña (f)	ananāsas (v)	[ana'na:sas]

banana (f)	banānas (v)	[ba'na:nas]
sandía (f)	arbūzas (v)	[ar'bu:zas]
uva (f)	vỹnuogės (m dgs)	['vʲi:nʊɑgʲe:s]
guinda (f)	vyšnià (m)	[vʲi:ʃ'nʲæ]
cereza (f)	trēšnė (m)	['trʲæʃnʲe:]
melón (m)	meliònas (v)	[mʲɛ'lʲonas]

pomelo (m)	greìpfrutas (v)	['grʲɛɪpfrutas]
aguacate (m)	avokàdas (v)	[avo'kadas]
papaya (f)	papája (m)	[pa'pa ja]
mango (m)	mángo (v)	['mangɔ]
granada (f)	granātas (v)	[gra'na:tas]

| grosella (f) roja | raudoníeji serbeñtai (v dgs) | [raʊdo'nʲɛji sʲɛr'bʲɛntʌɪ] |
| grosella (f) negra | juodíeji serbeñtai (v dgs) | [jʊɑ'dʲɪɛjɪ sʲɛr'bʲɛntʌɪ] |

grosella (f) espinosa	**agrãstas** (v)	[ag'ra:stas]
arándano (m)	**mélỹnės** (m dgs)	[mʲeːˈlʲiːnʲeːs]
zarzamoras (f pl)	**gérvuogés** (m dgs)	[ˈgʲɛrvuagʲeːs]
pasas (f pl)	**razìnos** (m dgs)	[raˈzʲɪnos]
higo (m)	**figà** (m)	[fʲɪˈga]
dátil (m)	**datùlė** (m)	[daˈtulʲeː]
cacahuete (m)	**žẽmės riešutaĩ** (v)	[ˈʒʲæmʲeːs rʲiɛʃuˈtʌɪ]
almendra (f)	**migdõlas** (v)	[mʲɪgˈdoːlʲas]
nuez (f)	**graĩkinis rĩešutas** (v)	[ˈgrʌɪkʲɪnʲɪs ˈrʲiɛʃutas]
avellana (f)	**rĩešutas** (v)	[ˈrʲiɛʃutas]
nuez (f) de coco	**kòkoso rĩešutas** (v)	[ˈkokoso ˈrʲiɛʃutas]
pistachos (m pl)	**pistãcijos** (m dgs)	[pʲɪsˈtaːtsʲɪjos]

56. El pan. Los dulces

pasteles (m pl)	**konditèrijos gaminiaĩ** (v)	[kondʲɪˈtʲɛrʲɪjos gamʲɪˈnʲɛɪ]
pan (m)	**dúona** (m)	[ˈduɑna]
galletas (f pl)	**sausaĩniai** (v)	[sɑʊˈsʌɪnʲɛɪ]
chocolate (m)	**šokolãdas** (v)	[ʃokoˈlʲaːdas]
de chocolate (adj)	**šokolãdinis**	[ʃokoˈlʲaːdʲɪnʲɪs]
caramelo (m)	**saldaĩnis** (v)	[salʲˈdʌɪnʲɪs]
tarta (f) (pequeña)	**pyragáitis** (v)	[pʲɪˈraˈgʌɪtʲɪs]
tarta (f) (~ de cumpleaños)	**tòrtas** (v)	[ˈtortas]
tarta (f) (~ de manzana)	**pyrãgas** (v)	[pʲiːˈraːgas]
relleno (m)	**ĩdaras** (v)	[ˈiːdaras]
confitura (f)	**uogiẽnė** (m)	[uaˈgʲɛnʲeː]
mermelada (f)	**marmelãdas** (v)	[marmʲɛˈlʲaːdas]
gofre (m)	**vãfliai** (v dgs)	[ˈvaːflʲɛɪ]
helado (m)	**ledaĩ** (v dgs)	[lʲɛˈdʌɪ]
pudin (m)	**pùdingas** (v)	[ˈpudʲɪngas]

57. Las especias

sal (f)	**druskà** (m)	[drʊsˈka]
salado (adj)	**sūrùs**	[suːˈrʊs]
salar (vt)	**sū́dyti**	[ˈsuːdʲiːtʲɪ]
pimienta (f) negra	**juodíeji pipìrai** (v)	[juaˈdʲiɛjɪ pʲɪˈpʲɪrʌɪ]
pimienta (f) roja	**raudoníeji pipìrai** (v)	[rɑʊdoˈnʲiɛjɪ pʲɪˈpʲɪrʌɪ]
mostaza (f)	**garstýčios** (v)	[garˈstʲiːtsʲos]
rábano (m) picante	**krienaĩ** (v dgs)	[krʲiɛˈnʌɪ]
condimento (m)	**prĩeskonis** (v)	[ˈprʲiɛskonʲɪs]
especia (f)	**prĩeskonis** (v)	[ˈprʲiɛskonʲɪs]

salsa (f)	pãdažas (v)	['pa:daʒas]
vinagre (m)	āctas (v)	['a:tstas]
anís (m)	anýžius (v)	[a'nʲi:ʒʲʊs]
albahaca (f)	bazìlikas (v)	[ba'zʲɪlʲɪkas]
clavo (m)	gvazdìkas (v)	[gvaz'dʲɪkas]
jengibre (m)	imbieras (v)	['ɪmbʲiɛras]
cilantro (m)	kaléndra (m)	[ka'lʲɛndra]
canela (f)	cinamònas (v)	[tsʲɪna'monas]
sésamo (m)	sezãmas (v)	[sʲɛ'za:mas]
hoja (f) de laurel	láuro lãpas (v)	['lʲaurɔ 'lʲa:pas]
paprika (f)	pãprika (m)	['pa:prʲɪka]
comino (m)	kmỹnai (v)	['kmʲi:nʌɪ]
azafrán (m)	šafrãnas (v)	[ʃafʲra:nas]

LA INFORMACIÓN PERSONAL. PERSONAL. LA FAMILIA

T&P Books Publishing

nombre (m)	var̃das (v)	['vardas]
apellido (m)	pavardě (m)	[pavar'dʲe:]
fecha (f) de nacimiento	gimìmo datà (m)	[gʲɪ'mʲɪmɔ da'ta]
lugar (m) de nacimiento	gimìmo vietà (m)	[gʲɪ'mʲɪmɔ vʲiɛ'ta]
nacionalidad (f)	tautýbė (m)	[tɑʊ'tʲi:bʲe:]
domicilio (m)	gyvénamoji vietà (m)	[gʲi:vʲæna'mojɪ vʲiɛ'ta]
país (m)	šalìs (m)	[ʃa'lʲɪs]
profesión (f)	profèsija (m)	[profʲɛsʲɪjɛ]
sexo (m)	lýtis (m)	['lʲi:tʲɪs]
estatura (f)	ū̃gis (v)	['u:gʲɪs]
peso (m)	svõris (v)	['svo:rʲɪs]

madre (f)	mótina (m)	['motʲɪna]
padre (m)	tévas (v)	['tʲe:vas]
hijo (m)	sūnùs (v)	[su:'nʊs]
hija (f)	dukrà, duktě (m)	[dʊk'ra], [dʊk'tʲe:]
hija (f) menor	jaunesnióji duktě (m)	[jɛʊnes'nʲo:jɪ dʊk'tʲe:]
hijo (m) menor	jaunesnỹsis sūnùs (v)	[jɛʊnʲɛs'nʲi:sʲɪs su:'nʊs]
hija (f) mayor	vyresnióji duktě (m)	[vʲi:res'nʲo:jɪ dʊk'tʲe:]
hijo (m) mayor	vyresnỹsis sūnùs (v)	[vʲi:rʲɛs'nʲi:sʲɪs su:'nʊs]
hermano (m)	brólis (v)	['brolʲɪs]
hermano (m) mayor	vyresnỹsis brólis (v)	[vʲi:rʲɛs'nʲi:sʲɪs 'brolʲɪs]
hermano (m) menor	jaunesnỹsis brólis (v)	[jɛʊnʲɛs'nʲi:sʲɪs 'brolʲɪs]
hermana (f)	sesuõ (m)	[sʲɛ'sʊɑ]
hermana (f) mayor	vyresnióji sesuõ (m)	[vʲi:rʲɛs'nʲo:jɪ sʲɛ'sʊɑ]
hermana (f) menor	jaunesnióji sesuõ (m)	[jɛʊnʲɛs'nʲo:jɪ sʲɛ'sʊɑ]
primo (m)	pùsbrolis (v)	['pʊsbrolʲɪs]
prima (f)	pùsseserė (m)	['pʊsseserʲe:]
mamá (f)	mamà (m)	[ma'ma]
papá (m)	tě̃tis (v)	['tʲe:tʲɪs]
padres (pl)	tėvaì (v)	[tʲe:'vʌɪ]
niño -a (m, f)	vaĩkas (v)	['vʌɪkas]
niños (pl)	vaikaì (v)	[vʌɪ'kʌɪ]
abuela (f)	senẽlė (m)	[sʲɛ'nʲælʲe:]
abuelo (m)	senẽlis (v)	[sʲɛ'nʲælʲɪs]

nieto (m)	anūkas (v)	[aˈnuːkas]
nieta (f)	anūkė (m)	[aˈnuːkʲeː]
nietos (pl)	anūkai (v)	[aˈnuːkʌɪ]

tío (m)	dėdė (v)	[ˈdʲeːdʲeː]
tía (f)	teta (m)	[tʲɛˈta]
sobrino (m)	sūnénas (v)	[suːˈnʲeːnas]
sobrina (f)	dukteréčia (m)	[dʊkteˈrʲeːtʂʲæ]

suegra (f)	úošvė (m)	[ˈʊaʃvʲeː]
suegro (m)	úošvis (v)	[ˈʊaʃvʲɪs]
yerno (m)	žéntas (v)	[ˈʒʲɛntas]
madrastra (f)	pāmotė (m)	[ˈpaːmotʲeː]
padrastro (m)	patévis (v)	[paˈtʲeːvʲɪs]

niño (m) de pecho	kūdikis (v)	[ˈkuːdʲɪkʲɪs]
bebé (m)	naujāgimis (v)	[nɑʊˈjaːɡʲɪmʲɪs]
chico (m)	vaĩkas (v)	[ˈvʌɪkas]

mujer (f)	žmonà (m)	[ʒmoˈna]
marido (m)	výras (v)	[ˈvʲiːras]
esposo (m)	sutuoktìnis (v)	[sʊtʊakˈtʲɪnʲɪs]
esposa (f)	sutuoktìnė (v)	[sʊtʊakˈtʲɪnʲeː]

casado (adj)	vēdęs	[ˈvʲædʲɛːs]
casada (adj)	ištekéjusi	[ɪʃtʲɛˈkʲeːjʊsʲɪ]
soltero (adj)	vienguñgis	[vʲɪɛŋˈɡʊŋɡʲɪs]
soltero (m)	vienguñgis (v)	[vʲɪɛŋˈɡʊŋɡʲɪs]
divorciado (adj)	išsiskýręs	[ɪʃsʲɪˈskʲiːrʲɛːs]
viuda (f)	našlě̃ (m)	[naʃˈlʲeː]
viudo (m)	našlỹs (v)	[naʃˈlʲiːs]

pariente (m)	gimináitis (v)	[ɡʲɪmʲɪˈnʌɪtʲɪs]
pariente (m) cercano	ārtimas gimináitis (v)	[ˈartʲɪmas ɡʲɪmʲɪˈnʌɪtʲɪs]
pariente (m) lejano	tólimas gimináitis (v)	[ˈtolʲɪmas ɡʲɪmʲɪˈnʌɪtʲɪs]
parientes (pl)	gìminės (m dgs)	[ˈɡʲɪmʲɪnʲeːs]

huérfano (m), huérfana (f)	našláitis (v)	[naʃˈlʲʌɪtʲɪs]
tutor (m)	globéjas (v)	[ɡlʲoˈbʲeːjas]
adoptar (un niño)	įsūnyti	[iːˈsuːnʲɪːtʲɪ]
adoptar (una niña)	įdùkrinti	[iːˈdʊkrʲɪntʲɪ]

60. Los amigos. Los compañeros del trabajo

amigo (m)	draũgas (v)	[ˈdrɑʊgas]
amiga (f)	draugě̃ (m)	[drɑʊˈɡʲeː]
amistad (f)	draugỹstė (m)	[drɑʊˈɡʲiːstʲeː]
ser amigo	draugáuti	[drɑʊˈɡɑʊtʲɪ]
amigote (m)	pažį́stamas (v)	[paˈʒʲɪːstamas]
amiguete (f)	pažį́stamà (m)	[paʒʲɪːstaˈma]

compañero (m)	**pártneris** (v)	['partnʲɛrʲɪs]
jefe (m)	**šèfas** (v)	['ʃɛfas]
superior (m)	**vĩršininkas** (v)	['vʲɪrʃɪnʲɪŋkas]
propietario (m)	**savinin̄kas** (v)	[savʲɪ'nʲɪŋkas]
subordinado (m)	**pavaldinỹs** (v)	[pavalʲdʲɪ'nʲiːs]
colega (m, f)	**kolegà** (v)	[kɔlʲɛ'ga]
conocido (m)	**pažĩstamas** (v)	[pa'ʒʲɪːstamas]
compañero (m) de viaje	**pakeleĩvis** (v)	[pakʲɛ'lʲɛɪvʲɪs]
condiscípulo (m)	**klasiõkas** (v)	[klʲa'sʲoːkas]
vecino (m)	**kaimýnas** (v)	[kʌɪ'mʲiːnas]
vecina (f)	**kaimýnė** (m)	[kʌɪ'mʲiːnʲeː]
vecinos (pl)	**kaimýnai** (v)	[kʌɪ'mʲiːnʌɪ]

T&P BOOKS

EL CUERPO. LA MEDICINA

T&P Books Publishing

cabeza (f)	galvà (m)	[gaⁱ'va]
cara (f)	véidas (v)	['vⁱɛɪdas]
nariz (f)	nósis (m)	['nosⁱɪs]
boca (f)	burnà (m)	[bʊr'na]
ojo (m)	akìs (m)	[a'kⁱɪs]
ojos (m pl)	ākys (m dgs)	['a:kⁱi:s]
pupila (f)	vyzdỹs (v)	[vⁱi:z'dⁱi:s]
ceja (f)	antakis (v)	['antakⁱɪs]
pestaña (f)	blakstíena (m)	[blⁱak'stⁱiɛna]
párpado (m)	vókas (v)	['vo:kas]
lengua (f)	liežùvis (v)	[lⁱiɛ'ʒʊvⁱɪs]
diente (m)	dantìs (v)	[dan'tⁱɪs]
labios (m pl)	lūpos (m dgs)	['lⁱu:pos]
pómulos (m pl)	skruostìkauliai (v dgs)	[skrʊɑ'stⁱɪkɑʊlⁱɛɪ]
encía (f)	dantenõs (m dgs)	[dantⁱɛ'no:s]
paladar (m)	gomurỹs (v)	[gomʊ'rⁱi:s]
ventanas (f pl)	šnérvės (m dgs)	['ʃnⁱærvⁱe:s]
mentón (m)	smākras (v)	['sma:kras]
mandíbula (f)	žandìkaulis (v)	[ʒan'dⁱɪkɑʊlⁱɪs]
mejilla (f)	skrúostas (v)	['skrʊɑstas]
frente (f)	kaktà (m)	[kak'ta]
sien (f)	smilkinỹs (v)	[smⁱɪlⁱkⁱɪ'nⁱi:s]
oreja (f)	ausìs (m)	[ɑʊ'sⁱɪs]
nuca (f)	pakáušis, spràndas (v)	[pa'kɑʊʃⁱɪs], ['sprandas]
cuello (m)	kāklas (v)	['ka:klⁱas]
garganta (f)	gerklė̃ (m)	[gⁱɛrk'lⁱe:]
pelo, cabello (m)	plaukaĩ (v dgs)	[plⁱɑʊ'kʌɪ]
peinado (m)	šukúosena (m)	[ʃʊ'kʊɑsⁱɛna]
corte (m) de pelo	kirpìmas (v)	[kⁱɪr'pⁱɪmas]
peluca (f)	perùkas (v)	[pⁱɛ'rʊkas]
bigote (m)	ūsai (v dgs)	['u:sʌɪ]
barba (f)	barzdà (m)	[barz'da]
tener (~ la barba)	nešióti	[nⁱɛ'ʃⁱotⁱɪ]
trenza (f)	kasà (m)	[ka'sa]
patillas (f pl)	žándenos (m dgs)	['ʒandⁱɛnos]
pelirrojo (adj)	rùdis	['rʊdⁱɪs]
gris, canoso (adj)	žìlas	['ʒⁱɪlⁱas]

| calvo (adj) | plìkas | ['plʲɪkas] |
| calva (f) | plìkė (m) | ['plʲɪkʲeː] |

| cola (f) de caballo | uodegà (m) | [ʊadʲɛ'ga] |
| flequillo (m) | kìrpčiai (v dgs) | ['kʲɪrptʂʲɛɪ] |

62. El cuerpo

| mano (f) | plãštaka (m) | ['plʲaːʃtaka] |
| brazo (m) | rankà (m) | [raŋ'ka] |

dedo (m)	pìrštas (v)	['pʲɪrʃtas]
dedo (m) pulgar	nykštỹs (v)	[nʲiːkʃ'tʲiːs]
dedo (m) meñique	mažàsis pìrštas (v)	[ma'ʒasʲɪs 'pʲɪrʃtas]
uña (f)	nãgas (v)	['naːgas]

puño (m)	kùmštis (v)	['kʊmʃtʲɪs]
palma (f)	dèlnas (v)	['dʲɛlʲnas]
muñeca (f)	rìešas (v)	['rʲiɛʃas]
antebrazo (m)	dìlbis (v)	['dʲɪlʲbʲɪs]

| codo (m) | alkū́nė (m) | [alʲ'kuːnʲeː] |
| hombro (m) | petìs (v) | [pʲɛ'tʲɪs] |

pierna (f)	kója (m)	['koja]
planta (f)	pėdà (m)	[pʲeː'da]
rodilla (f)	kẽlias (v)	['kʲælʲæs]
pantorrilla (f)	blauzdà (m)	[blʲaʊz'da]

| cadera (f) | šlaunìs (m) | [ʃlʲaʊ'nʲɪs] |
| talón (m) | kùlnas (v) | ['kʊlʲnas] |

cuerpo (m)	kū́nas (v)	['kuːnas]
vientre (m)	pìlvas (v)	['pʲɪlʲvas]
pecho (m)	krūtìnė (m)	[kruː'tʲɪnʲeː]
seno (m)	krūtìs (m)	[kruː'tʲɪs]
lado (m), costado (m)	šónas (v)	['ʃonas]
espalda (f)	nùgara (m)	['nʊgara]

| zona (f) lumbar | juosmuõ (v) | [jʊas'mʊa] |
| cintura (f), talle (m) | liemuõ (v) | [lʲiɛ'mʊa] |

ombligo (m)	bámba (m)	['bamba]
nalgas (f pl)	sédmenys (v dgs)	['sʲeːdmenʲiːs]
trasero (m)	pastùrgalis, ùžpakalis (v)	[pas'tʊrgalʲɪs], ['ʊʒpakalʲɪs]

lunar (m)	ãpgamas (v)	['aːpgamas]
marca (f) de nacimiento	ãpgamas (v)	['aːpgamas]
tatuaje (m)	tatuiruõtė (m)	[tatʊi'rʊatʲeː]
cicatriz (f)	rándas (v)	['randas]

63. Las enfermedades

enfermedad (f)	**ligà** (m)	[lʲɪ'ga]
estar enfermo	**sírgti**	['sʲɪrktʲɪ]
salud (f)	**sveikatà** (m)	[svʲɛɪka'ta]
resfriado (m) (coriza)	**slogà** (m)	[slʲo'ga]
angina (f)	**angina** (m)	[angʲɪ'na]
resfriado (m)	**péršalimas** (v)	['pʲɛrʃalʲɪmas]
resfriarse (vr)	**péršalti**	['pʲɛrʃalʲtʲɪ]
bronquitis (f)	**bronchìtas** (v)	[bron'xʲɪtas]
pulmonía (f)	**plaũčių uždegìmas** (v)	['plʲɑʊtʂʲu: ʊʒdʲɛ'gʲɪmas]
gripe (f)	**grìpas** (v)	['grʲɪpas]
miope (adj)	**trumparẽgis**	[trʊmpa'rʲæɡʲɪs]
présbita (adj)	**toliarẽgis**	[tolʲæ'rʲæɡʲɪs]
estrabismo (m)	**žvairùmas** (v)	[ʒvʌɪ'rʊmas]
estrábico (m) (adj)	**žvaĩras**	['ʒvʌɪras]
catarata (f)	**kataraktà** (m)	[katarak'ta]
glaucoma (m)	**glaukomà** (m)	[glʲɑʊko'ma]
insulto (m)	**insùltas** (v)	[ɪn'sʊlʲtas]
ataque (m) cardiaco	**infárktas** (v)	[ɪn'farktas]
infarto (m) de miocardio	**miokárda infárktas** (v)	[mʲɪjo'karda in'farktas]
parálisis (f)	**paralỹžius** (v)	[para'lʲi:ʒʲʊs]
paralizar (vt)	**paraližúoti**	[paralʲɪ'ʒʊɑtʲɪ]
alergia (f)	**alèrgija** (m)	[a'lʲɛrgʲɪjɛ]
asma (f)	**astmà** (m)	[ast'ma]
diabetes (f)	**diabètas** (v)	[dʲɪja'bʲɛtas]
dolor (m) de muelas	**dantũ̃ skaũsmas** (v)	[dan'tu: 'skɑʊsmas]
caries (f)	**kãriesas** (v)	['ka:rʲiɛsas]
diarrea (f)	**diaréja** (m)	[dʲɪjarʲe:ja]
estreñimiento (m)	**vidurių̃ užkietéjimas** (v)	[vʲɪdʊ'rʲu: ʊʒkʲiɛ'tʲɛjɪmas]
molestia (f) estomacal	**skrañdžio sutrikìmas** (v)	['skrandʒʲɔ sʊtrʲɪ'kʲɪmas]
envenenamiento (m)	**apsinuõdijimas** (v)	[apsʲɪ'nʊɑdʲɪjimas]
envenenarse (vr)	**apsinuõdyti**	[apsʲɪ'nʊɑdʲi:tʲɪ]
artritis (f)	**artrìtas** (v)	[art'rʲɪtas]
raquitismo (m)	**rachìtas** (v)	[ra'xʲɪtas]
reumatismo (m)	**reumatìzmas** (v)	[rʲɛuma'tʲɪzmas]
ateroesclerosis (f)	**aterosklerõzė** (m)	[ateroskʲlʲɛ'rozʲe:]
gastritis (f)	**gastrìtas** (v)	[gas'trʲɪtas]
apendicitis (f)	**apendicìtas** (v)	[apʲɛndɪ'tsʲɪtas]
colecistitis (f)	**cholecistìtas** (v)	[xolʲɛtsʲɪs'tʲɪtas]
úlcera (f)	**opà** (m)	[o'pa]
sarampión (m)	**tymaĩ** (v)	[tʲi:'mʌɪ]

rubeola (f)	**raudoniùkė** (m)	[rɑʊdo'nʲʊkʲe:]
ictericia (f)	**geltà** (m)	[gʲɛlʲ'ta]
hepatitis (f)	**hepatìtas** (v)	[ɣʲɛpa'tʲɪtas]

esquizofrenia (f)	**šizofrènija** (m)	[ʃɪzo'frʲɛnʲɪjɛ]
rabia (f) (hidrofobia)	**pasiùtligė** (m)	[pa'sʲʊtlʲɪgʲe:]
neurosis (f)	**neuròzė** (m)	[nʲɛʊ'rozʲe:]
conmoción (f) cerebral	**smegenų̃ sutrenkìmas** (v)	[smʲɛgʲɛ'nu: sʊtrʲɛŋ'kʲɪmas]

cáncer (m)	**vėžỹs** (v)	[vʲe:'ʒʲi:s]
esclerosis (f)	**skleròzė** (m)	[sklʲɛ'rozʲe:]
esclerosis (m) múltiple	**išsėtìnė skleròzė** (m)	[ɪʃsʲe:'tʲɪnʲe: sklʲɛ'rozʲe:]

alcoholismo (m)	**alkoholìzmas** (v)	[alʲkoɣo'lʲɪzmas]
alcohólico (m)	**alokoholikas** (v)	[aloko'yolʲɪkas]
sífilis (f)	**sìfilis** (v)	['sʲɪfʲɪlʲɪs]
SIDA (m)	**ŽIV** (v)	['ʒʲɪv]

tumor (m)	**auglỹs** (v)	[ɑʊg'lʲi:s]
fiebre (f)	**karštligė** (m)	['karʃtlʲɪgʲe:]
malaria (f)	**maliãrija** (m)	[ma'lʲærʲɪjɛ]
gangrena (f)	**gangrenà** (m)	[gaŋgrʲɛ'na]
mareo (m)	**jū̃ros ligà** (v)	['ju:ros lʲɪ'ga]
epilepsia (f)	**epilèpsija** (m)	[ɛpʲɪ'lʲɛpsʲɪjɛ]

epidemia (f)	**epidèmija** (m)	[ɛpʲɪ'dʲɛmʲɪjɛ]
tifus (m)	**šìltinė** (m)	['ʃɪlʲtʲɪnʲe:]
tuberculosis (f)	**tuberkuliòzė** (m)	[tʊbʲɛrkʊ'lʲozʲe:]
cólera (f)	**chòlera** (m)	['xolʲɛra]
peste (f)	**mãras** (v)	['ma:ras]

64. Los síntomas. Los tratamientos. Unidad 1

síntoma (m)	**simptòmas** (v)	[sʲɪmp'tomas]
temperatura (f)	**temperatūrà** (m)	[tʲɛmpʲɛratu:'ra]
fiebre (f)	**aukštà temperatūrà** (m)	[ɑʊkʃ'ta tʲɛmpʲɛratu:'ra]
pulso (m)	**pùlsas** (v)	['pʊlʲsas]

mareo (m) (vértigo)	**galvõs svaigìmas** (v)	[galʲ'vo:s svʌɪ'gʲɪmas]
caliente (adj)	**kárštas**	['karʃtas]
escalofrío (m)	**drebulỹs** (v)	[drʲɛbʊ'lʲi:s]
pálido (adj)	**išbãlęs**	[ɪʃ'ba:lʲɛ:s]

tos (f)	**kosulỹs** (v)	[kɔsʊ'lʲi:s]
toser (vi)	**kósėti**	['kosʲe:tʲɪ]
estornudar (vi)	**čiáudėti**	['tʂʲæʊdʲe:tʲɪ]
desmayo (m)	**nualpimas** (v)	[nʊ'alʲpʲɪmas]
desmayarse (vr)	**nualpti**	[nʊ'alʲptʲɪ]
moradura (f)	**mėlynė** (m)	[mʲe:'lʲi:nʲe:]

chichón (m)	gùzas (v)	['guzas]
golpearse (vr)	atsitreñkti	[atsʲɪ'trʲɛŋktʲɪ]
magulladura (f)	sumušìmas (v)	[sumu'ʃʲɪmas]
magullarse (vr)	susimùšti	[susʲɪ'muʃtʲɪ]

cojear (vi)	šlubúoti	[ʃlʲʊ'buatʲɪ]
dislocación (f)	išnirìmas (v)	[ɪʃnʲɪ'rʲɪmas]
dislocar (vt)	išnarìnti	[ɪʃna'rʲɪntʲɪ]
fractura (f)	lũžis (v)	['lʲʊːʒʲɪs]
tener una fractura	susiláužyti	[susʲɪ'lʲauʒʲiːtʲɪ]

corte (m) (tajo)	įpjovìmas (v)	[iːpjo'vʲɪːmas]
cortarse (vr)	įsipjáuti	[iːsʲɪ'pjautʲɪ]
hemorragia (f)	kraujãvimas (v)	[krau'ja:vʲɪmas]

quemadura (f)	nudegìmas (v)	[nʊdʲɛ'gʲɪmas]
quemarse (vr)	nusidēginti	[nusʲɪ'dʲægʲɪntʲɪ]

pincharse (~ el dedo)	įdùrti	[iː'dʊrtʲɪ]
pincharse (vr)	įsidùrti	[iːsʲɪ'dʊrtʲɪ]
herir (vt)	susižalóti	[susʲɪʒa'lʲotʲɪ]
herida (f)	sužalójimas (v)	[suʒa'lʲo:jɪmas]
lesión (f) (herida)	žaizdà (m)	[ʒʌɪz'da]
trauma (m)	tráuma (m)	['trauma]

delirar (vi)	sapalióti	[sapa'lʲotʲɪ]
tartamudear (vi)	mikčióti	[mʲɪk'tʂʲotʲɪ]
insolación (f)	sáulės smũgis (v)	['saulʲeːs 'smuːgʲɪs]

65. Los síntomas. Los tratamientos. Unidad 2

dolor (m)	skaũsmas (v)	['skausmas]
astilla (f)	rakštìs (m)	[rakʃ'tʲɪs]

sudor (m)	prãkaitas (v)	['pra:kʌɪtas]
sudar (vi)	prakaitúoti	[prakʌɪ'tuatʲɪ]
vómito (m)	pỹkinimas (v)	['pʲiːkʲɪnʲɪmas]
convulsiones (f pl)	traukùliai (v)	[trau'kulʲɛɪ]

embarazada (adj)	nėščià	[nʲeːʃtʂʲæ]
nacer (vi)	gìmti	['gʲɪmtʲɪ]
parto (m)	gim̃dymas (v)	['gʲɪmdʲiːmas]
dar a luz	gimdýti	[gʲɪm'dʲiːtʲɪ]
aborto (m)	abòrtas (v)	[a'bortas]

respiración (f)	kvėpãvimas (v)	[kvʲeː'pa:vʲɪmas]
inspiración (f)	įkvėpis (v)	['iːkvʲeːpʲɪs]
espiración (f)	iškvėpìmas (v)	[ɪʃkvʲeː'pʲɪmas]
espirar (vi)	iškvė̃pti	[ɪʃ'kvʲeːptʲɪ]
inspirar (vi)	įkvė̃pti	[iː'kvʲeːptʲɪ]

inválido (m)	invalìdas (v)	[ɪnvaˈlʲɪdas]
mutilado (m)	luošỹs (v)	[lʲuɑˈʃɪːs]
drogadicto (m)	narkomãnas (v)	[narkoˈmaːnas]

sordo (adj)	kur̃čias	[ˈkurtsʲæs]
mudo (adj)	nebylỹs	[nʲɛbʲiːˈlʲiːs]
sordomudo (adj)	kur̃čnebylis	[ˈkurtsnʲɛbʲiːlʲɪs]

loco (adj)	pamìšęs	[paˈmʲɪʃɛːs]
loco (m)	pamìšęs (v)	[paˈmʲɪʃɛːs]
loca (f)	pamìšusi (m)	[paˈmʲɪʃusʲɪ]
volverse loco	išprotéti	[ɪʃproˈtʲeːtʲɪ]

gen (m)	gènas (v)	[ˈgʲɛnas]
inmunidad (f)	imunitètas (v)	[ɪmunʲɪˈtʲɛtas]
hereditario (adj)	pavéldimas	[paˈvʲɛlʲdʲɪmas]
de nacimiento (adj)	ìgimtas	[ˈiːgʲɪmtas]

virus (m)	vìrusas (v)	[ˈvʲɪrusas]
microbio (m)	mikròbas (v)	[mʲɪkˈrobas]
bacteria (f)	baktèrija (m)	[bakˈtʲɛrʲɪjɛ]
infección (f)	infèkcija (m)	[ɪnˈfʲɛktsʲɪjɛ]

66. Los síntomas. Los tratamientos. Unidad 3

| hospital (m) | ligóninė (m) | [lʲɪˈgonʲɪnʲeː] |
| paciente (m) | pacieñtas (v) | [paˈtsʲiɛntas] |

diagnosis (f)	diagnòzė (m)	[dʲɪjagˈnozʲeː]
cura (f)	gỹdymas (v)	[ˈgʲiːdʲiːmas]
tratamiento (m)	gỹdymas (v)	[ˈgʲiːdʲiːmas]
curarse (vr)	gỹdytis	[ˈgʲiːdʲiːtʲɪs]
tratar (vt)	gỹdyti	[ˈgʲiːdʲiːtʲɪ]
cuidar (a un enfermo)	slaugýti	[slʲɑuˈgʲiːtʲɪ]
cuidados (m pl)	slaugà (m)	[slʲɑuˈga]

operación (f)	operãcija (m)	[opʲɛˈraːtsʲɪjɛ]
vendar (vt)	pérrišti	[ˈpʲɛrrʲɪʃtʲɪ]
vendaje (m)	pérrišimas (v)	[ˈpʲɛrrʲɪʃɪmas]

vacunación (f)	skiẽpas (v)	[ˈskʲɛpas]
vacunar (vt)	skiẽpyti	[ˈskʲɛpʲiːtʲɪ]
inyección (f)	ìdūrìmas (v)	[iːduːˈrʲɪːmas]
aplicar una inyección	suléisti váistus	[suˈlʲɛɪstʲɪ ˈvaɪstus]

ataque (m)	príepuolis (v)	[ˈprʲiɛpuɑlʲɪs]
amputación (f)	amputãcija (m)	[ampuˈtaːtsʲɪjɛ]
amputar (vt)	amputúoti	[ampuˈtuɑtʲɪ]
coma (m)	komà (m)	[kɔˈma]
estar en coma	bū́ti kõmoje	[ˈbuːtʲɪ ˈkõmojɛ]

revitalización (f)	reanimãcija (m)	[rʲean̥ʲɪ'ma:tsʲɪjɛ]
recuperarse (vr)	sveĩkti ...	['svʲɛɪktʲɪ ...]
estado (m) (de salud)	bũklė (m)	['bu:klʲe:]
consciencia (f)	sąmonė (m)	['sa:monʲe:]
memoria (f)	atmintìs (m)	[atmʲɪn'tʲɪs]
extraer (un diente)	šãlinti	['ʃa:lʲɪntʲɪ]
empaste (m)	plòmba (m)	['plʲomba]
empastar (vt)	plombúoti	[plʲom'buɑtʲɪ]
hipnosis (f)	hipnõzė (m)	[ɣʲɪp'nozʲe:]
hipnotizar (vt)	hipnotizúoti	[ɣʲɪpnotʲɪ'zuɑtʲɪ]

67.   La medicina. Las drogas. Los accesorios

medicamento (m), droga (f)	vãistas (v)	['vʌɪstas]
remedio (m)	príemonė (m)	['prʲiɛmonʲe:]
prescribir (vt)	išrašýti	[ɪʃra'ʃɪ:tʲɪ]
receta (f)	recèptas (v)	[rʲɛ'tsʲɛptas]
tableta (f)	tabletė̃ (m)	[tab'lʲɛtʲe:]
ungüento (m)	tẽpalas (v)	['tʲæpalʲas]
ampolla (f)	ámpulė (m)	['ampulʲe:]
mixtura (f), mezcla (f)	mikstūrà (m)	[mʲɪkstu:'ra]
sirope (m)	sìrupas (v)	['sʲɪrupas]
píldora (f)	piliùlė (m)	[pʲɪ'lʲulʲe:]
polvo (m)	miltẽliai (v dgs)	[mʲɪlʲ'tʲælʲɛɪ]
venda (f)	bìntas (v)	['bʲɪntas]
algodón (m) (discos de ~)	vatà (m)	[va'ta]
yodo (m)	jòdas (v)	[jɔ das]
tirita (f), curita (f)	pléistras (v)	['plʲɛɪstras]
pipeta (f)	pipètė (m)	[pʲɪ'pʲɛtʲe:]
termómetro (m)	termomètras (v)	[tʲɛrmo'mʲɛtras]
jeringa (f)	švìrkštas (v)	['ʃvʲɪrkʃtas]
silla (f) de ruedas	neĩgaliójo vežimẽlis (v)	[nʲɛɪ:ga'lʲojɔ vʲɛ'ʒʲɪmʲe:lʲɪs]
muletas (f pl)	ramẽntai (v dgs)	[ra'mʲɛntʌɪ]
anestésico (m)	skausmą malšìnantys vãistai (v dgs)	['skɑusma: malʲ'ʃɪnantʲi:s 'vʌɪstʌɪ]
purgante (m)	láisvinantys vãistai (v dgs)	['lʲʌɪsvʲɪnantʲi:s 'vʌɪstʌɪ]
alcohol (m)	spìritas (v)	['spʲɪrʲɪtas]
hierba (f) medicinal	žolė̃ (m)	[ʒo'lʲe:]
de hierbas (té ~)	žolìnis	[ʒo'lʲɪnʲɪs]

EL APARTAMENTO

T&P Books Publishing

68. El apartamento

apartamento (m)	bùtas (v)	['bʊtas]
habitación (f)	kambarỹs (v)	[kamba'rʲiːs]
dormitorio (m)	miegamàsis (v)	[mʲiɛga'masʲɪs]
comedor (m)	valgomàsis (v)	[valʲgo'masʲɪs]
salón (m)	svečių̃ kambarỹs (v)	[svʲɛ'tʂʲuː kamba'rʲiːs]
despacho (m)	kabinètas (v)	[kabʲɪ'nʲɛtas]
antecámara (f)	príeškambaris (v)	['prʲiɛʃkambarʲɪs]
cuarto (m) de baño	voniõs kambarỹs (v)	[vo'nʲoːs kamba'rʲiːs]
servicio (m)	tualètas (v)	[tʊa'lʲɛtas]
techo (m)	lùbos (m dgs)	['lʲʊbos]
suelo (m)	griñdys (m dgs)	['grʲɪndʲiːs]
rincón (m)	kam̃pas (v)	['kampas]

69. Los muebles. El interior

muebles (m pl)	baĩdai (v)	['balʲdʌɪ]
mesa (f)	stãlas (v)	['sta:lʲas]
silla (f)	kėdė̃ (m)	[kʲeː'dʲeː]
cama (f)	lóva (m)	['lʲova]
sofá (m)	sofà (m)	[so'fa]
sillón (m)	fòtelis (v)	['fotʲɛlʲɪs]
librería (f)	spìnta (m)	['spʲɪnta]
estante (m)	lentýna (m)	[lʲɛn'tʲiːna]
armario (m)	drabùžių spìnta (m)	[dra'bʊʒʲuː 'spʲɪnta]
percha (f)	pakabà (m)	[paka'ba]
perchero (m) de pie	kabyklà (m)	[kabʲiːk'lʲa]
cómoda (f)	komodà (m)	[kɔmo'da]
mesa (f) de café	žurnãlinis staliùkas (v)	[ʒʊr'naːlʲɪnʲɪs sta'lʲʊkas]
espejo (m)	véidrodis (v)	['vʲɛɪdrodʲɪs]
tapiz (m)	kìlimas (v)	['kʲɪlʲɪmas]
alfombra (f)	kilimẽlis (v)	[kʲɪlʲɪ'mʲeːlʲɪs]
chimenea (f)	židinỹs (v)	[ʒʲɪdʲɪ'nʲiːs]
vela (f)	žvãkė (m)	['ʒva:kʲeː]
candelero (m)	žvakìdė (m)	[ʒva'kʲɪdʲeː]
cortinas (f pl)	užúolaidos (m dgs)	[ʊ'ʒʊalʲʌɪdos]

| empapelado (m) | tapetai (v) | [ta'pʲɛtʌɪ] |
| estor (m) de láminas | žaliuzės (m dgs) | ['ʒaːlʲuzʲeːs] |

lámpara (f) de mesa	stalinė lempa (m)	[sta'lʲɪnʲeː 'lʲɛmpa]
aplique (m)	šviestuvas (v)	[ʃvʲɪɛ'stʊvas]
lámpara (f) de pie	toršeras (v)	[tor'ʃɛras]
lámpara (f) de araña	sietynas (v)	[sʲiɛ'tʲiːnas]

pata (f) (~ de la mesa)	kojytė (m)	[kɔ'jiːtʲeː]
brazo (m)	ranktūris (v)	['raŋktuːrʲɪs]
espaldar (m)	atlošas (v)	['aːtlʲoʃas]
cajón (m)	stalčius (v)	['stalʲtʂʲʊs]

70. Los accesorios de cama

ropa (f) de cama	patalynė (m)	['pataːlʲiːnʲeː]
almohada (f)	pagalvė (m)	[pa'galʲvʲeː]
funda (f)	užvalkalas (v)	['ʊʒvalʲkalas]
manta (f)	užklotas (v)	[ʊʒ'klʲotas]
sábana (f)	paklodė (m)	[pak'lʲoːdʲeː]
sobrecama (f)	lovatiesė (m)	[lʲo'vaːtʲiɛsʲeː]

71. La cocina

cocina (f)	virtuvė (m)	[vʲɪr'tʊvʲeː]
gas (m)	dujos (m dgs)	['dʊjɔs]
cocina (f) de gas	dujinė (m)	['dʊjɪnʲeː]
cocina (f) eléctrica	elektrinė (m)	[ɛlʲɛk'trʲɪnʲeː]
horno (m)	orkaitė (m)	['orkʌɪtʲeː]
horno (m) microondas	mikrobangų krosnelė (m)	[mʲɪkroban'gu: kros'nʲælʲeː]

frigorífico (m)	šaldytuvas (v)	[ʃalʲdʲiː'tʊvas]
congelador (m)	šáldymo kamera (m)	['ʃalʲdʲiːmɔ 'kaːmʲɛra]
lavavajillas (m)	indų plovimo mašina (m)	['ɪndu plʲo'vʲɪmɔ maʃɪ'na]

picadora (f) de carne	mėsmalė (m)	['mʲeːsmalʲeː]
exprimidor (m)	sulčiaspaudė (m)	[sʊlʲ'tʂʲæspɑʊdʲeː]
tostador (m)	tosteris (v)	['tostʲɛrʲɪs]
batidora (f)	mikseris (v)	['mʲɪksʲɛrʲɪs]

cafetera (f) (aparato de cocina)	kavos aparatas (v)	[ka'voːs apa'raːtas]
cafetera (f) (para servir)	kavinukas (v)	[kavʲɪ'nʊkas]
molinillo (m) de café	kavamalė (m)	[ka'vaːmalʲeː]

hervidor (m) de agua	arbatinukas (v)	[arbatʲɪ'nʊkas]
tetera (f)	arbatinis (v)	[arbaː'tʲɪnʲɪs]
tapa (f)	dangtelis (v)	[daŋk'tʲælʲɪs]

colador (m) de té	sietelis (v)	[s¹ɪɛ'tʲælʲɪs]
cuchara (f)	šaukštas (v)	[ˈʃɑukʃtas]
cucharilla (f)	arbãtinis šaukštēlis (v)	[ar'ba:tʲɪnʲɪs ʃaukʃ'tʲælʲɪs]
cuchara (f) de sopa	válgomasis šáukštas (v)	['valʲgomasʲɪs ˈʃɑukʃtas]
tenedor (m)	šakutė (m)	[ʃaˈkutʲe:]
cuchillo (m)	peĩlis (v)	['pʲɛɪlʲɪs]

vajilla (f)	iñdai (v)	['ɪndʌɪ]
plato (m)	lėkštē (m)	[lʲe:kʃ'tʲe:]
platillo (m)	lėkštēlė (m)	[lʲe:kʃ'tʲælʲe:]

vaso (m) de chupito	taurēlė (m)	[tɑʊ'rʲælʲe:]
vaso (m) (~ de agua)	stiklĩnė (m)	[stʲɪk'lʲɪnʲe:]
taza (f)	puodùkas (v)	[puɑ'dukas]

azucarera (f)	cùkrinė (m)	['tsʊkrʲɪnʲe:]
salero (m)	druskinė (m)	['druskʲɪnʲe:]
pimentero (m)	pipìrinė (m)	[pʲɪ'pʲɪrʲɪnʲe:]
mantequera (f)	svíestinė (m)	['svʲiɛstʲɪnʲe:]

cacerola (f)	púodas (v)	['puɑdas]
sartén (f)	keptùvė (m)	[kʲɛp'tʊvʲe:]
cucharón (m)	sámtis (v)	['samtʲɪs]
colador (m)	kiaurãsamtis (v)	[kʲɛʊ'ra:samtʲɪs]
bandeja (f)	padēklas (v)	[pa'dʲe:klʲas]

botella (f)	bùtelis (v)	['butʲɛlʲɪs]
tarro (m) de vidrio	stiklaĩnis (v)	[stʲɪk'lʲʌɪnʲɪs]
lata (f)	skardìnė (m)	[skar'dʲɪnʲe:]

abrebotellas (m)	atidarytùvas (v)	[atʲɪdarʲi:'tʊvas]
abrelatas (m)	konservų atidarytùvas (v)	[kɔn'sʲɛrvu: atʲɪdarʲi:'tʊvas]
sacacorchos (m)	kamščiãtraukis (v)	[kamʃ'tʂʲætrɑʊkʲɪs]
filtro (m)	fìltras (v)	['fʲɪlʲtras]
filtrar (vt)	filtrúoti	[fʲɪlʲ'truɑtʲɪ]

| basura (f) | šiùkšlės (m dgs) | ['ʃʊkʃlʲe:s] |
| cubo (m) de basura | šiùkšlių kìbiras (v) | ['ʃʊkʃlʲu: 'kʲɪbʲɪras] |

72. El baño

cuarto (m) de baño	voniõs kambarỹs (v)	[vo'nʲo:s kamba'rʲi:s]
agua (f)	vanduõ (v)	[van'dʊɑ]
grifo (m)	čiáupas (v)	['tʂʲæupas]
agua (f) caliente	kárštas vanduõ (v)	['karʃtas van'dʊɑ]
agua (f) fría	šáltas vanduõ (v)	['ʃalʲtas van'dʊɑ]

pasta (f) de dientes	dantų̃ pastà (m)	[dan'tu: pas'ta]
limpiarse los dientes	valýti dantìs	[va'lʲi:tʲɪ dan'tʲɪs]
cepillo (m) de dientes	dantų̃ šepetēlis (v)	[dan'tu: ʃepe'tʲe:lʲɪs]

afeitarse (vr)	skustis	['skʊstʲɪs]
espuma (f) de afeitar	skutìmosi pùtos (m dgs)	[skʊ'tʲɪmosʲɪ 'pʊtos]
maquinilla (f) de afeitar	skutìmosi peiliùkas (v)	[skʊ'tʲɪmosʲɪ pʲɛɪ'lʲʊkas]
lavar (vt)	pláuti	['plʲɑʊtʲɪ]
darse un baño	máudytis, praũstis	['mɑʊdʲiːtʲɪs], ['prɑʊstʲɪs]
ducha (f)	dùšas (v)	['dʊʃas]
darse una ducha	praũstis dušè	['prɑʊstʲɪs dʊ'ʃɛ]
bañera (f)	vonià (m)	[vo'nʲæ]
inodoro (m)	unitãzas (v)	[ʊnʲɪ'taːzas]
lavabo (m)	kriauklě (m)	[krʲɛʊk'lʲeː]
jabón (m)	muĩlas (v)	['mʊɪlʲas]
jabonera (f)	muĩliné (m)	['mʊɪlʲɪnʲeː]
esponja (f)	kempìné (m)	[kʲɛm'pʲɪnʲeː]
champú (m)	šampũnas (v)	[ʃam'puːnas]
toalla (f)	rankšluostis (v)	['raŋkʃlʲʊɑstʲɪs]
bata (f) de baño	chalãtas (v)	[xa'lʲaːtas]
colada (f), lavado (m)	skalbìmas (v)	[skalʲ'bʲɪmas]
lavadora (f)	skalbìmo mašinà (m)	[skalʲ'bʲɪmɔ maʃɪ'na]
lavar la ropa	skalbti báltinius	['skʌlʲptʲɪ 'ba lʲtʲɪnʲʊs]
detergente (m) en polvo	skalbìmo miltēliai (v dgs)	[skalʲ'bʲɪmɔ mʲɪlʲ'tʲælʲɛɪ]

73. Los aparatos domésticos

televisor (m)	televìzorius (v)	[tʲɛlʲɛ'vʲɪzorʲʊs]
magnetófono (m)	magnetofònas (v)	[magnʲɛto'fonas]
vídeo (m)	video magnetofònas (v)	[vʲɪdʲɛɔ magnʲɛto'fonas]
radio (m)	imtùvas (v)	[ɪm'tʊvas]
reproductor (m) (~ MP3)	grotùvas (v)	[gro'tʊvas]
proyector (m) de vídeo	video projèktorius (v)	['vʲɪdʲɛɔ pro'jæktorʲʊs]
sistema (m) home cinema	namų̃ kìno teãtras (v)	[na'mu: 'kʲɪnɔ tʲɛ'aːtras]
reproductor (m) de DVD	DVD grotùvas (v)	[dʲɪvʲɪ'rʲdʲɪ gro'tʊvas]
amplificador (m)	stiprintùvas (v)	[stʲɪprʲɪn'tʊvas]
videoconsola (f)	žaidìmų príedélis (v)	[ʒʌɪ'dʲɪmu: 'prʲɪɛdʲeːlʲɪs]
cámara (f) de vídeo	videokãmera (m)	[vʲɪdʲɛɔ'ka:mʲɛra]
cámara (f) fotográfica	fotoaparãtas (v)	[fotoapa'ra:tas]
cámara (f) digital	skaitmenìnis fotoaparãtas (v)	[skʌɪtmʲɛ'nʲɪnʲɪs fotoapa'ra:tas]
aspirador (m), aspiradora (f)	dulkių siurblỹs (v)	['dʊlʲkʲu: sʲʊr'blʲiːs]
plancha (f)	lygintùvas (v)	[lʲiːg'ɪn'tʊvas]
tabla (f) de planchar	lýginimo lentà (m)	['lʲiːgʲɪnʲɪmɔ lʲɛn'ta]
teléfono (m)	telefònas (v)	[tʲɛlʲɛ'fonas]
teléfono (m) móvil	mobilùsis telefònas (v)	[mobʲɪ'lʲʊsʲɪs tʲɛlʲɛ'fonas]

| máquina (f) de escribir | rãšymo mašinẽlė (m) | ['raːʃɪːmɔ maʃɪ'nʲeːlʲeː] |
| máquina (f) de coser | siuvìmo mašinà (m) | [sʲʊ'vʲɪmɔ maʃɪ'na] |

micrófono (m)	mikrofònas (v)	[mʲɪkro'fonas]
auriculares (m pl)	ausìnės (m dgs)	[ɑʊ'sʲɪnʲeːs]
mando (m) a distancia	pùltas (v)	['pʊlʲtas]

CD (m)	kompãktinis dìskas (v)	[kɔm'paːktʲɪnʲɪs 'dʲɪskas]
casete (m)	kasètė (m)	[ka'sʲɛtʲeː]
disco (m) de vinilo	plokštẽlė (m)	[plokʃtʲælʲeː]

T&P BOOKS

LA TIERRA. EL TIEMPO

T&P Books Publishing

cosmos (m)	kòsmosas (v)	['kosmosas]
espacial, cósmico (adj)	kòsminis	['kosmʲɪnʲɪs]
espacio (m) cósmico	kòsminė erdvě (m)	['kosmʲɪnʲe: ɛrd'vʲe:]
mundo (m)	visatà (m)	[vʲɪsa'ta]
universo (m)	pasáulis (v)	[pa'sɑʊlʲɪs]
galaxia (f)	galàktika (m)	[ga'lʲaːktʲɪka]
estrella (f)	žvaigždě (m)	[ʒvʌɪg'ʒdʲe:]
constelación (f)	žvaigždýnas (v)	[ʒvʌɪgʒ'dʲiːnas]
planeta (m)	planetà (m)	[plʲanʲɛ'ta]
satélite (m)	palydòvas (v)	[palʲiː'doːvas]
meteorito (m)	meteorìtas (v)	[mʲɛtʲɛo'rʲɪtas]
cometa (m)	kometà (m)	[kɔmʲɛ'ta]
asteroide (m)	asteròidas (v)	[astʲɛ'rɔɪdas]
órbita (f)	orbità (m)	[orbʲɪ'ta]
girar (vi)	sùktis	['sʊktʲɪs]
atmósfera (f)	atmosferà (m)	[atmosfʲɛ'ra]
Sol (m)	Sáulė (m)	['sɑʊlʲe:]
sistema (m) solar	Sáulės sistemà (m)	['sɑʊlʲe:s sʲɪste'ma]
eclipse (m) de Sol	Sáulės užtemìmas (v)	['sɑʊlʲe:s ʊʒtʲɛ'mʲɪmas]
Tierra (f)	Žěmė (m)	['ʒʲæmʲe:]
Luna (f)	Měnùlis (v)	[mʲe:'nʊlʲɪs]
Marte (m)	Màrsas (v)	['marsas]
Venus (f)	Venerà (m)	[vʲɛnʲɛ'ra]
Júpiter (m)	Jupìteris (v)	[jʊ'pʲɪtʲɛrʲɪs]
Saturno (m)	Satùrnas (v)	[sa'tʊrnas]
Mercurio (m)	Merkùrijus (v)	[mʲɛr'kʊrʲɪjʊs]
Urano (m)	Urãnas (v)	[ʊ'raːnas]
Neptuno (m)	Neptūnas (v)	[nʲɛp'tuːnas]
Plutón (m)	Plutònas (v)	[plʲʊ'tonas]
la Vía Láctea	Paùkščių Tãkas (v)	['pɑʊkʃʧʲu: 'taːkas]
la Osa Mayor	Didíeji Grìžulo Rãtai (v dgs)	[dɪ'dʲiɛjɪ 'grʲɪːʒʊlʲo 'raːtʌɪ]
la Estrella Polar	Šiaurìnė žvaigždě (m)	[ʃʲɛʊ'rʲɪnʲe: ʒvʌɪg'ʒdʲe:]
marciano (m)	marsiětis (v)	[mar'sʲɛtʲɪs]
extraterrestre (m)	ateìvis (v)	[a'tʲɛɪvʲɪs]

planetícola (m)	atei̇̀vis (v)	[a'tᴵɛɪvᴵɪs]
platillo (m) volante	skrai̇̀danti lėkštė (m)	['skrʌɪdantᴵɪ lᴵe:kʃtᴵe:]
nave (f) espacial	kòsminis lai̇̀vas (v)	['kosmᴵɪnᴵɪs 'lᴵʌɪvas]
estación (f) orbital	orbìtos stotìs (m)	[or'bᴵɪtos sto'tᴵɪs]
despegue (m)	stártas (v)	['startas]
motor (m)	varìklis (v)	[va'rᴵɪklᴵɪs]
tobera (f)	tūtà (m)	[tu:'ta]
combustible (m)	kùras (v)	['kʊras]
carlinga (f)	kabinà (m)	[kabᴵɪ'na]
antena (f)	antenà (m)	[antᴵɛ'na]
ventana (f)	iliuminātorius (v)	[ɪlᴵʊmᴵɪ'ɪ'na:torᴵʊs]
batería (f) solar	sáulės batèrija (m)	['sɑʊlᴵe:s ba'tᴵɛrᴵɪjɛ]
escafandra (f)	skafándras (v)	[ska'fandras]
ingravidez (f)	nesvarùmas (v)	[nᴵɛsva'rumas]
oxígeno (m)	deguõnis (v)	[dᴵɛ'gʊɑnᴵɪs]
atraque (m)	susijungìmas (v)	[sʊsᴵɪjʊn'gᴵɪmas]
realizar el atraque	susijùngti	[sʊsᴵɪ'jʊŋktᴵɪ]
observatorio (m)	observatòrija (m)	[obsᴵɛrva'torᴵɪjɛ]
telescopio (m)	teleskòpas (v)	[tᴵɛlᴵɛ'skopas]
observar (vt)	stebė́ti	[ste'bᴵe:tᴵɪ]
explorar (~ el universo)	tyrinė́ti	[tᴵi:rᴵɪ'nᴵe:tᴵɪ]

75. La tierra

Tierra (f)	Žẽmė (m)	['ʒᴵæmᴵe:]
globo (m) terrestre	žẽmės rutulỹs (v)	['ʒᴵæmᴵe:s rʊtʊ'lᴵi:s]
planeta (m)	planetà (m)	[plᴵanᴵɛ'ta]
atmósfera (f)	atmosferà (m)	[atmosfᴵɛ'ra]
geografía (f)	geogrāfija (m)	[gᴵɛo'gra:fᴵɪjɛ]
naturaleza (f)	gamtà (m)	[gam'ta]
globo (m) terráqueo	gaublỹs (v)	[gɑʊb'lᴵi:s]
mapa (m)	žemėlapis (v)	[ʒe'mᴵe:lᴵapᴵɪs]
atlas (m)	ãtlasas (v)	['a:tlᴵasas]
Europa (f)	Europà (m)	[ɛʊro'pa]
Asia (f)	ãzija (m)	['a:zᴵɪjɛ]
África (f)	ãfrika (m)	['a:frᴵɪka]
Australia (f)	Austrālija (m)	[ɑʊs'tra:lᴵɪjɛ]
América (f)	Amèrika (m)	[a'mᴵɛrᴵɪka]
América (f) del Norte	Šiáurės Amèrika (m)	['ʃæʊrᴵe:s a'mᴵɛrᴵɪka]
América (f) del Sur	Pietų̃ Amèrika (m)	[pᴵɪɛ'tu: a'mᴵɛrᴵɪka]

| Antártida (f) | Antarktida (m) | [antarktⁱɪ'da] |
| Ártico (m) | Árktika (m) | ['arktⁱɪka] |

76. Los puntos cardinales

norte (m)	šiáurė (m)	['ʃæʊrⁱe:]
al norte	į šiáurę	[i: 'ʃæʊrⁱɛ:]
en el norte	šiáurėje	['ʃæʊrⁱe:je]
del norte (adj)	šiaurìnis	[ʃɛʊ'rⁱɪnⁱɪs]

sur (m)	pietùs (v)	[pⁱiɛ'tʊs]
al sur	į pietùs	[i: pⁱiɛ'tʊs]
en el sur	pietuosè	[pⁱiɛtʊɑ'sⁱɛ]
del sur (adj)	pietìnis	[pⁱiɛ'tⁱɪnⁱɪs]

oeste (m)	vakaraĩ (v dgs)	[vaka'rʌɪ]
al oeste	į vãkarus	[i: 'va:karʊs]
en el oeste	vakaruosè	[vakarʊɑ'sⁱɛ]
del oeste (adj)	vakariẽtiškas	[vaka'rⁱɛtⁱɪʃkas]

este (m)	rytaĩ (v dgs)	[rⁱi:'tʌɪ]
al este	į rýtus	[i: 'rⁱɪ:tʊs]
en el este	rytuosè	[rⁱi:tʊɑ'sⁱɛ]
del este (adj)	rytiẽtiškas	[rⁱi:'tⁱɛtⁱɪʃkas]

77. El mar. El océano

mar (m)	jū́ra (m)	['ju:ra]
océano (m)	vandenýnas (v)	[vandⁱɛ'nⁱi:nas]
golfo (m)	į́lanka (m)	['i:lⁱaŋka]
estrecho (m)	są́siauris (v)	['sa:sⁱɛʊrⁱɪs]

continente (m)	žemýnas (v)	[ʒⁱɛ'mⁱi:nas]
isla (f)	salà (m)	[sa'lⁱa]
península (f)	pusiãsalis (v)	[pʊ'sⁱæsalⁱɪs]
archipiélago (m)	archipelãgas (v)	[arxⁱɪpⁱɛ'lⁱa:gas]

bahía (f)	užùtekis (v)	[ʊʒʊtⁱɛkⁱɪs]
ensenada, bahía (f)	úostas (v)	['ʊɑstas]
laguna (f)	lagūnà (m)	[lⁱagu:'na]
cabo (m)	iškyšulỹs (v)	[ɪʃkⁱi:ʃʊ'lⁱi:s]

atolón (m)	atólas (v)	[a'tolⁱas]
arrecife (m)	rìfas (v)	['rⁱɪfas]
coral (m)	korãlas (v)	[kɔ'ra:lⁱas]
arrecife (m) de coral	korãlų rìfas (v)	[kɔ'ra:lⁱu: 'rⁱɪfas]
profundo (adj)	gilùs (v)	[gⁱɪ'lⁱʊs]
profundidad (f)	gylis (v)	['gⁱi:lⁱɪs]

| abismo (m) | bedugnė (m) | [bʲɛ'dʊgnʲe:] |
| fosa (f) oceánica | įduba (m) | ['i:dʊba] |

| corriente (f) | srovė (m) | [sro'vʲe:] |
| bañar (rodear) | skaláuti | [ska'lʲɑʊtʲɪ] |

| orilla (f) | pajūris (v) | ['pajūris] |
| costa (f) | pakrántė (m) | [pak'rantʲe:] |

flujo (m)	antplūdis (v)	['antplʲu:dʲɪs]
reflujo (m)	atóslūgis (v)	[a'toslʲu:gʲɪs]
banco (m) de arena	atäbradas (v)	[a'ta:bradas]
fondo (m)	dugnas (v)	['dʊgnas]

ola (f)	banga (m)	[ban'ga]
cresta (f) de la ola	bangõs ketera (m)	[ban'go:s kʲɛtʲɛ'ra]
espuma (f)	putos (m dgs)	['pʊtos]

tempestad (f)	audra (m)	[ɑʊd'ra]
huracán (m)	uragãnas (v)	[ʊra'ga:nas]
tsunami (m)	cunãmis (v)	[tsʊ'na:mʲɪs]
bonanza (f)	štiliùs (v)	[ʃtʲɪ'lʲʊs]
calmo, tranquilo	ramùs	[ra'mʊs]

| polo (m) | ašĩgalis (v) | [a'ʃɪgalʲɪs] |
| polar (adj) | poliãrinis | [po'lʲæɾʲɪnʲɪs] |

latitud (f)	platumà (m)	[plʲatʊ'ma]
longitud (f)	ilgumà (m)	[ɪlʲgʊ'ma]
paralelo (m)	paralelė (m)	[para'lʲɛlʲe:]
ecuador (m)	ekvátorius (v)	[ɛk'va:torʲʊs]

cielo (m)	dangùs (v)	[dan'gʊs]
horizonte (m)	horizóntas (v)	[ɣorʲɪ'zontas]
aire (m)	óras (v)	['oras]

faro (m)	švyturỹs (v)	[ʃvʲi:tʊ'rʲi:s]
bucear (vi)	nárdyti	['nardʲi:tʲɪ]
hundirse (vr)	nuskęsti	[nʊ'skʲɛ:stʲɪ]
tesoros (m pl)	lõbis (v)	['lʲo:bʲɪs]

78. Los nombres de los mares y los océanos

océano (m) Atlántico	Atlánto vandenýnas (v)	[at'lʲanto vandʲɛ'nʲi:nas]
océano (m) Índico	Ìndijos vandenýnas (v)	['ɪndʲɪjos vandʲɛ'nʲi:nas]
océano (m) Pacífico	Ramùsis vandenýnas (v)	[ra'mʊsʲɪs vandʲɛ'nʲi:nas]
océano (m) Glacial Ártico	Árkties vandenýnas (v)	['arktʲiɛs vandʲɛ'nʲi:nas]

| mar (m) Negro | Juodóji jūra (m) | [jʊɑ'do:jɪ 'ju:ra] |
| mar (m) Rojo | Raudonóji jūra (m) | [rɑʊdo'no:jɪ 'ju:ra] |

mar (m) Amarillo	Geltonoji jūra (m)	[gʲɛlʲto'noːjɪ 'juːra]
mar (m) Blanco	Baltoji jūra (m)	[balʲ'toːjɪ 'juːra]
mar (m) Caspio	Kaspijos jūra (m)	['ka:spʲɪjos 'juːra]
mar (m) Muerto	Negyvoji jūra (m)	[nʲɛgʲiː'voːjɪ 'juːra]
mar (m) Mediterráneo	Viduržemio jūra (m)	[vʲɪ'durʒʲɛmʲɔ 'juːra]
mar (m) Egeo	Egejo jūra (m)	[ɛ'gʲæjɔ 'juːra]
mar (m) Adriático	adrijos jūra (m)	['a:drʲɪjos 'juːra]
mar (m) Arábigo	Arabijos jūra (m)	[a'rabʲɪjos 'juːra]
mar (m) del Japón	Japonijos jūra (m)	[ja'ponʲɪjos ju:ra]
mar (m) de Bering	Beringo jūra (m)	['bʲɛrʲɪngɔ 'juːra]
mar (m) de la China Meridional	Pietų Kinijos jūra (m)	[pʲiɛ'tu: 'kʲɪnʲɪjos 'juːra]
mar (m) del Coral	Koralų jūra (m)	[ko'ra:lʲu: 'juːra]
mar (m) de Tasmania	Tasmanų jūra (m)	[tas'manu: 'juːra]
mar (m) Caribe	Karibų jūra (m)	[ka'rʲɪbu: 'juːra]
mar (m) de Barents	Barenco jūra (m)	[barʲɛntsɔ 'juːra]
mar (m) de Kara	Karsko jūra (m)	['karskɔ 'juːra]
mar (m) del Norte	Šiaurės jūra (m)	['ʃæʊrʲeːs 'juːra]
mar (m) Báltico	Baltijos jūra (m)	['balʲtʲɪjos 'juːra]
mar (m) de Noruega	Norvegijos jūra (m)	[nor'vʲɛgʲɪjos 'juːra]

79. Las montañas

montaña (f)	kalnas (v)	['kalʲnas]
cadena (f) de montañas	kalnų virtinė (m)	[kalʲ'nu: vʲɪrtʲɪnʲe:]
cresta (f) de montañas	kalnagūbris (v)	[kalʲ'na:gu:brʲɪs]
cima (f)	viršūnė (m)	[vʲɪr'ʃuːnʲe:]
pico (m)	pikas (v)	['pʲɪkas]
pie (m)	papėdė (m)	[pa'pʲe:dʲe:]
cuesta (f)	nuokalnė (m)	['nʊakalʲnʲe:]
volcán (m)	ugnikalnis (v)	[ʊg'nʲɪkalʲnʲɪs]
volcán (m) activo	veikiantis ugnikalnis (v)	['vʲɛɪkʲæntʲɪs ʊg'nʲɪkalʲnʲɪs]
volcán (m) apagado	užgęsęs ugnikalnis (v)	[ʊʒ'gʲæsʲɛ:s ʊg'nʲɪkalʲnʲɪs]
erupción (f)	išsiveržimas (v)	[ɪʃsʲɪvʲɛr'ʒʲɪmas]
cráter (m)	krateris (v)	['kra:tʲɛrʲɪs]
magma (m)	magma (m)	[mag'ma]
lava (f)	lava (m)	[lʲa'va]
fundido (lava ~a)	įkaitęs	[i:'kʌɪtʲɛ:s]
cañón (m)	kanjonas (v)	[ka'njɔ nas]
desfiladero (m)	tarpukalnė (m)	[tar'pʊkalʲnʲe:]

grieta (f)	tarpeklis (m)	[tar'pʲæklʲɪs]
puerto (m) (paso)	kalnākelis (m)	[kalʲ'nakʲɛlʲɪs]
meseta (f)	gulstė (m)	[gʊlʲ'stʲeː]
roca (f)	uola (m)	[ʊɑ'lʲa]
colina (f)	kalva (m)	[kalʲ'va]
glaciar (m)	ledýnas (v)	[lʲɛ'dʲiːnas]
cascada (f)	krioklŷs (v)	[krʲok'lʲiːs]
geiser (m)	geizeris (v)	['gʲɛɪzʲɛrʲɪs]
lago (m)	ėžeras (v)	['ɛʒʲɛras]
llanura (f)	lyguma (m)	[lʲiːgʊ'ma]
paisaje (m)	peizāžas (v)	[pʲɛɪ'zaːʒas]
eco (m)	aidas (v)	['ʌɪdas]
alpinista (m)	alpinistas (v)	[alʲpʲɪ'nʲɪstas]
escalador (m)	uolakopŷs (v)	[ʊɑlʲako'pɣs]
conquistar (vt)	pavėrgti	[pa'vʲɛrktʲɪ]
ascensión (f)	kopimas (v)	[kɔ'pʲɪmas]

80. Los nombres de las montañas

Alpes (m pl)	Álpės (m dgs)	['alʲpʲeːs]
Montblanc (m)	Monblānas (v)	[mon'blʲaːnas]
Pirineos (m pl)	Pirénai (v)	[pʲɪ'rʲeːnʌɪ]
Cárpatos (m pl)	Karpātai (v dgs)	[kar'pa:tʌɪ]
Urales (m pl)	Urālo kalnai (v dgs)	[ʊ'ra:lɔ kalʲ'nʌɪ]
Cáucaso (m)	Kaukāzas (v)	[kɑʊ'ka:zas]
Elbrus (m)	Elbrùsas (v)	[ɛlʲ'brʊsas]
Altai (m)	Altājus (v)	[alʲ'ta:jʊs]
Tian-Shan (m)	Tian Šānis (v)	[tʲæn 'ʃa:nʲɪs]
Pamir (m)	Pamýras (v)	[pa'mʲiːras]
Himalayos (m pl)	Himalājai (v dgs)	[ɣʲɪma'lʲa:jʌɪ]
Everest (m)	Everèstas (v)	[ɛvʲɛ'rʲɛstas]
Andes (m pl)	Andai (v)	['andʌɪ]
Kilimanjaro (m)	Kilimandžāras (v)	[kʲɪlʲɪman'dʒa:ras]

81. Los ríos

río (m)	upė (m)	['ʊpʲeː]
manantial (m)	šaltìnis (v)	[ʃalʲ'tʲɪnʲɪs]
lecho (m) (curso de agua)	vaga (m)	[va'ga]
cuenca (f) fluvial	baseinas (v)	[ba'sʲɛɪnas]
desembocar en …	įtekéti į …	[iːtʲɛ'kʲeːtʲɪ iː ..]
afluente (m)	antplūdis (v)	['antplʲuːdʲɪs]

ribera (f)	**krañtas** (v)	['krantas]
corriente (f)	**srověm** (m)	[sro'vʲe:]
río abajo (adv)	**pasroviuĩ**	[pasro'vʲʊɪ]
río arriba (adv)	**priẽš sróvę**	['prʲɛʃ 'sro:vʲɛ:]

inundación (f)	**pótvynis** (v)	['potvʲi:nʲɪs]
riada (f)	**póplūdis** (v)	['poplʲu:dʲɪs]
desbordarse (vr)	**išsilíeti**	[ɪʃsʲɪ'lʲiɛtʲɪ]
inundar (vt)	**tvìndyti**	['tvʲɪndʲi:tʲɪ]

| bajo (m) arenoso | **seklumà** (m) | [sʲɛklʲʊ'ma] |
| rápido (m) | **sleñkstis** (v) | ['slʲɛŋkstʲɪs] |

presa (f)	**ùžtvanka** (m)	['ʊʒtvaŋka]
canal (m)	**kanãlas** (v)	[ka'na:lʲas]
lago (m) artificiale	**vandeñs saugyklà** (m)	[van'dʲɛns sɑʊgʲi:k'lʲa]
esclusa (f)	**šliùzas** (v)	['ʃlʲʊzas]

cuerpo (m) de agua	**vandeñs telkinỹs** (v)	[van'dʲɛns tʲɛlʲkʲɪ'nʲi:s]
pantano (m)	**pélkė** (m)	['pʲɛlʲkʲe:]
ciénaga (f)	**liū́nas** (v)	['lʲu:nas]
remolino (m)	**verpẽtas** (v)	[vʲɛr'pʲætas]

arroyo (m)	**upẽlis** (v)	[ʊ'pʲælʲɪs]
potable (adj)	**gėriamas**	['gʲærʲæmas]
dulce (agua ~)	**gė́las**	['gʲe:lʲas]

| hielo (m) | **lẽdas** (v) | ['lʲædas] |
| helarse (el lago, etc.) | **užšálti** | [ʊʒ'ʃalʲtʲɪ] |

82. Los nombres de los ríos

| Sena (m) | **Senà** (m) | [sʲɛ'na] |
| Loira (m) | **Luarà** (m) | [lʲʊa'ra] |

Támesis (m)	**Temzė̃** (m)	['tʲɛmzʲe:]
Rin (m)	**Reìnas** (v)	['rʲɛɪnas]
Danubio (m)	**Dunõjus** (v)	[dʊ'no:jʊs]

Volga (m)	**Vòlga** (m)	['volʲga]
Don (m)	**Dònas** (v)	['donas]
Lena (m)	**Lenà** (m)	[lʲɛ'na]

Río (m) Amarillo	**Geltonóji ùpė** (m)	[gʲɛlʲto'no:jɪ 'ʊpʲe:]
Río (m) Azul	**Jangdzė̃** (m)	[jang'dzʲe:]
Mekong (m)	**Mekòngas** (v)	[mʲɛ'kongas]
Ganges (m)	**Gángas** (v)	['gangas]

| Nilo (m) | **Nìlas** (v) | ['nʲɪlʲas] |
| Congo (m) | **Kòngas** (v) | ['kongas] |

Okavango (m)	Okavángas (v)	[oka'va ngas]
Zambeze (m)	Zambėžė (m)	[zam'bʲɛzʲeː]
Limpopo (m)	Limpopȯ (v)	[lʲɪmpo'po]
Misisipi (m)	Misisipė (m)	[mʲɪsʲɪ'sʲɪpʲeː]

83. El bosque

| bosque (m) | mìškas (v) | ['mʲɪʃkas] |
| de bosque (adj) | miškìnis | [mʲɪʃ'kʲɪnʲɪs] |

espesura (f)	tankumýnas (v)	[taŋkʊ'mʲiː.nas]
bosquecillo (m)	giráitė (m)	[gʲɪ'rʌɪtʲeː]
claro (m)	laűkas (v)	['lʲaʊkas]

| maleza (f) | žolýnas, beržýnas (v) | [ʒo'lʲiː.nas], [bʲɛr'ʒʲiː.nas] |
| matorral (m) | krūmýnas (v) | [kru:'mʲiː.nas] |

| senda (f) | takẽlis (v) | [ta'kʲæˑlʲɪs] |
| barranco (m) | griovỹs (v) | [grʲo'vʲiːs] |

árbol (m)	mẽdis (v)	['mʲædʲɪs]
hoja (f)	lãpas (v)	['lʲaːpas]
follaje (m)	lapijà (m)	[lʲapʲɪ'ja]

caída (f) de hojas	lãpų kritìmas (v)	['lʲaːpu: krʲɪ'tʲɪmas]
caer (las hojas)	krìsti	['krʲɪstʲɪ]
cima (f)	viršū́nė (m)	[vʲɪr'ʃuːnʲeː]

rama (f)	šakà (m)	[ʃa'ka]
rama (f) (gruesa)	šakà (m)	[ʃa'ka]
brote (m)	pum̃puras (v)	['pʊmpʊras]
aguja (f)	spyglỹs (v)	[spʲiˑg'lʲiːs]
piña (f)	kankórėžis (v)	[kaŋ'korʲeˑʒʲɪs]

| agujero (m) | úoksas (v) | ['ʊaksas] |
| nido (m) | lìzdas (v) | ['lʲɪzdas] |

tronco (m)	kamíenas (v)	[ka'mʲiɛnas]
raíz (f)	šaknìs (m)	[ʃak'nʲɪs]
corteza (f)	žievẽ (m)	[ʒʲiɛ'vʲeː]
musgo (m)	sãmana (m)	['sa:mana]

extirpar (vt)	ráuti	['rɑʊtʲɪ]
talar (vt)	kírsti	['kʲɪrstʲɪ]
deforestar (vt)	iškìrsti	[ɪʃ'kʲɪrstʲɪ]
tocón (m)	kélmas (v)	['kʲɛlʲmas]

hoguera (f)	láužas (v)	['lʲɑʊʒas]
incendio (m) forestal	gaìsras (v)	['gʌɪsras]
apagar (~ el incendio)	gesìnti	[gʲɛ'sʲɪntʲɪ]

guarda (m) forestal	mìškininkas (v)	['mʲɪʃkʲɪnʲɪŋkas]
protección (f)	apsaugà (m)	[apsɑʊˈga]
proteger (vt)	saúgoti	['sɑʊgotʲɪ]
cazador (m) furtivo	brakoniẽrius (v)	[brakoˈnʲɛrʲʊs]
cepo (m)	spą́stai (v dgs)	['spaːstʌɪ]

recoger (setas)	grybáuti	[grʲiːˈbɑʊtʲɪ]
recoger (bayas)	uogáuti	[ʊɑˈgɑʊtʲɪ]
perderse (vr)	pasiklýsti	[pasʲɪˈklʲiːstʲɪ]

84. Los recursos naturales

recursos (m pl) naturales	gamtìniai ìštekliai (v dgs)	[gamˈtʲɪnʲɛɪ ˈɪʃtʲɛklʲɛɪ]
recursos (m pl)	naudìngos	[nɑʊˈdʲɪngos]
subterráneos	iškasenos (m dgs)	['ɪʃkasʲɛnos]
depósitos (m pl)	telkiniaĩ (v dgs)	[tʲɛlʲkʲɪˈnʲɛɪ]
yacimiento (m)	telkinỹs (v)	[tʲɛlʲkʲɪˈnʲiːs]

extraer (vt)	iškàsti	[ɪʃˈkastʲɪ]
extracción (f)	laimìkis (v)	[lʲʌɪˈmʲɪkʲɪs]
mena (f)	rūdà (m)	[ruːˈda]
mina (f)	rūdýnas (v)	[ruːˈdʲiːnas]
pozo (m) de mina	šachtà (m)	[ʃaxˈta]
minero (m)	šãchtininkas (v)	['ʃaːxtʲɪnʲɪŋkas]

| gas (m) | dùjos (m dgs) | ['dʊjɔs] |
| gasoducto (m) | dujótiekis (v) | [dʊˈjotʲiɛkʲɪs] |

petróleo (m)	naftà (m)	[nafˈta]
oleoducto (m)	naftótiekis (v)	[nafˈtotʲiɛkʲɪs]
pozo (m) de petróleo	nãftos bókštas (v)	['naːftos 'bokʃtas]
torre (f) de sondeo	gręžìmo bókštas (v)	['grʲɛːʒʲɪmɔ 'bokʃtas]
petrolero (m)	tánklaivis (v)	['taŋklʲʌɪvʲɪs]

arena (f)	smẽlis (v)	['smʲeːlʲɪs]
caliza (f)	kálkinis akmuõ (v)	['kalʲkʲɪnʲɪs ak'mʊɑ]
grava (f)	žvỹras (v)	['ʒvʲiːras]
turba (f)	dùrpės (m dgs)	['dʊrpʲeːs]
arcilla (f)	mólis (v)	['molʲɪs]
carbón (m)	anglìs (m)	[ang'lʲɪs]

hierro (m)	geležìs (v)	[gʲɛlʲɛˈʒʲɪs]
oro (m)	áuksas (v)	['ɑʊksas]
plata (f)	sidãbras (v)	[sʲɪ'daːbras]
níquel (m)	nìkelis (v)	['nʲɪkʲɛlʲɪs]
cobre (m)	vãris (v)	['vaːrʲɪs]

zinc (m)	cìnkas (v)	['tsʲɪŋkas]
manganeso (m)	mangãnas (v)	[manˈgaːnas]
mercurio (m)	gývsidabris (v)	['gʲiːvsʲɪdabrʲɪs]

plomo (m)	švìnas (v)	['ʃvʲɪnas]
mineral (m)	mineralas (v)	[mʲɪnʲɛˈra:lʲas]
cristal (m)	kristãlas (v)	[krʲɪsˈta:lʲas]
mármol (m)	màrmuras (v)	[ˈmarmuras]
uranio (m)	urãnas (v)	[ʊˈra:nas]

85. El tiempo

tiempo (m)	óras (v)	[ˈoras]
previsión (f) del tiempo	óro prognòzè (m)	[ˈorɔ progˈnozʲe:]
temperatura (f)	temperatūrà (m)	[tʲɛmpʲɛratu:ˈra]
termómetro (m)	termomètras (v)	[tʲɛrmoˈmʲɛtras]
barómetro (m)	baromètras (v)	[baroˈmʲɛtras]

húmedo (adj)	drégnas	[ˈdrʲe:gnas]
humedad (f)	drègmě (m)	[drʲe:gˈmʲe:]
bochorno (m)	kařštis (v)	[ˈkarʃtʲɪs]
tórrido (adj)	kářštas	[ˈkarʃtas]
hace mucho calor	kařšta	[ˈkarʃta]

| hace calor (templado) | šìlta | [ˈʃɪlʲta] |
| templado (adj) | šìltas | [ˈʃɪlʲtas] |

| hace frío | šálta | [ˈʃalʲta] |
| frío (adj) | šáltas | [ˈʃalʲtas] |

sol (m)	sáulė (m)	[ˈsɑʊlʲe:]
brillar (vi)	švièsti	[ˈʃvʲɛstʲɪ]
soleado (un día ~)	sauléta	[sɑʊˈlʲe:ta]
elevarse (el sol)	pakìlti	[paˈkʲɪlʲtʲɪ]
ponerse (vr)	léistis	[ˈlʲɛɪstʲɪs]

nube (f)	debesìs (v)	[dʲɛbʲɛˈsʲɪs]
nuboso (adj)	debesúota	[dʲɛbʲɛˈsʊɑta]
nubarrón (m)	debesìs (v)	[dʲɛbʲɛˈsʲɪs]
nublado (adj)	apsiniáukę	[apsʲɪˈnʲæʊkʲɛ:]

lluvia (f)	lietùs (v)	[lʲɛˈtʊs]
está lloviendo	lȳja	[ˈlʲi:ja]
lluvioso (adj)	lietìngas	[lʲɛˈtʲɪngas]
lloviznar (vi)	lynóti	[lʲi:ˈnotʲɪ]

aguacero (m)	liūtis (m)	[ˈlʲu:tʲɪs]
chaparrón (m)	liūtis (m)	[ˈlʲu:tʲɪs]
fuerte (la lluvia ~)	stiprùs	[stʲɪpˈrʊs]
charco (m)	balà (m)	[baˈlʲa]
mojarse (vr)	šlàpti	[ˈʃlʲaptʲɪ]

| niebla (f) | rūkas (v) | [ˈru:kas] |
| nebuloso (adj) | miglótas | [mʲɪgˈlʲotas] |

nieve (f)	**sniẽgas** (v)	['snʲɛgas]
está nevando	**sniñga**	['snʲɪŋga]

86. Los eventos climáticos severos. Los desastres naturales

tormenta (f)	**perkū́nija** (m)	[pʲɛr'ku:nʲɪjɛ]
relámpago (m)	**žaĩbas** (v)	['ʒʌɪbas]
relampaguear (vi)	**žaibúoti**	[ʒʌɪ'buɑtʲɪ]
trueno (m)	**griaustìnis** (v)	[grʲɛus'tʲɪnʲɪs]
tronar (vi)	**griáudėti**	['grʲæudʲe:tʲɪ]
está tronando	**griáudėja griaustìnis**	['grʲæudʲe:ja grʲɛus'tʲɪnʲɪs]
granizo (m)	**krušà** (m)	[krʊ'ʃa]
está granizando	**kriñta krušà**	['krʲɪnta krʊ'ʃa]
inundar (vt)	**užlíeti**	[ʊʒ'lʲiɛtʲɪ]
inundación (f)	**pótvynis** (v)	['potvʲi:nʲɪs]
terremoto (m)	**žẽmės drebėjimas** (v)	['ʒʲæmʲe:s dre'bʲɛjɪmas]
sacudida (f)	**smū̃gis** (m)	['smu:gʲɪs]
epicentro (m)	**epiceñtras** (v)	[ɛpʲɪ'tsʲɛntras]
erupción (f)	**iššiveržìmas** (v)	[ɪʃ̩sʲɪvʲɛr'ʒʲɪmas]
lava (f)	**lavà** (m)	[lʲa'va]
torbellino (m)	**víesulas** (v)	['vʲiɛsʊlʲas]
tornado (m)	**tornãdo** (v)	[tor'na:dɔ]
tifón (m)	**taifū̃nas** (v)	[tʌɪ'fu:nas]
huracán (m)	**uragãnas** (v)	[ʊra'ga:nas]
tempestad (f)	**audrà** (m)	[ɑʊd'ra]
tsunami (m)	**cunãmis** (v)	[tsʊ'na:mʲɪs]
ciclón (m)	**ciklònas** (v)	[tsʲɪk'lʲonas]
mal tiempo (m)	**dárgana** (m)	['dargana]
incendio (m)	**gaĩsras** (v)	['gʌɪsras]
catástrofe (f)	**katastrofà** (m)	[katastro'fa]
meteorito (m)	**meteorìtas** (v)	[mʲɛtʲɛo'rʲɪtas]
avalancha (f)	**lavinà** (m)	[lʲavʲɪ'na]
alud (m) de nieve	**griūtìs** (m)	[grʲu:'tʲɪs]
ventisca (f)	**pū̃gà** (m)	[pu:'ga]
nevasca (f)	**pū̃gà** (m)	[pu:'ga]

LA FAUNA

T&P Books Publishing

carnívoro (m)	plėšrūnas (v)	[plʲeːʃruːnas]
tigre (m)	tìgras (v)	['tʲɪgras]
león (m)	liũtas (v)	['lʲuːtas]
lobo (m)	vìlkas (v)	['vʲɪlʲkas]
zorro (m)	lãpė (m)	['lʲaːplʲeː]
jaguar (m)	jaguãras (v)	[jagu'aːras]
leopardo (m)	leopárdas (v)	[lʲɛo'pardas]
guepardo (m)	gepárdas (v)	[gʲɛ'pardas]
pantera (f)	panterà (m)	[pantʲɛ'ra]
puma (f)	pumà (m)	[pʊ'ma]
leopardo (m) de las nieves	snieginis leopárdas (v)	[snʲiɛ'gʲɪnʲɪs lʲɛo'pardas]
lince (m)	lūšis (m)	['lʲuːʃɪs]
coyote (m)	kojòtas (v)	[kɔ'jɔ tas]
chacal (m)	šakãlas (v)	[ʃa'kaːlʲas]
hiena (f)	hienà (m)	[ɣʲiɛ'na]

animal (m)	gyvūnas (v)	[gʲiː'vuːnas]
bestia (f)	žvėrìs (v)	[ʒvʲeː'rʲɪs]
ardilla (f)	voverė̃ (m)	[vovʲe'rʲeː]
erizo (m)	ežỹs (v)	[ɛʒʲiːs]
liebre (f)	kìškis, zuìkis (v)	['kʲɪʃkʲɪs], ['zʊɪkʲɪs]
conejo (m)	triùšis (v)	['trʲʊʃɪs]
tejón (m)	barsùkas (v)	[bar'sʊkas]
mapache (m)	meškénas (v)	[mʲɛʃ'kʲeːnas]
hámster (m)	žiurkénas (v)	[ʒʲʊr'kʲeːnas]
marmota (f)	švilpìkas (v)	[ʃvʲɪlʲ'pʲɪkas]
topo (m)	kùrmis (v)	['kʊrmʲɪs]
ratón (m)	pelė̃ (m)	[pʲɛ'lʲeː]
rata (f)	žiùrkė (m)	['ʒʲʊrkʲeː]
murciélago (m)	šikšnósparnis (v)	[ʃɪkʃ'nosparnʲɪs]
armiño (m)	šermuonėlis (v)	[ʃermʊa'nʲeːlʲɪs]
cebellina (f)	sãbalas (v)	['saːbalʲas]
marta (f)	kiáunė (m)	['kʲæʊnʲeː]

comadreja (f)	**žebenkštis** (m)	[ʒʲɛbʲɛŋkʃʲtʲɪs]
visón (m)	**audìnė** (m)	[ɑʊˈdʲɪnʲeː]
castor (m)	**bēbras** (v)	[ˈbʲæbras]
nutria (f)	**ũdra** (m)	[ˈuːdra]
caballo (m)	**arklỹs** (v)	[arkˈlʲiːs]
alce (m)	**bríedis** (v)	[ˈbrʲiɛdʲɪs]
ciervo (m)	**élnias** (v)	[ˈɛlʲnʲæs]
camello (m)	**kupranugãris** (v)	[kʊpranʊˈgaːrʲɪs]
bisonte (m)	**bizònas** (v)	[bʲɪˈzonas]
uro (m)	**stum̃bras** (v)	[ˈstʊmbras]
búfalo (m)	**buìvolas** (v)	[ˈbʊivolʲas]
cebra (f)	**zèbras** (v)	[ˈzʲɛbras]
antílope (m)	**antilòpė** (m)	[antʲɪˈlʲopʲeː]
corzo (m)	**stìrna** (m)	[ˈstʲɪrna]
gamo (m)	**danièlius** (v)	[daˈnʲɛlʲʊs]
gamuza (f)	**gemzė̀** (m)	[ˈgʲɛmzʲeː]
jabalí (m)	**šérnas** (v)	[ˈʃɛrnas]
ballena (f)	**bangìnis** (v)	[banˈgʲɪnʲɪs]
foca (f)	**rúonis** (v)	[ˈrʊɑnʲɪs]
morsa (f)	**vėplỹs** (v)	[vʲeːpˈlʲiːs]
oso (m) marino	**kòtikas** (v)	[ˈkotʲɪkas]
delfín (m)	**delfĩnas** (v)	[dʲɛlʲˈfɪnas]
oso (m)	**lokỹs** (v), **meška** (m)	[lʲoˈkʲiːs], [mʲɛʃˈka]
oso (m) blanco	**baltàsis lokỹs** (v)	[balʲˈtasʲɪs lʲoˈkʲiːs]
panda (f)	**pánda** (m)	[ˈpanda]
mono (m)	**bеždžiõnė** (m)	[bʲɛʒˈdʒʲoːnʲeː]
chimpancé (m)	**šimpánzė** (m)	[ʃʲɪmˈpanzʲeː]
orangután (m)	**orangutángas** (v)	[orangʊˈtangas]
gorila (m)	**gorilà** (m)	[gorʲɪˈlʲa]
macaco (m)	**makakà** (m)	[makaˈka]
gibón (m)	**gibònas** (v)	[gʲɪˈbonas]
elefante (m)	**dramblỹs** (v)	[dramˈblʲiːs]
rinoceronte (m)	**raganòsis** (v)	[ragaˈnoːsʲɪs]
jirafa (f)	**žirafà** (m)	[ʒʲɪraˈfa]
hipopótamo (m)	**begemòtas** (v)	[bʲɛgʲɛˈmotas]
canguro (m)	**kengūrà** (m)	[kʲɛnˈguːˈra]
koala (f)	**koalà** (m)	[kɔaˈlʲa]
mangosta (f)	**mangustà** (m)	[mangʊsˈta]
chinchilla (f)	**šinšilà** (m)	[ʃʲɪnʃʲɪˈlʲa]
mofeta (f)	**skùnkas** (v)	[ˈskʊŋkas]
espín (m)	**dygliuotìs** (v)	[dʲiːgˈlʲʊotʲɪs]

89. Los animales domésticos

gata (f)	katė (m)	[ka'tʲeː]
gato (m)	kãtinas (v)	['kaːtʲɪnas]
perro (m)	šuõ (v)	['ʃʊɑ]
caballo (m)	arklỹs (v)	[ark'lʲiːs]
garañón (m)	eȓžilas (v)	['ɛʒʲɪlʲas]
yegua (f)	kumēlė (m)	[kʊ'mʲælʲeː]
vaca (f)	kárvė (m)	['karvʲeː]
toro (m)	bùlius (v)	['bʊlʲʊs]
buey (m)	jáutis (v)	['jɑutʲɪs]
oveja (f)	avìs (m)	[a'vʲɪs]
carnero (m)	ãvinas (v)	['aːvʲɪnas]
cabra (f)	ožkà (m)	[oʒ'ka]
cabrón (m)	ožỹs (v)	[o'ʒʲiːs]
asno (m)	āsilas (v)	['aːsʲɪlʲas]
mulo (m)	mùlas (v)	['mʊlʲas]
cerdo (m)	kiaūlė (m)	['kʲɛʊlʲeː]
cerdito (m)	paršēlis (v)	[par'ʃælʲɪs]
conejo (m)	triùšis (v)	['trʲʊʃɪs]
gallina (f)	vištà (m)	[vʲɪʃ'ta]
gallo (m)	gaidỹs (v)	[gʌɪ'dʲiːs]
pato (m)	ántis (m)	['antʲɪs]
ánade (m)	añtinas (v)	['antʲɪnas]
ganso (m)	žãsinas (v)	['ʒaːsʲɪnas]
pavo (m)	kalakùtas (v)	[kalʲa'kʊtas]
pava (f)	kalakùtė (m)	[kalʲa'kʊtʲeː]
animales (m pl) domésticos	namìniai gyvūnai (v dgs)	[na'mʲɪnʲɛɪ gʲiː'vuːnʌɪ]
domesticado (adj)	prijaukìntas	[prʲɪjɛʊ'kʲɪntas]
domesticar (vt)	prijaukìnti	[prʲɪjɛʊ'kʲɪntʲɪ]
criar (vt)	augìnti	[ɑʊ'gʲɪntʲɪ]
granja (f)	fèrma (m)	['fʲɛrma]
aves (f pl) de corral	namìnis paūkštis (v)	[na'mʲɪnʲɪs 'pɑʊkʃtʲɪs]
ganado (m)	galvìjas (v)	[gal'vʲɪjɛs]
rebaño (m)	bandà (m)	[ban'da]
caballeriza (f)	arklìdė (m)	[ark'lʲɪdʲeː]
porqueriza (f)	kiaulìdė (m)	[kʲɛʊ'lʲɪdʲeː]
vaquería (f)	karvìdė (m)	[kar'vʲɪdʲeː]
conejal (m)	triušìdė (m)	[trʲʊ'ʃɪdʲeː]
gallinero (m)	vištìdė (m)	[vʲɪʃ'tʲɪdʲeː]

90. Los pájaros

pájaro (m)	paũkštis (v)	['pɑʊkʃtʲɪs]
paloma (f)	balañdis (v)	[ba'lʲandʲɪs]
gorrión (m)	žvìrblis (v)	['ʒvʲɪrblʲɪs]
carbonero (m)	zýlė (m)	['zʲiːlʲeː]
urraca (f)	šárka (m)	['ʃarka]
cuervo (m)	vařnas (v)	['varnas]
corneja (f)	várna (m)	['varna]
chova (f)	kúosa (m)	['kuɑsa]
grajo (m)	kovàs (v)	[kɔ'vas]
pato (m)	ántis (m)	['antʲɪs]
ganso (m)	žą̃sinas (v)	['ʒaːsʲɪnas]
faisán (m)	fazã̃nas (v)	[fa'zaːnas]
águila (f)	erẽlis (v)	[ɛ'rʲælʲɪs]
azor (m)	vã̃nagas (v)	['vaːnagas]
halcón (m)	sã̃kalas (v)	['saːkalʲas]
buitre (m)	grìfas (v)	['grʲɪfas]
cóndor (m)	kondòras (v)	[kɔn'doras]
cisne (m)	guĩbė (m)	['guˡbʲeː]
grulla (f)	gérvė (m)	['gʲɛrvʲeː]
cigüeña (f)	gañdras (v)	['gandras]
loro (m), papagayo (m)	papūgà (m)	[papuː'ga]
colibrí (m)	kolìbris (v)	[kɔ'lʲɪbrʲɪs]
pavo (m) real	póvas (v)	['povas]
avestruz (m)	strùtis (v)	['strʊtʲɪs]
garza (f)	garnỹs (v)	[gar'nʲiːs]
flamenco (m)	flamìngas (v)	[flʲa'mʲɪngas]
pelícano (m)	pelikã̃nas (v)	[pʲɛlʲɪ'kaːnas]
ruiseñor (m)	lakštiñgala (m)	[lʲakʃtʲɪŋgalʲa]
golondrina (f)	kregždẽ (m)	[krʲɛgʒ'dʲeː]
tordo (m)	strãzdas (v)	['straːzdas]
zorzal (m)	strãzdas giesmininkas (v)	['straːzdas gʲiɛsmʲɪ'nʲɪŋkas]
mirlo (m)	juodàsis strãzdas (v)	[jʊɔ'dasʲɪs s'traːzdas]
vencejo (m)	čiurlỹs (v)	[tʂʊr'lʲiːs]
alondra (f)	vyturỹs, vieversỹs (v)	[vʲiː'tʊrʲiːs], [vʲiɛvɛr'sʲiːs]
codorniz (f)	pùtpelė (m)	['pʊtpʲelʲeː]
pájaro carpintero (m)	genỹs (v)	[gʲɛ'nʲiːs]
cuco (m)	gegùtė (m)	[gʲɛ'gʊtʲeː]
lechuza (f)	pelėda (m)	[pʲɛ'lʲeːda]

búho (m)	apúokas (v)	[a'puɑkas]
urogallo (m)	kurtinỹs (v)	[kʊrtʲɪˈrʲnʲiːs]
gallo lira (m)	tétervinas (v)	['tʲætʲɛrvʲɪnas]
perdiz (f)	kurapka (m)	[kʊrapˈka]

estornino (m)	varnénas (v)	[var'nʲe:nas]
canario (m)	kanarélé (m)	[kana'rʲe:lʲe:]
ortega (f)	jerubẽ (m)	[jerʊ'bʲe:]
pinzón (m)	kikìlis (v)	[kʲɪ'kʲɪlʲɪs]
camachuelo (m)	sniẽgena (m)	['snʲɛgʲɛna]

gaviota (f)	žuvédra (m)	[ʒʊ'vʲe:dra]
albatros (m)	albatròsas (v)	[alʲba'tʼrosas]
pingüino (m)	pingvìnas (v)	[pʲɪng'vʲɪnas]

91. Los peces. Los animales marinos

brema (f)	kar̃šis (v)	['karʃɪs]
carpa (f)	kárpis (v)	['karpʲɪs]
perca (f)	ešerỹs (v)	[ɛʃɛ'rʲi:s]
siluro (m)	šãmas (v)	['ʃa:mas]
lucio (m)	lydeka (m)	[lʲiːdʲɛ'ka]

salmón (m)	lašišã (m)	[lʲaʃɪ'ʃa]
esturión (m)	erškétas (v)	[erʃ'kʲe:tas]

arenque (m)	sìlké (m)	['sʲɪlʲkʲe:]
salmón (m) del Atlántico	lašišã (m)	[lʲaʃɪ'ʃa]
caballa (f)	skùmbré (m)	['skʊmbrʲe:]
lenguado (m)	plẽkšné (m)	['plʲækʃnʲe:]

lucioperca (f)	star̃kis (v)	['starkʲɪs]
bacalao (m)	ménké (m)	['mʲɛŋkʲe:]
atún (m)	tùnas (v)	['tʊnas]
trucha (f)	upétakis (v)	[ʊ'pʲe:takʲɪs]

anguila (f)	ungurỹs (v)	[ʊngʊ'rʲi:s]
raya (f) eléctrica	elektrìné rajà (m)	[ɛlʲɛk'trʲɪnʲe: ra'ja]
morena (f)	murénà (m)	[mʊrʲɛ'na]
piraña (f)	pirãnija (m)	[pʲɪ'ra:nʲɪjɛ]

tiburón (m)	ryklỹs (v)	[rʲɪk'lʲi:s]
delfín (m)	delfìnas (v)	[dʲɛlʲ'fʲɪnas]
ballena (f)	bangìnis (v)	[ban'gʲɪnʲɪs]

centolla (f)	kr̃abas (v)	['kra:bas]
medusa (f)	medūzà (m)	[mʲɛdu:'za]
pulpo (m)	aštuonkójis (v)	[aʃtuɑŋ'ko:jis]
estrella (f) de mar	júros žvaigždẽ (m)	['ju:ros ʒvʌɪgʒ'dʲe:]
erizo (m) de mar	júros ežỹs (v)	['ju:ros ɛ'ʒʲi:s]

caballito (m) de mar	jū́ros arkliùkas (v)	['ju:ros ark'lʲuːkas]
ostra (f)	áustrė (m)	['ɑustrʲe:]
camarón (m)	krevètė (m)	[krʲɛ'vʲɛtʲe:]
bogavante (m)	omā́ras (v)	[o'ma:ras]
langosta (f)	langùstas (v)	[lʲan'gʊstas]

92. Los anfibios. Los reptiles

serpiente (f)	gyvā́tė (m)	[gʲi:'va:tʲe:]
venenoso (adj)	nuodìngas	[nʊa'dʲɪngas]
víbora (f)	angìs (v)	[an'gʲɪs]
cobra (f)	kobrà (m)	[kɔb'ra]
pitón (m)	pitònas (v)	[pʲɪ'tonas]
boa (f)	smauglỹs (v)	[smɑʊg'lʲi:s]
culebra (f)	žaltỹs (v)	[ʒalʲ'tʲi:s]
serpiente (m) de cascabel	barškuõlė (m)	[barʃ'kʊalʲe:]
anaconda (f)	anakònda (m)	[ana'konda]
lagarto (m)	dríežas (v)	['drʲiɛʒas]
iguana (f)	iguanà (m)	[ɪgʊa'na]
varano (m)	varā́nas (v)	[va'ra:nas]
salamandra (f)	salamándra (m)	[salʲa'mandra]
camaleón (m)	chameleònas (v)	[xamʲɛlʲɛ'onas]
escorpión (m)	skorpiònas (v)	[skorpʲɪ'ɔnas]
tortuga (f)	vėžlỹs (v)	[vʲe:ʒ'lʲi:s]
rana (f)	varlė̃ (m)	[var'lʲe:]
sapo (m)	rùpūžė (m)	['rʊpu:ʒʲe:]
cocodrilo (m)	krokodìlas (v)	[kroko'dʲɪlʲas]

93. Los insectos

insecto (m)	vabzdỹs (v)	[vabz'dʲi:s]
mariposa (f)	drugėlis (v)	[drʊ'gʲælʲɪs]
hormiga (f)	skruzdė̃lė (m)	[skrʊz'dʲælʲe:]
mosca (f)	mùsė (m)	['mʊsʲe:]
mosquito (m) (picadura de ~)	úodas (v)	['ʊadas]
escarabajo (m)	vā́balas (v)	['va:balʲas]
avispa (f)	vapsvà (m)	[vaps'va]
abeja (f)	bìtė (m)	['bʲɪtʲe:]
abejorro (m)	kamā́nė (m)	[ka'ma:nʲe:]
moscardón (m)	gylỹs (v)	[gʲi:'lʲi:s]
araña (f)	vòras (v)	['voras]
telaraña (f)	vorā́tinklis (v)	[vo'ra:tʲɪŋklʲɪs]

libélula (f)	**laumžirgis** (v)	['ɫ̪aʊmʒ̑ɪrgʲɪs]
saltamontes (m)	**žiogas** (v)	['ʒʲogas]
mariposa (f) nocturna	**petelìškė** (m)	[pʲɛtʲɛ'ɫʲɪʃkʲeː]
cucaracha (f)	**tarakõnas** (v)	[tara'koːnas]
garrapata (f)	**érkė** (m)	[ʲærkʲeː]
pulga (f)	**blusà** (m)	[blʲʊ'sa]
mosca (f) negra	**mãšalas** (v)	['maːʃalʲas]
langosta (f)	**skėrỹs** (v)	[skʲeː'rʲiːs]
caracol (m)	**sráigė** (m)	['srʌɪgʲeː]
grillo (m)	**svirplỹs** (v)	[svʲɪrp'lʲiːs]
luciérnaga (f)	**jõnvabalis** (v)	['jɔːnvabalʲɪs]
mariquita (f)	**borùžė** (m)	[bo'rʊʒʲeː]
sanjuanero (m)	**grambuolỹs** (v)	[grambʊɑ'lʲiːs]
sanguijuela (f)	**dėlẽ** (m)	[dʲeː'lʲeː]
oruga (f)	**vìkšras** (v)	['vʲɪkʃras]
lombriz (m) de tierra	**slíekas** (v)	['slʲiɛkas]
larva (f)	**kirmelė** (m)	[kʲɪrme'lʲeː]

LA FLORA

T&P Books Publishing

árbol (m)	mēdis (v)	['mⁱædⁱɪs]
foliáceo (adj)	lapuõtis	[lⁱapʊ'atⁱɪs]
conífero (adj)	spygliuõtis	[spⁱi:g'lⁱʊo:tⁱɪs]
de hoja perenne	vìsžalis	['vⁱɪsʒalⁱɪs]

manzano (m)	obelìs (m)	[obⁱɛ'lⁱɪs]
peral (m)	kriáušė (m)	['krⁱæʊʃⁱe:]
cerezo (m)	trẽšnė (m)	['trⁱæʃnⁱe:]
guindo (m)	vyšnià (m)	[vⁱi:ʃnⁱæ]
ciruelo (m)	slyvà (m)	[slⁱi:'va]

abedul (m)	béržas (v)	['bⁱɛrʒas]
roble (m)	ąžuolas (v)	['a:ʒʊalⁱas]
tilo (m)	líepa (m)	['lⁱiɛpa]
pobo (m)	drebulė̃ (m)	[drebʊ'lⁱe:]
arce (m)	klẽvas (v)	['klⁱævas]

pícea (f)	ẽglė (m)	['ⁱæglⁱe:]
pino (m)	pušìs (m)	[pʊ'ʃⁱɪs]
alerce (m)	maũmedis (v)	['maʊmⁱɛdⁱɪs]

| abeto (m) | kẽnis (v) | ['kⁱe:nⁱɪs] |
| cedro (m) | kėdras (v) | ['kⁱɛdras] |

| álamo (m) | túopa (m) | ['tʊapa] |
| serbal (m) | šermùkšnis (v) | [ʃⁱɛr'mʊkʃnⁱɪs] |

| sauce (m) | glúosnis (v) | ['glⁱʊasnⁱɪs] |
| aliso (m) | ãlksnis (v) | ['alⁱksnⁱɪs] |

| haya (f) | bùkas (v) | ['bʊkas] |
| olmo (m) | gúoba (m) | ['gʊaba] |

| fresno (m) | úosis (v) | ['ʊasⁱɪs] |
| castaño (m) | kaštõnas (v) | [kaʃ'to:nas] |

magnolia (f)	magnòlija (m)	[mag'nolⁱɪjɛ]
palmera (f)	pálmė (m)	['palⁱmⁱe:]
ciprés (m)	kipari̇̀sas (v)	[kⁱɪpa'rⁱɪsas]

mangle (m)	mañgro mēdis (v)	['mañgrɔ 'mⁱædⁱɪs]
baobab (m)	baobãbas (v)	[bao'ba:bas]
eucalipto (m)	eukali̇̀ptas (v)	[ɛʊka'lⁱɪptas]
secoya (f)	sekvojà (m)	[sⁱɛkvo:'jɛ]

95. Los arbustos

mata (f)	krū̃mas (v)	['kru:mas]
arbusto (m)	krūmýnas (v)	[kru:'mʲi:nas]
vid (f)	vynuogýnas (v)	[vʲi:nʊɑ'gʲi:nas]
viñedo (m)	vynuogýnas (v)	[vʲi:nʊɑ'gʲi:nas]
frambueso (m)	aviẽtė (m)	[a'vʲɛtʲe:]
grosellero (m) rojo	raudonãsis serbentas (v)	[rɑʊdo'nasʲɪs sʲɛr'bʲɛntas]
grosellero (m) espinoso	agrãstas (v)	[ag'ra:stas]
acacia (f)	akãcija (m)	[a'ka:tsʲɪjɛ]
berberís (m)	rauger̃škis (m)	[rɑʊ'gʲɛrʃkʲɪs]
jazmín (m)	jazmìnas (v)	[jaz'mʲɪnas]
enebro (m)	kadagỹs (v)	[kada'gʲi:s]
rosal (m)	rõžių krū̃mas (v)	['ro:ʒʲu: 'kru:mas]
escaramujo (m)	erškė̃tis (v)	[erʃ'kʲe:tʲɪs]

96. Las frutas. Las bayas

fruto (m)	vaĩsius (v)	['vʌɪsʲʊs]
frutos (m pl)	vaĩsiai (v dgs)	['vʌɪsʲɛɪ]
manzana (f)	obuolỹs (v)	[obʊɑ'lʲi:s]
pera (f)	kriáušė (m)	['krʲæʊʃʲe:]
ciruela (f)	slyvà (m)	[slʲi:'va]
fresa (f)	brãškė (m)	['bra:ʃkʲe:]
guinda (f)	vyšnià (m)	[vʲi:ʃ'nʲæ]
cereza (f)	trẽšnė (m)	['trʲæʃnʲe:]
uva (f)	vỹnuogės (m dgs)	['vʲi:nʊɑgʲe:s]
frambuesa (f)	aviẽtė (m)	[a'vʲɛtʲe:]
grosella (f) negra	juodíeji serbentai (v dgs)	[jʊɑ'dʲiɛjɪ sʲɛr'bʲɛntʌɪ]
grosella (f) roja	raudoníeji serbentai (v dgs)	[rɑʊdo'nʲɛjɪ sʲɛr'bʲɛntʌɪ]
grosella (f) espinosa	agrãstas (v)	[ag'ra:stas]
arándano (m) agrio	spanguolė̃ (m)	['spaŋgʊɑlʲe:]
naranja (f)	apelsìnas (v)	[apʲɛlʲ'sʲɪnas]
mandarina (f)	mandarìnas (v)	[manda'rʲɪnas]
piña (f)	ananãsas (v)	[ana'na:sas]
banana (f)	banãnas (v)	[ba'na:nas]
dátil (m)	datùlė (m)	[da'tʊlʲe:]
limón (m)	citrinà (m)	[tsʲɪtrʲɪ'na]
albaricoque (m)	abrikõsas (v)	[abrʲɪ'kosas]
melocotón (m)	pèrsikas (v)	['pʲɛrsʲɪkas]
kiwi (m)	kìvis (v)	['kʲɪvʲɪs]

toronja (f)	greìpfrutas (v)	['grʲɛɪpfrʊtas]
baya (f)	úoga (m)	['ʊɑga]
bayas (f pl)	úogos (m dgs)	['ʊɑgos]
arándano (m) rojo	bruknės (m dgs)	['brʊknʲeːs]
fresa (f) silvestre	žėmuogės (m dgs)	['ʒʲæmʊɑgʲeːs]
arándano (m)	mėlynės (m dgs)	[mʲeː'lʲiːnʲeːs]

97. Las flores. Las plantas

flor (f)	gėlė̃ (m)	[gʲeː'lʲeː]
ramo (m) de flores	púokštė (m)	['pʊɑkʃtʲeː]
rosa (f)	rõžė (m)	['roːʒʲeː]
tulipán (m)	tùlpė (m)	['tʊlʲpʲeː]
clavel (m)	gvazdìkas (v)	[gvaz'dʲɪkas]
gladiolo (m)	kardėlis (v)	[kar'dʲælʲɪs]
aciano (m)	rùgiagėlė (m)	['rʊgʲægʲeːlʲeː]
campanilla (f)	varpėlis (v)	[var'pʲælʲɪs]
diente (m) de león	piẽnė (m)	['pʲɛnʲeː]
manzanilla (f)	ramùnė (m)	[ra'mʊnʲeː]
áloe (m)	alijõšius (v)	[alʲɪ'jɔːʃʊs]
cacto (m)	kãktusas (v)	['ka:ktʊsas]
ficus (m)	fìkusas (v)	['fʲɪkʊsas]
azucena (f)	lelijà (m)	[lʲɛlʲɪ'ja]
geranio (m)	pelargònija (m)	[pʲɛlʲar'gonʲɪjɛ]
jacinto (m)	hiacìntas (v)	[ɣʲɪja'tsʲɪntas]
mimosa (f)	mimozà (m)	[mʲɪmo'za]
narciso (m)	narcìzas (v)	[nar'tsʲɪzas]
capuchina (f)	nastùrta (m)	[nas'tʊrta]
orquídea (f)	orchidė́ja (m)	[orxʲɪ'dʲeːja]
peonía (f)	bijū̃nas (v)	[bʲɪ'juːnas]
violeta (f)	našlaitė̃ (m)	[naʃʲlʲʌɪtʲeː]
trinitaria (f)	daržẽlinė našláitė (m)	[darʒʲælʲɪnʲeː naʃʲlʌɪtʲeː]
nomeolvides (f)	neužmirštuõlė (m)	[nʲɛʊʒmʲɪrʃʲtʊɑlʲeː]
margarita (f)	saulùtė (m)	[sɑʊ'lʲʊtʲeː]
amapola (f)	aguonà (m)	[agʊɑ'na]
cáñamo (m)	kanãpė (m)	[ka'na:pʲe:]
menta (f)	mėtà (m)	[mʲeː'ta]
muguete (m)	pakalnùtė (m)	[pakalʲʲnʊtʲeː]
campanilla (f) de las nieves	sniẽgena (m)	['snʲɛgʲɛna]
ortiga (f)	dilgėlė̃ (m)	[dʲɪlʲʲgʲælʲeː]
acedera (f)	rūgštýnė (m)	[ru:gʃʲtʲiːnʲeː]

nenúfar (m)	vandeñs lelijà (m)	[van'dʲɛns lʲɛlʲɪ'ja]
helecho (m)	papártis (v)	[pa'partʲɪs]
liquen (m)	kérpė (m)	['kʲɛrpʲe:]

invernadero (m) tropical	oranžèrija (m)	[oran'ʒʲɛrʲɪjɛ]
césped (m)	gazònas (v)	[ga'zonas]
macizo (m) de flores	klòmba (m)	['klʲomba]

planta (f)	áugalas (v)	['ɑʊgalʲas]
hierba (f)	žolė̃ (m)	[ʒo'lʲe:]
hoja (f) de hierba	žolėlė̃ (m)	[ʒo'lʲælʲe:]

hoja (f)	lãpas (v)	['lʲa:pas]
pétalo (m)	žíedlapis (v)	['ʒʲiɛdlʲapʲɪs]
tallo (m)	stíebas (v)	['stʲiɛbas]
tubérculo (m)	gum̃bas (v)	['gʊmbas]

retoño (m)	želmuõ (v)	[ʒʲɛlʲ'mʊɑ]
espina (f)	spyglỹs (v)	[spʲi:g'lʲi:s]

florecer (vi)	žydéti	[ʒʲi:'dʲe:tʲɪ]
marchitarse (vr)	výsti	['vʲi:stʲɪ]
olor (m)	kvãpas (v)	['kva:pas]
cortar (vt)	nupjáuti	[nʊ'pjɑʊtʲɪ]
coger (una flor)	nuskìnti	[nʊ'skʲɪntʲɪ]

98. Los cereales, los granos

grano (m)	grū̃das (v)	['gru:das]
cereales (m pl) (plantas)	grūdinės kultū̃ros (m dgs)	[gru:'dʲɪnʲe:s kʊlʲʲ'tu:ros]
espiga (f)	várpa (m)	['varpa]

trigo (m)	kviečiaĩ (v dgs)	[kvʲiɛ'tʂʲɛɪ]
centeno (m)	rugiaĩ (v dgs)	[rʊ'gʲɛɪ]
avena (f)	ãvižos (m dgs)	['a:vʲɪʒos]
mijo (m)	sóra (m)	['sora]
cebada (f)	miẽžiai (v dgs)	['mʲɛʒʲɛɪ]

maíz (m)	kukurū̃zas (v)	[kʊkʊ'ru:zas]
arroz (m)	rỹžiai (v)	['rʲi:ʒʲɛɪ]
alforfón (m)	grìkiai (v dgs)	['grʲɪkʲɛɪ]

guisante (m)	žìrniai (v dgs)	['ʒʲɪrnʲɛɪ]
fréjol (m)	pupẽlės (m dgs)	[pʊ'pʲælʲe:s]
soya (f)	sojà (m)	[so:'jɛ]
lenteja (f)	lę̃šiai (v dgs)	['lʲe:ʃɛɪ]
habas (f pl)	pùpos (m dgs)	['pʊpos]

T&P BOOKS

LOS PAÍSES

T&P Books Publishing

Afganistán (m)	Afganistãnas (v)	[afganʲɪˈstaːnas]
Albania (f)	Albãnija (m)	[alʲˈbaːnʲɪjɛ]
Alemania (f)	Vokietìja (m)	[vokʲiɛˈtʲɪja]
Arabia (f) Saudita	Saúdo Arãbija (m)	[saˈʊdo aˈraːbʲɪjɛ]
Argentina (f)	Argentinà (m)	[argʲɛntʲɪˈna]
Armenia (f)	Arménija (m)	[arˈmʲeːnʲɪjɛ]
Australia (f)	Austrãlija (m)	[ɑʊsˈtraːlʲɪjɛ]
Austria (f)	Áustrija (m)	[ˈɑʊstrʲɪjɛ]
Azerbaiyán (m)	Azerbaidžãnas (v)	[azʲɛrbʌɪˈdʒaːnas]
Bangladesh (m)	Bangladèšas (v)	[banglʲaˈdʲɛʃas]
Bélgica (f)	Bel̃gija (m)	[ˈbʲɛlˠgʲɪjɛ]
Bielorrusia (f)	Baltarùsija (m)	[balʲtaˈrʊsʲɪjɛ]
Bolivia (f)	Bolìvija (m)	[boˈlʲɪvʲɪjɛ]
Bosnia y Herzegovina	Bòsnija ir Hercegovinà (m)	[ˈbosnʲɪja ir ɣʲɛrtsʲɛgovʲɪˈna]
Brasil (m)	Brazìlija (m)	[braˈzʲɪlʲɪjɛ]
Bulgaria (f)	Bulgãrija (m)	[bʊlʲˠˈgaːrʲɪjɛ]
Camboya (f)	Kambodžà (m)	[kamboˈdʒa]
Canadá (f)	Kanadà (m)	[kanaˈda]
Chequia (f)	Čèkija (m)	[ˈtʂʲɛkʲɪjɛ]
Chile (m)	Čìlė (m)	[ˈtʂʲɪlʲeː]
China (f)	Kìnija (m)	[ˈkʲɪnʲɪjɛ]
Chipre (m)	Kìpras (v)	[ˈkʲɪpras]
Colombia (f)	Kolùmbija (m)	[koˈlʲumbʲɪjɛ]
Corea (f) del Norte	Šiáurės Koréja (m)	[ˈʃæʊrʲeːs koˈrʲeːja]
Corea (f) del Sur	Pietų̃ Koréja (m)	[pʲiɛˈtu: koˈrʲeːja]
Croacia (f)	Kroãtija (m)	[kroˈaːtʲɪjɛ]
Cuba (f)	Kubà (m)	[kʊˈba]
Dinamarca (f)	Dãnija (m)	[ˈdaːnʲɪjɛ]
Ecuador (m)	Ekvadòras (v)	[ɛkvaˈdoras]
Egipto (m)	Egìptas (v)	[ɛˈgʲɪptas]
Emiratos (m pl) Árabes Unidos	Jungtìniai Arãbų Emiratai (v dgs)	[jʊŋkˈtʲɪnʲɛɪ aˈraːbu: ɛmʲɪratʌɪ]
Escocia (f)	Škòtija (m)	[ˈʃkotʲɪjɛ]
Eslovaquia (f)	Slovãkija (m)	[slʲoˈvaːkʲɪjɛ]
Eslovenia	Slovénija (m)	[slʲoˈvʲeːnʲɪjɛ]
España (f)	Ispãnija (m)	[ɪsˈpaːnʲɪjɛ]
Estados Unidos de América	Jungtìnės Amèrikos Valstìjos (m dgs)	[jʊŋkˈtʲɪnʲeːs aˈmʲɛrʲɪkos valʲsˈtʲɪjɔs]
Estonia (f)	Èstija (m)	[ˈɛstʲɪjɛ]
Finlandia (f)	Súomija (m)	[ˈsʊɑmʲɪjɛ]
Francia (f)	Prancūzijà (m)	[prantsuːzʲɪˈja]

100. Los países. Unidad 2

Georgia (f)	Gruzija (m)	['gruzʲɪjɛ]
Ghana (f)	Gana (m)	[ga'na]
Gran Bretaña (f)	Didžioji Britãnija (m)	[dʲɪ'dʒʲoːjɪ brʲɪ'taːnʲɪjɛ]
Grecia (f)	Graĩkija (m)	['grʌɪkʲɪjɛ]
Haití (m)	Haĩtis (v)	[ɣʌ'ɪtʲɪs]
Hungría (f)	Veñgrija (m)	['vʲɛŋgrʲɪjɛ]

India (f)	Ìndija (m)	['ɪndʲɪjɛ]
Indonesia (f)	Indonezijà (m)	[ɪndonʲɛzʲɪ'ja]
Inglaterra (f)	Ánglija (m)	['anglʲɪjɛ]
Irak (m)	Irãkas (v)	[ɪ'raːkas]
Irán (m)	Irãnas (v)	[ɪ'raːnas]
Irlanda (f)	Aĩrija (m)	['ʌɪrʲɪjɛ]
Islandia (f)	Islándija (m)	[ɪs'lʲandʲɪjɛ]
Islas (f pl) Bahamas	Bahãmų salõs (m dgs)	[ba'ɣamu: 'salʲoːs]

Israel (m)	Izraèlis (v)	[ɪzraʲ'ɛlʲɪs]
Italia (f)	Itãlija (m)	[ɪ'taːlʲɪjɛ]

Jamaica (f)	Jamáika (m)	[ja'mʌɪka]
Japón (m)	Japònija (m)	[ja'ponʲɪjɛ]
Jordania (f)	Jordãnija (m)	[jɔr'da:nʲɪjɛ]

Kazajstán (m)	Kazãchija (m)	[ka'za:xʲɪjɛ]
Kenia (f)	Kènija (m)	['kʲɛnʲɪjɛ]

Kirguizistán (m)	Kirgìzija (m)	[kʲɪr'gʲɪzʲɪjɛ]
Kuwait (m)	Kuveĩtas (v)	[kʊ'vʲɛɪtas]

Laos (m)	Laòsas (v)	[lʲa'osas]
Letonia (f)	Lãtvija (m)	['lʲa:tvʲɪjɛ]
Líbano (m)	Libãnas (v)	[lʲɪ'banas]
Libia (f)	Lìbija (m)	['lʲɪbʲɪjɛ]
Liechtenstein (m)	Lìchtenšteinas (v)	['lʲɪxtʲɛnʃtʲɛɪnas]

Lituania (f)	Lietuvà (m)	[lʲiɛtʊ'va]
Luxemburgo (m)	Liùksemburgas (v)	['lʲʊksʲɛmbʊrgas]

Macedonia	Makedònija (m)	[makʲɛ'donʲɪjɛ]
Madagascar (m)	Madagaskãras (v)	[madagas'ka:ras]
Malasia (f)	Maláizija (m)	[ma'lʲʌɪzʲɪjɛ]
Malta (f)	Málta (m)	['malʲta]
Marruecos (m)	Maròkas (v)	[ma'rokas]
Méjico (m)	Mèksika (m)	['mʲɛksʲɪka]
Moldavia (f)	Moldávija (m)	[molʲ'da:vʲɪjɛ]
Mónaco (m)	Mònakas (v)	['monakas]
Mongolia (f)	Mongòlija (m)	[mon'golʲɪjɛ]
Montenegro (m)	Juodkalnijà (m)	[jʊɑdkalʲnʲɪ'ja]
Myanmar (m)	Mianmãras (v)	[mʲæn'ma:ras]

101. Los países. Unidad 3

Namibia (f)	Namìbija (m)	[na'mʲɪbʲɪjɛ]
Nepal (m)	Nepãlas (v)	[nʲɛ'pa:lʲas]
Noruega (f)	Norvègija (m)	[nor'vʲɛgʲɪjɛ]
Nueva Zelanda (f)	Naujóji Zelándija (m)	[nɑʊ'jɔ:jɪ zʲɛ'lʲandʲɪjɛ]

Países Bajos (m pl)	Nýderlandai (v dgs)	['nʲi:dʲɛrlʲandʌɪ]
Pakistán (m)	Pakistãnas (v)	[pakʲɪ'sta:nas]
Palestina (f)	Palestìna (m)	[palʲɛs'tʲɪna]
Panamá (f)	Panamà (m)	[pana'ma]
Paraguay (m)	Paragvãjus (v)	[parag'va:jʊs]
Perú (m)	Perù (v)	[pʲɛ'rʊ]
Polinesia (f) Francesa	Prancūzìjos Polinèzija (m)	[prantsu:'zʲɪjɔs polʲɪ'nʲɛzʲɪjɛ]
Polonia (f)	Lénkija (m)	['lʲɛŋkʲɪjɛ]
Portugal (m)	Portugãlija (m)	[portʊ'ga:lʲɪjɛ]

República (f) Dominicana	Dominìkos Respùblika (m)	[domʲɪ'nʲɪkos rʲɛs'pʊblʲɪka]
República (f) Sudafricana	Pietų̃ áfrikos respùblika (m)	[pʲɪɛ'tu: 'a:frʲɪkos rʲɛs'pʊblʲɪka]
Rumania (f)	Rumùnija (m)	[rʊ'mʊnʲɪjɛ]
Rusia (f)	Rùsija (m)	['rʊsʲɪjɛ]

Senegal (m)	Senegãlas (v)	[sʲɛnʲɛ'ga:lʲas]
Serbia (f)	Sèrbija (m)	['sʲɛrbʲɪjɛ]
Siria (f)	Sìrija (m)	['sʲɪrʲɪjɛ]
Suecia (f)	Švèdija (m)	['ʃvʲɛdʲɪjɛ]
Suiza (f)	Šveicãrija (m)	[ʃvʲɛɪ'tsa:rʲɪjɛ]
Surinam (m)	Surinãmis (v)	[sʊrʲɪ'namʲɪs]

Tayikistán (m)	Tadžìkija (m)	[tad'ʒʲɪkʲɪjɛ]
Tailandia (f)	Tailándas (v)	[tʌɪ'lʲandas]
Taiwán (m)	Taivãnis (v)	[tʌɪ'vanʲɪs]
Tanzania (f)	Tanzãnija (m)	[tan'za:nʲɪjɛ]
Tasmania (f)	Tasmãnija (m)	[tas'ma:nʲɪjɛ]
Túnez (m)	Tunìsas (v)	[tʊ'nʲɪsas]
Turkmenistán (m)	Turkménija (m)	[tʊrk'mʲe:nʲɪjɛ]
Turquía (f)	Tùrkija (m)	['tʊrkʲɪjɛ]

Ucrania (f)	Ukrainà (m)	[ʊkrʌɪ'na]
Uruguay (m)	Urugvãjus (v)	[ʊrʊg'va:jʊs]
Uzbekistán (m)	Uzbèkija (m)	[ʊz'bʲɛkʲɪjɛ]
Vaticano (m)	Vatikãnas (v)	[vatʲɪka:nas]
Venezuela (f)	Venesuelà (m)	[vʲɛnʲɛsʊɛ'lʲa]
Vietnam (m)	Vietnãmas (v)	[vjɛt'na:mas]
Zanzíbar (m)	Zanzibãras (v)	[zanzʲɪ'ba:ras]

GLOSARIO GASTRONÓMICO

Esta sección contiene una
gran cantidad de palabras y
términos asociados con la
comida. Este diccionario le hará
más fácil la comprensión
del menú de un restaurante y
la elección del plato adecuado

T&P Books Publishing

Español-Lituano glosario gastronómico

Español	Lituano	Pronunciación
¡Que aproveche!	Gẽro apetìto!	['gʲæɛrɔ apʲɛ'tʲɪtɔ!]
abrebotellas (m)	atidarytùvas (v)	[atʲɪdarʲiː'tʊvas]
abrelatas (m)	konsèrvų atidarytùvas (v)	[kɔn'sʲɛrvu: atʲɪdarʲiː'tʊvas]
aceite (m) de girasol	saulégrąžų aliẽjus (v)	[saʊ'lʲe:gra:ʒu: a'lʲɛjʊs]
aceite (m) de oliva	alỹvuogių aliẽjus (v)	[a'lʲiːvʊagʲu: a'lʲɛjʊs]
aceite (m) vegetal	augalìnis aliẽjus (v)	[ɑʊgalʲɪnʲɪs a'lʲɛjʊs]
agua (f)	vanduõ (v)	[van'dʊɑ]
agua (f) mineral	minerãlinis vanduõ (v)	[mʲɪnʲɛ'ra:lʲɪnʲɪs van'dʊɑ]
agua (f) potable	gẽriamas vanduõ (v)	['gʲærʲæmas van'dʊɑ]
aguacate (m)	avokàdas (v)	[avo'kadas]
ahumado (adj)	rūkỹtas	[ru:'kʲiːtas]
ajo (m)	česnãkas (v)	[tʂʲɛs'na:kas]
albahaca (f)	bazìlikas (v)	[ba'zʲɪlʲɪkas]
albaricoque (m)	abrikòsas (v)	[abrʲɪ'kosas]
alcachofa (f)	artišòkas (v)	[artʲɪ'ʃokas]
alforfón (m)	grìkiai (v dgs)	['grʲɪkʲɛɪ]
almendra (f)	migdõlas (v)	[mʲɪg'do:lʲas]
almuerzo (m)	piẽtūs (v)	['pʲɛ'tu:s]
amargo (adj)	kartùs	[kar'tʊs]
anís (m)	anỹžius (v)	[a'nʲiː:ʒʲʊs]
anguila (f)	ungurỹs (v)	[ʊngʊ'rʲiː:s]
aperitivo (m)	aperitỹvas (v)	[apʲɛrʲɪ'tʲiː:vas]
apetito (m)	apetìtas (v)	[apʲɛ'tʲɪtas]
apio (m)	saliẽras (v)	[sa'lʲɛras]
arándano (m)	mėlỹnės (m dgs)	[mʲe:'lʲiː:nʲe:s]
arándano (m) agrio	spáñguolė (m)	['spaŋgʊalʲe:]
arándano (m) rojo	brùknės (m dgs)	['brʊknʲe:s]
arenque (m)	sìlkė (m)	['sʲɪlʲkʲe:]
arroz (m)	rỹžiai (v)	['rʲiː:ʒʲɛɪ]
atún (m)	tunas (v)	['tʊnas]
avellana (f)	rìešutas (v)	['rʲiɛʃʊtas]
avena (f)	ãvižos (m dgs)	['a:vʲɪʒos]
azúcar (m)	cùkrus (v)	['tsʊkrʊs]
azafrán (m)	šafrãnas (v)	[ʃafra:nas]
azucarado, dulce (adj)	saldùs	[salʲ'dʊs]
bacalao (m)	méñkė (m)	['mʲɛŋkʲe:]
banana (f)	banãnas (v)	[ba'na:nas]
bar (m)	bãras (v)	['ba:ras]
barman (m)	bármenas (v)	['barmʲɛnas]
batido (m)	píeniškas kokteìlis (v)	['pʲiɛnʲɪʃkas kok'tʲɛɪlʲɪs]
baya (f)	úoga (m)	['ʊaga]
bayas (f pl)	úogos (m dgs)	['ʊagos]
bebida (f) sin alcohol	nealkohòlonis gérimas (v)	[nʲɛalʲko'yolonʲɪs 'gʲe:rʲɪmas]

bebidas (f pl) alcohólicas	alkoholiniai gérimai (v dgs)	[alʲkoˈɣolʲɪnʲɛɪ ˈɡʲeːrʲɪmʌɪ]
beicon (m)	bekònas (v)	[bʲɛˈkonas]
berenjena (f)	baklažãnas (v)	[baklʲaˈʒaːnas]
bistec (m)	bifstèksas (v)	[bʲɪfʃtʲɛksas]
bocadillo (m)	sumuštìnis (v)	[sʊmʊʃˈtʲɪnʲɪs]
boleto (m) áspero	lẽpšis (v)	[ˈlʲæpʃɪs]
boleto (m) castaño	raudonvíršis (v)	[rɑʊdonˈvʲɪrʃɪs]
brócoli (m)	bròkolių kopũstas (v)	[ˈbrokolʲuː koˈpuːstas]
brema (f)	kaȓšis (v)	[ˈkarʃɪs]
cóctel (m)	kokteĩlis (v)	[kɔkˈtʲɛɪlʲɪs]
caballa (f)	skùmbrė (m)	[ˈskʊmbrʲeː]
cacahuete (m)	žẽmės riešutaĩ (v)	[ˈʒʲæmʲeːs rʲiɛʃʊˈtʌɪ]
café (m)	kavà (m)	[kaˈva]
café (m) con leche	kavà sù píenu (m)	[kaˈva ˈsʊ ˈpʲiɛnʊ]
café (m) solo	juodà kavà (m)	[jʊɑˈda kaˈva]
café (m) soluble	tirpì kavà (m)	[tʲɪrˈpʲɪ kaˈva]
calabacín (m)	agurõtis (v)	[agʊˈroːtʲɪs]
calabaza (f)	rõpė (m)	[ˈropʲeː]
calamar (m)	kalmãras (v)	[kalʲˈmaːras]
caldo (m)	sultinỹs (v)	[sʊlʲtʲɪˈnʲiːs]
caliente (adj)	kárštas	[ˈkarʃtas]
caloría (f)	kalòrija (m)	[kaˈlʲorʲɪjɛ]
camarón (m)	krevètė (m)	[krʲɛˈvʲɛtʲeː]
camarera (f)	padavéja (m)	[padaˈvʲeːja]
camarero (m)	padavéjas (v)	[padaˈvʲeːjas]
canela (f)	cinamònas (v)	[tsʲɪnaˈmonas]
cangrejo (m) de mar	krãbas (v)	[ˈkraːbas]
capuchino (m)	kapučìno kavà (m)	[kapuˈtʂɪnɔ kaˈva]
caramelo (m)	saldaĩnis (v)	[salʲˈdʌɪnʲɪs]
carbohidratos (m pl)	angliãvandeniai (v dgs)	[anˈɡlʲævandʲɛnʲɛɪ]
carne (f)	mėsà (m)	[mʲeːˈsa]
carne (f) de carnero	avíena (m)	[aˈvʲiɛna]
carne (f) de cerdo	kiaulíena (m)	[kʲɛʊˈlʲiɛna]
carne (f) de ternera	veršíena (m)	[vʲɛrˈʃiɛna]
carne (f) de vaca	jáutiena (m)	[ˈjɑʊtʲiɛna]
carne (f) picada	fáršas (v)	[ˈfarʃas]
carpa (f)	kárpis (v)	[ˈkarpʲɪs]
carta (f) de vinos	vỹnų žemėlapis (v)	[ˈvʲiːnu ʒeˈmʲeːlʲapʲɪs]
carta (f), menú (m)	meniù (v)	[mʲɛˈnʲʊ]
caviar (m)	ìkrai (v dgs)	[ˈɪkrʌɪ]
caza (f) menor	žvėríena (m)	[ʒvʲeːˈrʲiɛna]
cebada (f)	miẽžiai (v dgs)	[ˈmʲɛʒʲɛɪ]
cebolla (f)	svogũnas (v)	[svoˈguːnas]
cena (f)	vakariẽnė (m)	[vakaˈrʲɛnʲeː]
centeno (m)	rugiaĩ (v dgs)	[rʊˈɡʲɛɪ]
cereales (m pl)	grūdìnės kultũros (m dgs)	[gruːˈdʲɪnʲeːs kʊlʲˈtuːros]
cereales (m pl) integrales	kruõpos (m dgs)	[ˈkrʊɑpos]
cereza (f)	trẽšnė (m)	[ˈtrʲæʃnʲeː]
cerveza (f)	alùs (v)	[aˈlʲʊs]
cerveza (f) negra	tamsùs alùs (v)	[tamˈsʊs aˈlʲʊs]
cerveza (f) rubia	šviesùs alùs (v)	[ʃvʲiɛˈsʊs aˈlʲʊs]
champaña (f)	šampãnas (v)	[ʃamˈpaːnas]

chicle (m)	kramtomoji gumà (m)	[kramto'mojɪ gu'ma]
chocolate (m)	šokolãdas (v)	[ʃoko'lʲaːdas]
cilantro (m)	kaléndra (m)	[ka'lʲɛndra]
ciruela (f)	slyvà (m)	[slʲiː'va]
clara (f)	báltymas (v)	['balʲtʲiːmas]
clavo (m)	gvazdìkas (v)	[gvaz'dʲɪkas]
coñac (m)	konjãkas (v)	[kɔnʲja:kas]
cocido en agua (adj)	vìrtas	['vʲɪrtas]
cocina (f)	virtùvė	[vʲɪr'tʊvʲe:]
col (f)	kopū̃stas (v)	[kɔ'puːstas]
col (f) de Bruselas	briùselio kopū̃stas (v)	['brʲʊsʲɛlʲɔ kɔ'puːstas]
coliflor (f)	kalafiòras (v)	[kalʲa'fʲoras]
colmenilla (f)	briedžiùkas (v)	[brʲiɛ'dʒʲʊkas]
comida (f)	vãlgis (v)	['valʲɡʲɪs]
comino (m)	kmỹnai (v)	['kmʲiːnʌɪ]
con gas	gazúotas	[ga'zuɑtas]
con hielo	sù ledaìs	['sʊ lʲɛ'dʌɪs]
condimento (m)	príeskonis (v)	['prʲiɛskonʲɪs]
conejo (m)	triùšis (v)	['trʲʊʃɪs]
confitura (f)	džèmas (v)	['dʒʲɛmas]
confitura (f)	uogiẽnė (m)	[ʊɑ'gʲɛnʲe:]
congelado (adj)	šáldytas	['ʃalʲdʲiːtas]
conservas (f pl)	konsèrvai (v dgs)	[kɔn'sʲɛrvʌɪ]
copa (f) de vino	taurė̃ (m)	[tɑʊ'rʲe:]
copos (m pl) de maíz	kukurū̃zų drìbsniai (v dgs)	[kʊkʊ'ruːzuː 'drʲɪbsnʲɛɪ]
crema (f) de mantequilla	krèmas (v)	['krʲɛmas]
crustáceos (m pl)	vėžiã̄gyviai (v dgs)	[vʲe:'ʒʲægʲiːvʲɛɪ]
cuchara (f)	šáukštas (v)	['ʃɑʊkʃtas]
cuchara (f) de sopa	vãlgomasis šáukštas (v)	['valʲgomasʲɪs 'ʃɑʊkʃtas]
cucharilla (f)	arbãtinis šaukštẽlis (v)	[ar'baːtʲɪnʲɪs ʃɑʊkʃ'tʲælʲɪs]
cuchillo (m)	peĩlis (v)	['pʲɛɪlʲɪs]
cuenta (f)	sąskaita (m)	['sa:skʌɪta]
dátil (m)	datùlė (m)	[da'tʊlʲe:]
de chocolate (adj)	šokolãdinis	[ʃoko'lʲa:dɪnʲɪs]
desayuno (m)	pùsryčiai (v dgs)	['pʊsrʲiːtʂɛɪ]
dieta (f)	diẽta (m)	[dʲiɛ'ta]
eneldo (m)	krãpas (v)	['kra:pas]
ensalada (f)	salõtos (m)	[sa'lʲo:tos]
entremés (m)	ùžkandis (v)	['ʊʒkandʲɪs]
espárrago (m)	smìdras (v)	['smʲɪdras]
espagueti (m)	spagèčiai (v dgs)	[spa'gʲɛtʂʲɛɪ]
especia (f)	príeskonis (v)	['prʲiɛskonʲɪs]
espiga (f)	várpa (m)	['varpa]
espinaca (f)	špinãtas (v)	[ʃpʲɪ'na:tas]
esturión (m)	eršketíena (m)	[ɛrʃkʲɛ'tʲiɛna]
fletán (m)	õtas (v)	['o:tas]
fréjol (m)	pupẽlės (m dgs)	[pʊ'pʲælʲe:s]
frío (adj)	šáltas	['ʃalʲtas]
frambuesa (f)	aviẽtė (m)	[a'vʲɛtʲe:]
fresa (f)	brãškė (m)	['bra:ʃkʲe:]
fresa (f) silvestre	žémuogės (m dgs)	['ʒʲæmʊɑgʲe:s]
frito (adj)	kẽptas	['kʲæptas]

fruto (m)	vaĭsius (v)	['vʌɪsʲʊs]
frutos (m pl)	vaĭsiai (v dgs)	['vʌɪsʲɛɪ]
gachas (f pl)	kõšé (m)	['koːʃʲeː]
galletas (f pl)	sausaĭniai (v)	[sɑuˈsʌɪnʲɛɪ]
gallina (f)	vištà (m)	[vʲɪʃˈta]
ganso (m)	žą̃sinas (v)	['ʒaːsʲɪnas]
gaseoso (adj)	gazúotas	[gaˈzuɔtas]
ginebra (f)	džìnas (v)	['dʒɪnas]
gofre (m)	vãfliai (v dgs)	['vaːflʲɛɪ]
granada (f)	granãtas (v)	[graˈnaːtas]
grano (m)	grū̃das (v)	['gruːdas]
grasas (f pl)	riebalaĭ (v dgs)	[rʲɛbaˈlʲʌɪ]
grosella (f) espinosa	agrãstas (v)	[agˈraːstas]
grosella (f) negra	juodíeji serbeñtai (v dgs)	[jʊɔˈdʲiɛjɪ sʲɛrˈbʲɛntʌɪ]
grosella (f) roja	raudoníeji serbeñtai (v dgs)	[rauˈdoˈnʲɛjɪ sʲɛrˈbʲɛntʌɪ]
guarnición (f)	garnȳras (v)	[garˈnʲiːras]
guinda (f)	vyšnià (m)	[vʲiˈʃnʲæ]
guisante (m)	žìrniai (v dgs)	['ʒɪrnʲɛɪ]
hígado (m)	kẽpenys (m dgs)	[kʲɛpeˈnʲiːs]
habas (f pl)	pùpos (m dgs)	['pʊpos]
hamburguesa (f)	mésaĭnis (v)	[mʲeːˈsʌɪnʲɪs]
harina (f)	mìltai (v dgs)	['mʲɪlʲtʌɪ]
helado (m)	ledaĭ (v dgs)	[lʲɛˈdʌɪ]
hielo (m)	lẽdas (v)	['lʲædas]
higo (m)	figà (m)	[fʲɪˈga]
hoja (f) de laurel	láuro lãpas (v)	['lʲɑurɔ 'lʲaːpas]
huevo (m)	kiaušìnis (v)	[kʲɛʊˈʃʲɪnʲɪs]
huevos (m pl)	kiaušìniai (v dgs)	[kʲɛʊˈʃʲɪnʲɛɪ]
huevos (m pl) fritos	kiaušiniẽnė (m)	[kʲɛʊʃʲɪˈnʲɛnʲeː]
jamón (m)	kum̃pis (v)	['kʊmpʲɪs]
jamón (m) fresco	kum̃pis (v)	['kʊmpʲɪs]
jengibre (m)	im̃bieras (v)	['ɪmbʲɛras]
jugo (m) de tomate	pomidorų̃ sùltys (m dgs)	[pomʲɪˈdoru: 'sʊlʲtʲiːs]
kiwi (m)	kìvis (v)	['kʲɪvʲɪs]
langosta (f)	langùstas (v)	[lʲanˈgʊstas]
leche (f)	píenas (v)	['pʲɪɛnas]
leche (f) condensada	sutírštintas píenas (v)	[sʊˈtʲɪrʃtɪntas 'pʲɪɛnas]
lechuga (f)	salõta (m)	[saˈlʲoːta]
legumbres (f pl)	daržóvės (m dgs)	[darˈʒovʲeːs]
lengua (f)	liežùvis (v)	[lʲɛˈʒʊvʲɪs]
lenguado (m)	plẽkšnė (m)	['plʲækʃnʲeː]
lenteja (f)	lę̃šiai (v dgs)	['lʲɛːʃʲɛɪ]
licor (m)	lìkeris (v)	['lʲɪkʲɛrʲɪs]
limón (m)	citrinà (m)	[tsɪtrʲɪˈna]
limonada (f)	limonãdas (v)	[lʲɪmoˈnaːdas]
loncha (f)	griežinỹs (v)	[grʲɪɛʒʲɪˈnʲiːs]
lucio (m)	lydekà (m)	[lʲiːdɛˈka]
lucioperca (f)	star̃kis (v)	['starkʲɪs]
maíz (m)	kukurū̃zas (v)	[kʊkʊˈruːzas]
maíz (m)	kukurū̃zas (v)	[kʊkʊˈruːzas]
macarrones (m pl)	makarõnai (v dgs)	[makaˈroːnʌɪ]
mandarina (f)	mandarìnas (v)	[mandaˈrʲɪnas]

mango (m)	mángo (v)	['mango]
mantequilla (f)	svíestas (v)	['svʲiɛstas]
manzana (f)	obuolỹs (v)	[obʊɑ'lʲiːs]
margarina (f)	margarìnas (v)	[marga'rʲɪnas]
marinado (adj)	marinúotas	[marʲɪ'nʊɑtas]
mariscos (m pl)	júros gérybės (m dgs)	['juːros gʲeːrʲiːbʲeːs]
matamoscas (m)	mùsmirė (m)	['mʊsmʲɪrʲeː]
mayonesa (f)	majonèzas (v)	[majo'nʲɛzas]
melón (m)	meliònas (v)	[mʲɛ'lʲonas]
melocotón (m)	pèrsikas (v)	['pʲɛrsʲɪkas]
mermelada (f)	marmelādas (v)	[marmʲɛ'lʲaːdas]
miel (f)	medùs (v)	[mʲɛ'dʊs]
miga (f)	trupinỹs (v)	[trʊpʲɪ'nʲiːs]
mijo (m)	sóra (m)	['sora]
mini tarta (f)	pyragáitis (v)	[pʲiːra'gʌɪtʲɪs]
mondadientes (m)	dantų̃ krapštùkas (v)	[dan'tuː krapʃ'tʊkas]
mostaza (f)	garstyčios (v)	[gar'stʲiːtsʲos]
nabo (m)	moliū̃gas (v)	[mo'lʲuːgas]
naranja (f)	apelsìnas (v)	[apʲɛlʲ'sʲɪnas]
nata (f) agria	grietìnė (m)	[grʲɪɛ'tʲɪnʲeː]
nata (f) líquida	grietinė́lė (m)	[grʲɪɛtʲɪ'nʲeːlʲeː]
nuez (f)	graĩkinis ríešutas (v)	['grʌɪkʲɪnʲɪs 'rʲɪɛʃutas]
nuez (f) de coco	kokòso ríešutas (v)	['kokosɔ 'rʲɪɛʃutas]
olivas, aceitunas (f pl)	alỹvuogės (m dgs)	[a'lʲiːvʊɑgʲeːs]
oronja (f) verde	šùngrybis (v)	['ʃungrʲiːbʲɪs]
ostra (f)	áustrė (m)	['aʊstrʲeː]
pan (m)	dúona (m)	['dʊɑna]
papaya (f)	papája (m)	[pa'pa ja]
paprika (f)	pãprika (m)	['pa:prʲɪka]
pasas (f pl)	razìnos (m dgs)	[ra'zʲɪnos]
pasteles (m pl)	konditèrijos gaminiaĩ (v)	[kondʲɪ'tʲɛrʲɪjos gamʲɪ'nʲɛɪ]
paté (m)	paštètas (v)	[paʃ'tʲɛtas]
patata (f)	bùlvė (m)	['bʊlʲvʲeː]
pato (m)	ántis (m)	['antʲɪs]
pava (f)	kalakutíena (m)	[kalʲakʊ'tʲiɛna]
pedazo (m)	gābalas (v)	['ga:balʲas]
pepino (m)	aguřkas (v)	[a'gʊrkas]
pera (f)	kriáušė (m)	['krʲæʊʃe:]
perca (f)	ešerỹs (v)	[ɛʃɛ'rʲiːs]
perejil (m)	petrãžolė (m)	[pʲɛ'tra:ʒolʲe:]
pescado (m)	žuvìs (m)	[ʒʊ'vʲɪs]
piña (f)	ananãsas (v)	[ana'na:sas]
piel (f)	lúoba (m)	['lʲʊaba]
pimienta (f) negra	juodíeji pipìrai (v)	[jʊɑ'dʲiɛjɪ pʲɪ'pʲɪrʌɪ]
pimienta (f) roja	raudoníeji pipìrai (v)	[rɑʊdo'nʲiɛjɪ pʲɪ'pʲɪrʌɪ]
pimiento (m) dulce	pipìras (v)	[pʲɪ'pʲɪras]
pistachos (m pl)	pistãcijos (m dgs)	[pʲɪs'ta:tsʲɪjos]
pizza (f)	picà (m)	[pʲɪ'tsa]
platillo (m)	lėkštẽlė (m)	[lʲe:kʃ'tʲælʲe:]
plato (m)	pãtiekalas (v)	['pa:tʲiɛkalʲas]
plato (m)	lėkštė̃ (m)	[lʲe:kʃ'tʲe:]
pomelo (m)	greĩpfrutas (v)	['grʲɛɪpfrutas]

porción (f)	pòrcija (m)	['portsʲɪjɛ]
postre (m)	desèrtas (v)	[dʲɛ'sʲɛrtas]
propina (f)	arbãtpinigiai (v dgs)	[ar'ba:tpʲɪnʲɪgʲɛɪ]
proteínas (f pl)	baltymaĩ (v dgs)	[balʲtʲi:'mʌɪ]
pudin (m)	pùdingas (v)	['pʊdʲɪngas]
puré (m) de patatas	bùlviǔ kõšė̃ (m)	['bʊlʲvʲu: 'ko:ʃe:]
queso (m)	sū̃ris (v)	['su:rʲɪs]
rábano (m)	ridìkas (v)	[rʲɪ'dʲɪkas]
rábano (m) picante	krienaĩ (v dgs)	[krʲɪɛ'nʌɪ]
rúsula (f)	ūmė̃dė̃ (m)	[u:mʲe:'dʲe:]
rebozuelo (m)	voveráitė (m)	[vove'rʌɪtʲe:]
receta (f)	recèptas (v)	[rʲɛ'tsʲɛptas]
refresco (m)	gaivùsis gérimas (v)	[gʌɪ'vusʲɪs 'gʲe:rʲɪmas]
regusto (m)	príeskonis (v)	['prʲɪɛskonʲɪs]
relleno (m)	ídaras (v)	['i:daras]
remolacha (f)	ruñkelis, burõkas (v)	['rʊŋkʲɛlʲɪs], [bʊ'ro:kas]
ron (m)	ròmas (v)	['romas]
sésamo (m)	sezãmas (v)	[sʲɛ'za:mas]
sabor (m)	skónis (v)	['sko:nʲɪs]
sabroso (adj)	skanùs	[ska'nʊs]
sacacorchos (m)	kamščiãtraukis (v)	[kamʃʲtsʲætrɑʊkʲɪs]
sal (f)	druskà (m)	[drʊs'ka]
salado (adj)	sūrùs	[su:'rʊs]
salchichón (m)	dešrà (m)	[dʲɛʃ'ra]
salchicha (f)	dešrẽlė (m)	[dʲɛʃ'rælʲe:]
salmón (m)	lašišà (m)	[lʲaʃɪ'ʃa]
salmón (m) del Atlántico	lašišà (m)	[lʲaʃɪ'ʃa]
salsa (f)	pãdažas (v)	['pa:daʒas]
sandía (f)	arbū̃zas (v)	[ar'bu:zas]
sardina (f)	sardìnė (v)	[sar'dʲɪnʲe:]
seco (adj)	džiovìntas	[dʒʲo'vʲɪntas]
seta (f)	grỹbas (v)	['grʲi:bas]
seta (f) comestible	válgomas grỹbas (v)	['valʲgomas 'grʲi:bas]
seta (f) venenosa	nuodìngas grỹbas (v)	[nʊɑ'dʲɪngas 'grʲi:bas]
seta calabaza (f)	baravỹkas (v)	[bara'vʲi:kas]
siluro (m)	šãmas (v)	['ʃa:mas]
sin alcohol	nealkohòlonis	[nʲɛalʲko'yolonʲɪs]
sin gas	bè gãzo	['bʲɛ 'ga:zɔ]
sopa (f)	sriubà (m)	[srʲʊ'ba]
soya (f)	sojà (m)	[so:'jɛ]
té (m)	arbatà (m)	[arba'ta]
té (m) negro	juodà arbatà (m)	[jʊɑ'da arba'ta]
té (m) verde	žalià arbatà (m)	[ʒa'lʲæ arba'ta]
tallarines (m pl)	lãkštiniai (v dgs)	['lʲa:kʃtʲɪnʲɛɪ]
tarta (f)	tòrtas (v)	['tortas]
tarta (f)	pyrãgas (v)	[pʲi:'ra:gas]
taza (f)	puodùkas (v)	[pʊɑ'dʊkas]
tenedor (m)	šakùtė (m)	[ʃa'kʊtʲe:]
tiburón (m)	ryklỹs (v)	[rʲɪk'lʲi:s]
tomate (m)	pomidòras (v)	[pomʲɪ'doras]
tortilla (f) francesa	omlètas (v)	[om'lʲɛtas]
trigo (m)	kviečiaĩ (v dgs)	[kvʲɪɛ'tsʲɛɪ]

trucha (f)	upétakis (v)	[ʊˈpʲeːtakʲɪs]
uva (f)	výnuogės (m dgs)	[ˈvʲiːnʊagʲeːs]
vaso (m)	stiklas (v)	[ˈstʲɪklʲas]
vegetariano (adj)	vegetáriškas	[vʲɛgʲɛˈtaːrʲɪʃkas]
vegetariano (m)	vegetáras (v)	[vʲɛgʲɛˈtaːras]
verduras (f pl)	žalumýnai (v)	[ʒalʲʊˈmʲiːnʌɪ]
vermú (m)	vèrmutas (v)	[ˈvʲɛrmʊtas]
vinagre (m)	áctas (v)	[ˈaːtstas]
vino (m)	výnas (v)	[ˈvʲiːnas]
vino (m) blanco	báltas výnas (v)	[ˈbalʲtas ˈvʲiːnas]
vino (m) tinto	raudónas výnas (v)	[rɑʊˈdonas ˈvʲiːnas]
vitamina (f)	vitamìnas (v)	[vʲɪtaˈmʲɪnas]
vodka (m)	degtìnė (m)	[dʲɛkˈtʲɪnʲeː]
whisky (m)	vìskis (v)	[ˈvʲɪskʲɪs]
yema (f)	trynỹs (v)	[trʲiːˈnʲiːs]
yogur (m)	jogùrtas (v)	[jɔˈgʊrtas]
zanahoria (f)	morkà (m)	[morˈka]
zarzamoras (f pl)	gérvuogės (m dgs)	[ˈgʲɛrvʊagʲeːs]
zumo (m) de naranja	apelsìnų sùltys (m dgs)	[apʲɛlʲʲˈsʲɪnu ˈsʊlʲtʲiːs]
zumo (m) fresco	šviežiaĩ spáustos sùltys (m dgs)	[ʃvʲiɛˈʒʲɛɪ ˈspɑʊstos ˈsʊlʲtʲiːs]
zumo (m), jugo (m)	sùltys (m dgs)	[ˈsʊlʲtʲiːs]

Lituano-Español glosario gastronómico

česnākas (v)	[tʃʲɛsˈnaːkas]	ajo (m)
įdaras (v)	[ˈiːdaras]	relleno (m)
šáldytas	[ˈʃalʲdʲiːtas]	congelado (adj)
šáltas	[ˈʃalʲtas]	frío (adj)
šáukštas (v)	[ˈʃɑʊkʃtas]	cuchara (f)
šāmas (v)	[ˈʃaːmas]	siluro (m)
šafrānas (v)	[ʃafˈraːnas]	azafrán (m)
šakùtė (m)	[ʃaˈkʊtʲeː]	tenedor (m)
šampānas (v)	[ʃamˈpaːnas]	champaña (f)
šokolādas (v)	[ʃokoˈlʲaːdas]	chocolate (m)
šokolādinis	[ʃokoˈlʲaːdʲɪnʲɪs]	de chocolate (adj)
špinātas (v)	[ʃpʲɪˈnaːtas]	espinaca (f)
šùngrybis (v)	[ˈʃʊŋɡrʲɪbʲɪs]	oronja (f) verde
šv̨iežiaĩ spáustos sùltys (m dgs)	[ʃvʲɪɛˈʒʲɛɪ ˈspɑʊstos ˈsʊlʲtʲiːs]	zumo (m) fresco
šviesùs alùs (v)	[ʃvʲɪɛˈsʊs aˈlʲʊs]	cerveza (f) rubia
ūmėdė̃ (m)	[uːmʲeːˈdʲeː]	rúsula (f)
žą̃sinas (v)	[ˈʒaːsʲɪnas]	ganso (m)
žalià arbatà (m)	[ʒaˈlʲæ arbaˈta]	té (m) verde
žalumýnai (v)	[ʒalʲʊˈmʲiːnʌɪ]	verduras (f pl)
žémuogės (m dgs)	[ˈʒʲæmʊɑɡʲeːs]	fresa (f) silvestre
žẽmės riešutaĩ (v)	[ˈʒʲæmʲeːs rʲɪɛʃʊˈtʌɪ]	cacahuete (m)
žìrniai (v dgs)	[ˈʒʲɪrnʲɛɪ]	guisante (m)
žuvìs (m)	[ʒʊˈvʲɪs]	pescado (m)
žvėríena (m)	[ʒvʲeːˈrʲiɛna]	caza (f) menor
ántis (m)	[ˈantʲɪs]	pato (m)
áustrė (m)	[ˈɑʊstrʲeː]	ostra (f)
āctas (v)	[ˈaːtstas]	vinagre (m)
āvižos (m dgs)	[ˈaːvʲɪʒos]	avena (f)
abrikòsas (v)	[abrʲɪˈkosas]	albaricoque (m)
agrāstas (v)	[agˈraːstas]	grosella (f) espinosa
agur̃kas (v)	[aˈɡurkas]	pepino (m)
agurõtis (v)	[aɡʊˈroːtʲɪs]	calabacín (m)
alkohòliniai gérimai (v dgs)	[alʲkoˈɣolʲɪnʲɛɪ ˈɡʲeːrʲɪmʌɪ]	bebidas (f pl) alcohólicas
alùs (v)	[aˈlʲʊs]	cerveza (f)
alỹvuogės (m dgs)	[aˈlʲiːvʊɑɡʲeːs]	olivas, aceitunas (f pl)
alỹvuogių aliẽjus (v)	[aˈlʲiːvʊɑɡʲʊ: aˈlʲɛjʊs]	aceite (m) de oliva
ananāsas (v)	[anaˈnaːsas]	piña (f)
angliãvandeniai (v dgs)	[anˈɡlʲævandʲɛnʲɛɪ]	carbohidratos (m pl)
anýžius (v)	[aˈnʲiːʒʊs]	anís (m)
apelsìnų sùltys (m dgs)	[apʲɛlʲˈsʲɪnu: ˈsʊlʲtʲiːs]	zumo (m) de naranja
apelsìnas (v)	[apʲɛlʲˈsʲɪnas]	naranja (f)
aperitỹvas (v)	[apʲɛrʲɪˈtʲiːvas]	aperitivo (m)
apetìtas (v)	[apʲɛˈtʲɪtas]	apetito (m)

arbūzas (v)	[arˈbuːzas]	sandía (f)
arbātinis šaukštēlis (v)	[arˈbaːtɪnʲɪs ʃɑʊkʃˈtʲælʲɪs]	cucharilla (f)
arbātpinigiai (v dgs)	[arˈbaːtpʲɪnʲɪɡʲɛɪ]	propina (f)
arbatà (m)	[arbaˈta]	té (m)
artišòkas (v)	[artʲɪˈʃokas]	alcachofa (f)
atidarytùvas (v)	[atʲɪdarʲiˈtuvas]	abrebotellas (m)
augalìnis aliējus (v)	[ɑʊɡalʲɪnʲɪs aˈlʲɛjʊs]	aceite (m) vegetal
avíena (m)	[aˈvʲiɛna]	carne (f) de carnero
aviētė (m)	[aˈvʲɛtʲeː]	frambuesa (f)
avokàdas (v)	[avoˈkadas]	aguacate (m)
báltas vỹnas (v)	[ˈbalʲtas ˈvʲiːnas]	vino (m) blanco
báltymas (v)	[ˈbalʲtʲiːmas]	clara (f)
bármenas (v)	[ˈbarmʲɛnas]	barman (m)
bāras (v)	[ˈbaːras]	bar (m)
baklažānas (v)	[baklʲaˈʒaːnas]	berenjena (f)
baltymaì (v dgs)	[balʲtʲiːˈmʌɪ]	proteínas (f pl)
banānas (v)	[baˈnaːnas]	banana (f)
baravỹkas (v)	[baraˈvʲiːkas]	seta calabaza (f)
bazìlikas (v)	[baˈzʲɪlʲɪkas]	albahaca (f)
bè gāzo	[ˈbʲɛ ˈɡaːzɔ]	sin gas
bekònas (v)	[bʲɛˈkonas]	beicon (m)
bifštèksas (v)	[bʲɪfʃtʲɛksas]	bistec (m)
brāškė (m)	[ˈbraːʃkʲeː]	fresa (f)
briedžiùkas (v)	[brʲɛˈdʒʲʊkas]	colmenilla (f)
briùselio kopūstas (v)	[ˈbrʲʊsʲɛlʲɔ koˈpuːstas]	col (f) de Bruselas
brokolių kopūstas (v)	[ˈbrokolʲʊ koˈpuːstas]	brócoli (m)
brùknės (m dgs)	[ˈbrʊknʲeːs]	arándano (m) rojo
bùlvė (m)	[ˈbʊlʲvʲeː]	patata (f)
bùlvių kõšė (m)	[ˈbʊlʲvʲʊ ˈkoːʃeː]	puré (m) de patatas
cinamònas (v)	[tsʲɪnaˈmonas]	canela (f)
citrinà (m)	[tsʲɪtrʲɪˈna]	limón (m)
cùkrus (v)	[ˈtsʊkrʊs]	azúcar (m)
džèmas (v)	[ˈdʒʲɛmas]	confitura (f)
džìnas (v)	[ˈdʒʲɪnas]	ginebra (f)
džiovìntas	[dʒʲoˈvʲɪntas]	seco (adj)
dantų krapštùkas (v)	[danˈtu: krapʃˈtʊkas]	mondadientes (m)
daržóvės (m dgs)	[darˈʒovʲeːs]	legumbres (f pl)
datùlė (m)	[daˈtʊlʲeː]	dátil (m)
dešrà (m)	[dʲɛʃˈra]	salchichón (m)
dešrēlė (m)	[dʲɛʃˈrʲælʲeː]	salchicha (f)
degtìnė (m)	[dʲɛkˈtʲɪnʲeː]	vodka (m)
desèrtas (v)	[dʲɛˈsʲɛrtas]	postre (m)
dietà (m)	[dʲiɛˈta]	dieta (f)
druskà (m)	[drʊsˈka]	sal (f)
dúona (m)	[ˈdʊɑna]	pan (m)
ešerỹs (v)	[ɛʃɛˈrʲiːs]	perca (f)
eršketíena (m)	[ɛrʃkʲɛˈtʲiɛna]	esturión (m)
fáršas (v)	[ˈfarʃas]	carne (f) picada
figà (m)	[fʲɪˈɡa]	higo (m)
gābalas (v)	[ˈɡaːbalʲas]	pedazo (m)
gaivùsis gérimas (v)	[ɡʌɪˈvʊsʲɪs ˈɡʲeːrʲɪmas]	refresco (m)
garnỹras (v)	[ɡarˈnʲiːras]	guarnición (f)

garstýčios (v)	[gar'stʲiːtʃʲos]	mostaza (f)
gazúotas	[ga'zuɑtas]	gaseoso (adj)
gazúotas	[ga'zuɑtas]	con gas
gérvuogès (m dgs)	['gʲɛrvuɑgʲeːs]	zarzamoras (f pl)
gēriamas vanduõ (v)	['gʲærʲæmas van'duɑ]	agua (f) potable
Gẽro apetìto!	['gʲærɔ apʲɛ'tʲɪtɔ!]	¡Que aproveche!
grū́das (v)	['gruːdas]	grano (m)
grūdìnės kultū̃ros (m dgs)	[gruː'dʲɪnʲeːs kʊlʲ'tuːros]	cereales (m pl)
graĩkinis ríešutas (v)	['grʌɪkʲɪnʲɪs 'rʲiɛʃutas]	nuez (f)
granãtas (v)	[gra'naːtas]	granada (f)
greĩpfrutas (v)	['grʲɛɪpfrutas]	pomelo (m)
grìkiai (v dgs)	['grʲɪkʲɛɪ]	alforfón (m)
griežinỹs (v)	[grʲiɛʒʲɪ'nʲiːs]	loncha (f)
grietìnė (m)	[grʲiɛ'tʲɪnʲeː]	nata (f) agria
grietinė̃lė (m)	[grʲiɛtʲɪ'nʲeːlʲeː]	nata (f) líquida
grỹbas (v)	['grʲiːbas]	seta (f)
gvazdìkas (v)	[gvaz'dʲɪkas]	clavo (m)
ìkrai (v dgs)	['ɪkrʌɪ]	caviar (m)
im̃bieras (v)	['ɪmbʲiɛras]	jengibre (m)
jū̃ros gérybės (m dgs)	['juːros gʲeː'rʲiːbʲeːs]	mariscos (m pl)
jáutiena (m)	['jɑʊtʲiɛna]	carne (f) de vaca
jogùrtas (v)	[jɔ'gʊrtas]	yogur (m)
juodà arbatà (m)	[juɑ'da arba'ta]	té (m) negro
juodà kavà (m)	[juɑ'da ka'va]	café (m) solo
juodíeji pipìrai (v)	[juɑ'dʲiɛjɪ pʲɪ'pʲɪrʌɪ]	pimienta (f) negra
juodíeji serbeñtai (v dgs)	[juɑ'dʲiɛjɪ sʲɛr'bʲɛntʌɪ]	grosella (f) negra
kárštas	['karʃtas]	caliente (adj)
kárpis (v)	['karpʲɪs]	carpa (f)
kalafiòras (v)	[kalʲa'fʲoras]	coliflor (f)
kalakutíena (m)	[kalʲakʊ'tʲiɛna]	pava (f)
kaléndra (m)	[ka'lʲɛndra]	cilantro (m)
kalmãras (v)	[kalʲma:ras]	calamar (m)
kalòrija (m)	[ka'lʲorʲɪʝ]	caloría (f)
kamščiãtraukis (v)	[kamʃ'tʃʲæːtrɑʊkʲɪs]	sacacorchos (m)
kapučìno kavà (m)	[kapu'tʃɪnɔ ka'va]	capuchino (m)
karšis (v)	['karʃɪs]	brema (f)
kartùs	[kar'tʊs]	amargo (adj)
kavà (m)	[ka'va]	café (m)
kavà sù píenu (m)	[ka'va 'sʊ 'pʲiɛnʊ]	café (m) con leche
kēpenys (m dgs)	[kʲɛpe'nʲiːs]	hígado (m)
kēptas	['kʲæptas]	frito (adj)
kìvis (v)	['kʲɪvʲɪs]	kiwi (m)
kiaušìniai (v dgs)	[kʲɛʊ'ʃʲɪnʲɛɪ]	huevos (m pl)
kiaušìnis (v)	[kʲɛʊ'ʃʲɪnʲɪs]	huevo (m)
kiaušinienė (m)	[kʲɛʊʃʲɪ'nʲɛnʲe:]	huevos (m pl) fritos
kiaulíena (m)	[kʲɛʊ'lʲiɛna]	carne (f) de cerdo
kmỹnai (v)	['kmʲiːnʌɪ]	comino (m)
kòkoso ríešutas (v)	['kokosɔ 'rʲiɛʃutas]	nuez (f) de coco
kõšė (m)	['ko:ʃe:]	gachas (f pl)
kokteĩlis (v)	[kɔk'tʲɛɪlʲɪs]	cóctel (m)
konditèrijos gaminiaĩ (v)	[kɔndʲɪ'tʲɛrʲɪjɔs gamʲɪ'nʲɛɪ]	pasteles (m pl)
konjãkas (v)	[kɔn'ja:kas]	coñac (m)

konsèrvų atidarytùvas (v)	[kɔn'sʲɛrvu: atʲɪdarʲi:'tʊvas]	abrelatas (m)
konsèrvai (v dgs)	[kɔn'sʲɛrvʌɪ]	conservas (f pl)
kopū̃stas (v)	[kɔ'pu:stas]	col (f)
krãbas (v)	['kra:bas]	cangrejo (m) de mar
krãpas (v)	['kra:pas]	eneldo (m)
kramtomoji gumà (m)	[kramto'mojɪ gʊ'ma]	chicle (m)
krèmas (v)	['krʲɛmas]	crema (f) de mantequilla
krevètė (m)	[krʲɛ'vʲɛtʲe:]	camarón (m)
kriáušė (m)	['krʲæʊʃʲe:]	pera (f)
krienaĩ (v dgs)	[krʲiɛ'nʌɪ]	rábano (m) picante
kruõpos (m dgs)	['krʊɑpos]	cereales (m pl) integrales
kukurū̃zų drìbsniai (v dgs)	[kʊkʊ'ru:zu: 'drʲɪbsnʲɛɪ]	copos (m pl) de maíz
kukurū̃zas (v)	[kʊkʊ'ru:zas]	maíz (m)
kukurū̃zas (v)	[kʊkʊ'ru:zas]	maíz (m)
kum̃pis (v)	['kʊmpʲɪs]	jamón (m)
kum̃pis (v)	['kʊmpʲɪs]	jamón (m) fresco
kviečiaĩ (v dgs)	[kvʲiɛ'tʂʲɛɪ]	trigo (m)
lėkštẽ (m)	[lʲe:kʃ'tʲe:]	plato (m)
lėkštẽlė (m)	[lʲe:kʃ'tʲælʲe:]	platillo (m)
lę̃šiai (v dgs)	['lʲɛ:ʃɛɪ]	lenteja (f)
lašišà (m)	[lʲaʃɪ'ʃa]	salmón (m)
lašišà (m)	[lʲaʃɪ'ʃa]	salmón (m) del Atlántico
láuro lãpas (v)	['lʲɑʊrɔ 'lʲa:pas]	hoja (f) de laurel
lãkštiniai (v dgs)	['lʲa:kʃtʲɪnʲɛɪ]	tallarines (m pl)
langùstas (v)	[lʲan'gʊstas]	langosta (f)
lẽdas (v)	['lʲædas]	hielo (m)
lẽpšis (v)	['lʲæpʃʲɪs]	boleto (m) áspero
ledaĩ (v dgs)	[lʲɛ'dʌɪ]	helado (m)
lìkeris (v)	['lʲɪkʲɛrʲɪs]	licor (m)
liežùvis (v)	[lʲiɛ'ʒʊvʲɪs]	lengua (f)
limonãdas (v)	[lʲɪmo'na:das]	limonada (f)
lúoba (m)	['lʲʊɑba]	piel (f)
lydekà (m)	[lʲi:dʲɛ'ka]	lucio (m)
mėlỹnės (m dgs)	[mʲe:'lʲi:nʲe:s]	arándano (m)
mėsà (m)	[mʲe:'sa]	carne (f)
mėsaĩnis (v)	[mʲe:'sʌɪnʲɪs]	hamburguesa (f)
mángo (v)	['mangɔ]	mango (m)
majonèzas (v)	[majɔ'nʲɛzas]	mayonesa (f)
makarõnai (v dgs)	[maka'ro:nʌɪ]	macarrones (m pl)
mandarìnas (v)	[manda'rʲɪnas]	mandarina (f)
margarìnas (v)	[marga'rʲɪnas]	margarina (f)
marinúotas	[marʲɪ'nʊɑtas]	marinado (adj)
marmelãdas (v)	[marmʲɛ'lʲa:das]	mermelada (f)
meńkė (m)	['mʲɛŋkʲe:]	bacalao (m)
medùs (v)	[mʲɛ'dʊs]	miel (f)
meliònas (v)	[mʲɛ'lʲonas]	melón (m)
meniù (v)	[mʲɛ'nʲʊ]	carta (f), menú (m)
mìltai (v dgs)	['mʲɪlʲtʌɪ]	harina (f)
miẽžiai (v dgs)	['mʲɛʒʲɛɪ]	cebada (f)
migdõlas (v)	[mʲɪg'do:lʲas]	almendra (f)
minerãlinis vanduõ (v)	[mʲɪnʲɛ'ra:lʲɪnʲɪs van'dʊɑ]	agua (f) mineral
moliū̃gas (v)	[mo'lʲu:gas]	nabo (m)

morkà (m)	[mor'ka]	zanahoria (f)
mùsmirė (m)	['mʊsmʲɪrʲe:]	matamoscas (m)
nealkohòlonis	[nʲɛalʲko'ɣolonʲɪs]	sin alcohol
nealkohòlonis gérimas (v)	[nʲɛalʲko'ɣolonʲɪs 'gʲe:rɪmas]	bebida (f) sin alcohol
nuodìngas grỹbas (v)	[nʊɑ'dʲɪngas 'grʲi:bas]	seta (f) venenosa
õtas (v)	['o:tas]	fletán (m)
obuolỹs (v)	[obʊɑ'lʲi:s]	manzana (f)
omlètas (v)	[om'lʲɛtas]	tortilla (f) francesa
paštètas (v)	[paʃ'tʲɛtas]	paté (m)
pàdažas (v)	['pa:daʒas]	salsa (f)
pàprika (m)	['pa:prʲɪka]	paprika (f)
pàtiekalas (v)	['pa:tʲiɛkalʲas]	plato (m)
padavéja (m)	[pada'vʲe:ja]	camarera (f)
padavéjas (v)	[pada'vʲe:jas]	camarero (m)
papàja (m)	[pa'pa ja]	papaya (f)
pèrsikas (v)	['pʲɛrsʲɪkas]	melocotón (m)
peĩlis (v)	['pʲɛɪlʲɪs]	cuchillo (m)
petrãžolė (m)	[pʲɛ'tra:ʒolʲe:]	perejil (m)
píenas (v)	['pʲiɛnas]	leche (f)
píeniškas kokteĩlis (v)	['pʲiɛnʲɪʃkas kok'tʲɛɪlʲɪs]	batido (m)
picà (m)	[pʲɪ'tsa]	pizza (f)
piẽtūs (v)	['pʲɛ'tu:s]	almuerzo (m)
pipìras (v)	[pʲɪ'pʲɪras]	pimiento (m) dulce
pistàcijos (m dgs)	[pʲɪs'ta:tsʲɪjos]	pistachos (m pl)
plẽkšnė (m)	['plʲækʃnʲe:]	lenguado (m)
pòrcija (m)	['portsʲɪjɛ]	porción (f)
pomidòrų sùltys (m dgs)	[pomʲɪ'doru: 'sʊlʲtʲi:s]	jugo (m) de tomate
pomidòras (v)	[pomʲɪ'doras]	tomate (m)
príeskonis (v)	['prʲiɛskonʲɪs]	condimento (m)
príeskonis (v)	['prʲiɛskonʲɪs]	especia (f)
príeskonis (v)	['prʲiɛskonʲɪs]	regusto (m)
pùdingas (v)	['pʊdʲɪngas]	pudin (m)
pùpos (m dgs)	['pʊpos]	habas (f pl)
pùsryčiai (v dgs)	['pʊsrʲi:tʂʲɛɪ]	desayuno (m)
puodùkas (v)	[pʊɑ'dʊkas]	taza (f)
pupẽlės (m dgs)	[pʊ'pʲælʲe:s]	fréjol (m)
pyrãgas (v)	[pʲi:'ra:gas]	tarta (f)
pyragáitis (v)	[pʲi:ra'gʌɪtʲɪs]	mini tarta (f)
rūkýtas	[ru:'kʲi:tas]	ahumado (adj)
raudónas vỹnas (v)	[rɑʊ'donas 'vʲi:nas]	vino (m) tinto
raudoníeji pipìrai (v)	[rɑʊdo'nʲiɛjɪ pʲɪ'pʲɪrʌɪ]	pimienta (f) roja
raudoníeji serbeñtai (v dgs)	[rɑʊdo'nʲɛjɪ sʲɛr'bʲɛntʌɪ]	grosella (f) roja
raudonvĩršis (v)	[rɑʊdon'vʲɪrʃɪs]	boleto (m) castaño
razìnos (m dgs)	[ra'zʲɪnos]	pasas (f pl)
recèptas (v)	[rʲɛ'tsʲɛptas]	receta (f)
ríešutas (v)	['rʲiɛʃutas]	avellana (f)
ridìkas (v)	[rʲɪ'dʲɪkas]	rábano (m)
riebalaĩ (v dgs)	[rʲɪɛba'lʲʌɪ]	grasas (f pl)
ròmas (v)	['romas]	ron (m)
rópė (m)	['ropʲe:]	calabaza (f)
rugiaĩ (v dgs)	[rʊ'gʲɛɪ]	centeno (m)

ruñkelis, burõkas (v)	['ruŋkʲɛlʲɪs], [bʊ'ro:kas]	remolacha (f)
rýžiai (v)	['rʲi:ʒʲɛɪ]	arroz (m)
ryklỹs (v)	[rʲɪk'lʲi:s]	tiburón (m)
sąskaita (m)	['sa:skʌɪta]	cuenta (f)
sūris (v)	['su:rʲɪs]	queso (m)
sūrùs	[su:'rʊs]	salado (adj)
saldaĩnis (v)	[salʲ'dʌ'ɪnʲɪs]	caramelo (m)
saldùs	[salʲ'dʊs]	azucarado, dulce (adj)
saliẽras (v)	[sa'lʲɛras]	apio (m)
salõta (m)	[sa'lʲo:ta]	lechuga (f)
salõtos (m)	[sa'lʲo:tos]	ensalada (f)
sardinė (m)	[sar'dʲɪnʲe:]	sardina (f)
saulégrąžų aliẽjus (v)	[sɑʊ'lʲe:gra:ʒu: a'lʲɛjʊs]	aceite (m) de girasol
sausaĩniai (v)	[sɑʊ'sʌɪnʲɛɪ]	galletas (f pl)
sezãmas (v)	[sʲɛ'za:mas]	sésamo (m)
sĩlkė (m)	['sʲɪlʲkʲe:]	arenque (m)
skanùs	[ska'nʊs]	sabroso (adj)
skõnis (v)	['sko:nʲɪs]	sabor (m)
skùmbrė (m)	['skʊmbrʲe:]	caballa (f)
slyvà (m)	[slʲi:'va]	ciruela (f)
smìdras (v)	['smʲɪdras]	espárrago (m)
sóra (m)	['sora]	mijo (m)
sojà (m)	[so:'jɛ]	soya (f)
spagečiai (v dgs)	[spa'gʲɛtʂʲɛɪ]	espagueti (m)
spañguolė (m)	['spaŋgʊalʲe:]	arándano (m) agrio
sriubà (m)	[srʲʊ'ba]	sopa (f)
starkis (v)	['starkʲɪs]	lucioperca (f)
stìklas (v)	['stʲɪklʲas]	vaso (m)
sù ledaìs	['sʊ lʲɛ'dʌɪs]	con hielo
sùltys (m dgs)	['sʊlʲtʲi:s]	zumo (m), jugo (m)
sultinỹs (v)	[sʊlʲtʲɪ'nʲi:s]	caldo (m)
sumuštìnis (v)	[sʊmʊʃtʲɪnʲɪs]	bocadillo (m)
sutĩrštintas píenas (v)	[sʊ'tʲɪrʃtʲɪntas 'pʲɪɛnas]	leche (f) condensada
svíestas (v)	['svʲɪɛstas]	mantequilla (f)
svogūnas (v)	[svo'gu:nas]	cebolla (f)
tamsùs alùs (v)	[tam'sʊs a'lʲʊs]	cerveza (f) negra
taurė̃ (m)	[tɑʊ'rʲe:]	copa (f) de vino
tirpì kavà (m)	[tʲɪr'pʲɪ ka'va]	café (m) soluble
tòrtas (v)	['tortas]	tarta (f)
trẽšnė (m)	['trʲæʃnʲe:]	cereza (f)
triùšis (v)	['trʲʊʃɪs]	conejo (m)
trupinỹs (v)	[trʊpʲɪ'nʲi:s]	miga (f)
trynỹs (v)	[trʲi:'nʲi:s]	yema (f)
tùnas (v)	['tʊnas]	atún (m)
ùžkandis (v)	['ʊʒkandʲɪs]	entremés (m)
úoga (m)	['ʊɑga]	baya (f)
úogos (m dgs)	['ʊɑgos]	bayas (f pl)
ungurỹs (v)	[ʊŋgʊ'rʲi:s]	anguila (f)
uogiẽnė (m)	[ʊɑ'gʲɛnʲe:]	confitura (f)
upétakis (v)	[ʊ'pʲe:takʲɪs]	trucha (f)
vėžiãgyviai (v dgs)	[vʲe:'ʒʲægʲi:vʲɛɪ]	crustáceos (m pl)
válgomas grỹbas (v)	['valʲgomas 'grʲi:bas]	seta (f) comestible

válgomasis šáukštas (v)	['valʲgomasʲɪs 'ʃɑʊkʃtas]	cuchara (f) de sopa
várpa (m)	['varpa]	espiga (f)
vãfliai (v dgs)	['va:flʲɛɪ]	gofre (m)
vaĩsiai (v dgs)	['vʌɪsʲɛɪ]	frutos (m pl)
vaĩsius (v)	['vʌɪsʲʊs]	fruto (m)
vakariẽnė (m)	[vaka'rʲɛnʲe:]	cena (f)
válgis (v)	['valʲgʲɪs]	comida (f)
vanduõ (v)	[van'dʊɑ]	agua (f)
vérmutas (v)	['vʲɛrmʊtas]	vermú (m)
vegetãras (v)	[vʲɛgʲɛ'ta:ras]	vegetariano (m)
vegetãriškas	[vʲɛgʲɛ'ta:rʲɪʃkas]	vegetariano (adj)
veršíena (m)	[vʲɛr'ʃʲiena]	carne (f) de ternera
vištà (m)	[vʲɪʃ'ta]	gallina (f)
vìrtas	['vʲɪrtas]	cocido en agua (adj)
vìskis (v)	['vʲɪskʲɪs]	whisky (m)
virtùvė (m)	[vʲɪr'tʊvʲe:]	cocina (f)
vitamìnas (v)	[vʲɪta'mʲɪnas]	vitamina (f)
voveráitė (m)	[vove'rʌɪtʲe:]	rebozuelo (m)
vyšnià (m)	[vʲi:ʃnʲæ]	guinda (f)
výnų žemélapis (v)	['vʲi:nu: ʒe'mʲe:lʲapʲɪs]	carta (f) de vinos
vỹnas (v)	['vʲi:nas]	vino (m)
výnuogės (m dgs)	['vʲi:nʊɑgʲe:s]	uva (f)

www.ingramcontent.com/pod-product-compliance
Lightning Source LLC
La Vergne TN
LVHW051300080426
835509LV00020B/3081